本报告的整理得到国家社会科学基金资助

本报告的出版得到陕西省文物保护专项经费资助

陕西省考古研究院田野考古报告　第 91 号

西 汉 帝 陵 大 遗 址 考 古 系 列 报 告

汉成帝延陵
考古调查勘探报告

陕 西 省 考 古 研 究 院　编著
咸阳市文物考古研究所

文物出版社

北京·2019

图书在版编目（CIP）数据

汉成帝延陵考古调查勘探报告／陕西省考古研究院，
咸阳市文物考古研究所编著． -- 北京：文物出版社，
2019.12

ISBN 978－7－5010－6466－3

Ⅰ.①汉…　Ⅱ.①陕…②咸…　Ⅲ.①汉墓－考古发
掘－发掘报告－咸阳　Ⅳ.①K878.85

中国版本图书馆 CIP 数据核字（2019）第 275885 号

审图号：陕 S（2020）011 号

汉成帝延陵考古调查勘探报告

编　　著：陕西省考古研究院
　　　　　咸阳市文物考古研究所

封面题字：徐天进
责任编辑：蔡　敏　孙　丹
封面设计：程星涛
责任印制：张　丽
出版发行：文物出版社
社　　址：北京市东直门内北小街 2 号楼
邮政编码：100007
网　　址：http：//www.wenwu.com
邮　　箱：web@ wenwu.com
经　　销：新华书店
印　　刷：河北鹏润印刷有限公司
开　　本：965 毫米×1270 毫米　1/16
印　　张：21.5　插页 3
版　　次：2019 年 12 月第 1 版
印　　次：2019 年 12 月第 1 次印刷
书　　号：ISBN 978－7－5010－6466－3
定　　价：350.00 元

Field Archaeological Report No. 91, Shaanxi Academy of Archaeology

Field Archaeological Report of Western Han Mausoleums

Archaeological Survey of the Yanling Mausoleum of Western Han Emperor Cheng

(*with abstracts in English and Japanese*)

by

Shaanxi Academy of Archaeology

Xianyang Municipal Institute of Cultural Relics and Archaeology

Cultural Relics Press

Beijing · 2019

序

　　汉成帝延陵是西汉帝陵之一，西汉帝陵乃至中国古代帝陵在中国考古学中占有重要地位，之所以这样说，是因为中国古代文献《吕氏春秋》记载："陵墓若都邑"，而正如王国维先生所说，"都邑者政治与文化之标征"[1]。也就是说西汉帝陵可谓亦为西汉时代国家"政治与文化之标征"。如果像美国人类学家罗伯特·芮德菲尔德在其《农民社会与文化——人类学对文明的一种诠释》一书中把人类文化分为"大传统"与"小传统"那样[2]，我认为中国古代都城与帝王陵墓应该是中国考古学中的"大传统"文化，或者可以说是"国家文化"[3]。其实，不论是从我们国家公布的"全国重点文物保护单位"还是从"世界文化遗产名录"来看，作为中国历史上"大传统"文化的古代都城与帝陵均占有十分重要地位，古代都城如二里头遗址、偃师商城遗址、郑州商城、殷墟遗址、丰镐遗址、秦雍城遗址、楚纪南城遗址、齐临淄城遗址、燕下都、郑韩故城遗址、赵邯郸城遗址、汉长安城遗址、汉魏洛阳城遗址、唐长安城遗址、隋唐洛阳城遗址、宋开封城遗址、元大都遗址、明清北京故宫等都城遗址，古代帝陵如秦始皇陵、西汉帝陵、洛阳北邙古代帝陵、陕西唐代帝陵、河南宋陵、辽金帝陵与明清帝陵等。

　　西汉帝陵在中国古代帝陵发展史中占有特殊重要历史地位，这因为其所处的时代使然。秦汉时代开启了中国历史上多民族统一国家、形成了现代意义上的中华民族，尤其是继秦而立的西汉王朝，使"汉"成为中国的"文化"标识，中国人称为"汉人"、中国主体民族称为"汉族"、中国乃至东亚古代文化称为"汉文化圈"、中国字称为"汉字"、中国服饰称为"汉服"，无不与西汉王朝有关，究其源头无不形成于西汉时代。因此，西汉帝陵考古有着极为重要的意义，可谓名副其实的"考古中国"。

　　基于上述西汉帝陵重大学术意义的前提，新世纪之初国家文物局启动了西汉帝陵大遗址保护考

---

[1] 王国维：《殷周制度论》，《观堂集林》第 2 册，中华书局，1959 年，第 451 页。
[2] ［美］罗伯特·芮德菲尔德（著），王莹（译）：《农民社会与文化——人类学对文明的一种诠释》，中国社会科学出版社，2018 年。
[3] 刘庆柱：《中华文明五千年不断裂特点的考古学阐释》，《中国社会科学》2019 年第 12 期。

古工作，汉成帝延陵考古工作即是其一部分。西汉帝陵大遗址保护考古工作始于2006年9月，该项目由陕西省考古研究院与中国社会科学院考古研究所、咸阳市文物考古研究所、西安市文物保护考古研究院联合组成汉陵考古队，十多年来他们对咸阳、西安附近十六座西汉陵墓进行了全面、系统的考古调查、勘探和试掘。汉成帝延陵的考古工作由陕西省考古研究院与咸阳市文物考古研究所联合组队承担，始于2011年，历时约一年半时间。

从田野考古方法论角度来看，汉成帝延陵的考古工作具有承前启后的学术意义，这体现在两个方面。一是：汉成帝是西汉时代中后期的"节点"，作为西汉帝陵规制而言，这是一个"不变"与"变化"的时期。其"不变"反映在对以前西汉帝陵规制的基本继承；其"变化"折射在对以前西汉帝陵规制的发展或"异化"。二是：汉成帝延陵的考古工作是在西汉帝陵大遗址保护考古的"中间"时段开始的，它总结利用了此前西汉帝陵大遗址保护考古工作的成功经验，比如他们在汉成帝延陵的大遗址保护考古工作中，一改此前的"以大范围调查、有选择的勘探和有目的的试掘为总体思路统摄全面工作"，调整为"全方位调查、大面积普探、重点区域详探、关键部位试掘、高精度测绘及资料数字化"的"技术路线"，又在此基础之上探索、丰富了西汉帝陵大遗址保护考古的新方法、新理念。正如西汉帝陵大遗址保护与考古工作负责人焦南峰教授所说的，"本报告是西汉帝陵调查勘探系列报告之一，也是系列报告中最先整理编写完成的。汉陵资料的整理并没有按照年代早晚的顺序，而是从调查、勘探工作较为充分，勘探报告较为成熟，内容又相对较为简单的延陵开始，拟将此报告作为一个试点，一个范本，以供其他后续报告在整理、编写过程中参照、补充和完善。"我们知道田野考古报告的资料整理、编写本身就是对考古学研究的基础工作的总结，这一"总结"实际上是考古学学术发展的基础工作，因此《汉成帝延陵考古调查勘探报告》就不只是一本考古报告的问题，它实际上是提出一种今后西汉帝陵考古调查、勘探报告的编写范式，因此其学术意义是相当重要的。

《汉成帝延陵考古调查勘探报告》付梓之际，焦南峰教授嘱我为此书作序，我认为他多年来主持的这项"大遗址保护工作"，无疑对我们当前社会经济大发展时代的重要文化遗产——帝王陵墓、都城遗址的"大遗址"保护具有开创性、示范性的意义。"大遗址"一般为形而下的"大型空间"与形而上的"重大"历史意义，而"大遗址"保护的空间"大型"与经济大发展的土地大面积开发、利用是一对既有"空间"使用又有"时间"安排的矛盾。如何制定科学的可行性技术路线，妥善处理两者之间的矛盾，本报告总结出的考古"调查""勘探""试掘"三部曲很值得考古工作者借鉴。因此，这部考古报告不只是一般的"田野考古报告"，它所折射出的"大遗址"调查、勘探和保护的方法有着更为重要的科学意义，这也是本书的另一个十分突出的特色。

刘庆柱

2019年11月29日

目　录

表格目录

插图目录

第四章   帝陵陵园

第五章   皇后陵园

第六章   祔葬墓

第七章　外藏坑

第八章　建筑遗址

第九章   陪葬葬

第十章   陵区道路

第十一章   其他墓葬

第十二章　采集遗物

第十三章　几点认识

图版目录

前　言

西汉取秦而代之，是中国历史上第二个帝国，是秦始皇创立的大一统的国家政治体制进一步巩固和完善时期，也是以儒家思想为主体的中国传统思想、伦理道德和价值体系的形成时期。因而西汉考古，特别是集中体现其政治、经济、军事、文化思想的西汉帝陵考古研究工作无疑具有特别的重要性。

西汉自高祖刘邦公元前 202 年称帝到公元 8 年王莽篡汉，共历高祖、惠帝、文帝、景帝、武帝、昭帝、宣帝、元帝、成帝、哀帝、平帝等十一帝 210 年，先后营建了汉高祖刘邦长陵、汉惠帝刘盈安陵、汉文帝刘恒霸陵、汉景帝刘启阳陵、汉武帝刘彻茂陵、汉昭帝刘弗陵平陵、汉宣帝刘询杜陵、汉元帝刘奭渭陵、汉成帝刘骜延陵、汉哀帝刘欣义陵、汉平帝刘衎康陵和高祖之父刘太公太上皇陵、高祖薄姬南陵、武帝钩弋夫人云陵、宣帝许皇后少陵及汉成帝刘骜半途而废的昌陵共 16 座陵墓。

回顾西汉帝陵的考古研究历史，大致可将其划分为四个阶段①：

一、踏查测量期

20 世纪初，日本学者伊东忠太、关野贞、足立喜六、水野清一，法国汉学家沙畹、谢阁兰及美国学者毕安祺等先后对包括西汉帝陵在内的西安附近的古代建筑、陵墓进行了初步的调查；其中1906 年 1 月至 1910 年 2 月应聘为"陕西高等学堂教习"的足立喜六对西汉十一陵进行了较为广泛的实地踏查和简略的勘测。1933 年足立喜六根据其踏查、勘测和研究结果，由东洋文库出版了《長安史蹟の研究》一书。此书第五章"汉代的陵墓"或可视为西汉十一陵考古研究的开山之作。

20 世纪 30 年代至 40 年代，我国学者陆续开始对包括西汉十一陵在内的关中古代遗迹、遗物进行考古调查，其中以"西京筹委会""陕西考古会""西北艺术考察团"和"教育部西京艺术文物考察团"开展工作较多，取得了一定的成果。

客观地讲，此阶段的工作应该是西汉帝陵考古工作的滥觞期，开展的工作仅仅是踏查、简单的测量以及基于历史文献的推测。

---

① 焦南峰：《西汉帝陵考古发掘研究的历史及收获》，《西部考古》（第一辑），三秦出版社，2006 年。笔者又略有修改。

二、勘察试掘期

此阶段从1949年新中国诞生到1976年"文化大革命"结束。

20世纪60年代至70年代，陕西省考古研究所、陕西省文物管理委员会、陕西省博物馆、咸阳市博物馆等单位的考古工作者从茂陵勘察开始，陆续勘察、测量了部分帝陵，并先后对长陵的陪葬墓，汉文帝窦后墓的从葬坑、汉阳陵钳徒墓地等进行了试掘，确定了部分帝陵的名位，初步了解了西汉帝陵的若干形制特点。

此阶段具有初步发展时期的某些特点：1. 工作的重点是局部的勘察和试掘；2. 由于调查、发掘工作开展得较少，综合研究工作也相对薄弱。如果说本世纪初到1949年间中外学者对西汉帝陵的考察是帝陵考古研究工作的萌芽时期，那么此阶段就是现代科学意义上西汉帝陵考古工作真正的奠基和初步发展时期。

三、发掘研究期

第三阶段从"文化大革命"结束的70年代晚期开始到2005年。此阶段西汉帝陵的考古发掘、研究工作与迈入"黄金时代"的中国考古学一起有着长足的进展。

70年代末到80年代初，中国社会科学院考古研究所和陕西的考古工作者先后对西汉帝陵进行了进一步的考古调查和勘测，社科院考古所对杜陵的从葬坑、门阙、寝园遗址等进行了较大规模考古钻探和科学发掘；90年代初开始，陕西省考古研究所、咸阳市考古研究所分别对汉景帝阳陵、汉武帝茂陵、汉惠帝安陵、汉昭帝平陵进行了较大规模的勘察、钻探和发掘，其中陕西省考古研究所对汉景帝阳陵的大规模勘察、钻探和发掘工作延续近二十年，取得了较多的研究成果。

此阶段的主要收获有：基本确认了咸阳原西汉九陵的名位及排列顺序，纠正了历史文献中的多处错误记载。大致掌握和了解了西汉帝陵的形制结构和布局特点。

西汉帝陵第三阶段的考古工作与前期相比，具有新的特点：1. 工作的重点由实地勘察和局部试掘转变为较大规模的发掘，如汉宣帝杜陵、汉景帝阳陵等；2. 在调查、发掘工作的基础上，综合研究工作开展得较多，据不完全统计，此阶段发表的相关论文有数十篇；3. 资料整理工作有了较大进展，如《汉杜陵陵园遗址》考古报告和大量考古简报的发表；4. 随着现代科学技术的发展，红外线遥感、电磁、地震、DNA等先进的探测和检测手段已经或正在开始运用于考古调查和资料整理工作；5. 在改革开放政策允许的范围内，日本的考古学家以及德国、斯洛文尼亚的文物保护专家参与了阳陵遗址和文物的保护工作，揭开了中外专家合作进行帝陵考古发掘、研究、保护的序幕。2006年3月31日，汉阳陵帝陵外藏坑保护展示厅和礼制建筑遗址（罗经石）保护工程正式建成开放，这是中外专家合作成果的集中展现。

四、大遗址考古期

"'大遗址'有三个层次的意义：第一，'大遗址'是考古学上的'遗迹'；第二，'大遗址'规模要'大'；第三，'大遗址'的学术意义要'大'。'大遗址'一般都是全国重点文物保护单位或省级重点文物保护单位。"[①] "大遗址是中国古代文明的高度凝聚体，是中华民族历史传承最直接、最主要的见证。大遗址考古肩负着揭示遗址重要内涵和价值、发掘中华民族辉煌历史、传承民族优秀文化、建设共有精神家园和推动考古学学科进步的重任。"[②]

2005 年，国家财政部和国家文物局颁布了《"十一五"期间大遗址保护总体规划》，决定设立大遗址保护专项资金，实施大遗址保护工程。西汉帝陵作为陕西境内一处重要的大遗址群被该规划列为国家重点支持的大遗址保护项目。作为大遗址保护的重要基础工作，大遗址考古工作承担着揭示大遗址的范围、布局、内涵，科学评估遗址价值的重要任务。因此"加强针对大遗址保护工作而专门开展的考古调查、勘探和现状调研与评估工作，建立大遗址文物遗存信息保存系统"，就成为顺利实施包括西汉帝陵在内的众多大遗址保护工作的前提。

在此背景下，2006 年 6 月，陕西省考古研究院编制了《西汉帝陵考古工作方案》，计划对西汉帝陵展开全面系统的考古调查、勘探和发掘工作，该工作方案很快得到了国家文物局批准。根据国家文物局《关于〈西汉帝陵考古工作方案〉的批复》（文物保函〔2006〕1087 号），从 2006 年 9 月开始，陕西省考古研究院与中国社会科学院考古研究所、咸阳市文物考古研究所、西安市文物保护考古研究院联合组成汉陵考古队，先后对位于汉长安城以北的咸阳原、汉长安城东南的白鹿原和少陵原等地的十五座西汉陵墓进行了长达十年的全面、系统的调查、勘探和试掘，调查面积243 平方千米，勘探面积 4850 多万平方米、试掘面积 500 平方米。在前辈学者研究的基础上，基本探明了除汉成帝刘骜半途而废的昌陵之外的十五座西汉陵墓的规模、布局、结构和内涵[③]；验证、补充了咸阳周陵镇、咸阳严家沟两座战国晚期秦王陵的形制和资料，发现了咸阳司家庄战国晚期秦王陵[④]；基本达到了项目初始时设立的工作目标，为西汉帝陵制度的深入研究提供了重要资料，为西周王陵的探索排除了疑点，为秦人陵墓系列链条弥补了缺环，为十八座秦汉帝王陵墓的保护、展示奠定了基础[⑤]。

[①] 刘庆柱：《关于目前大遗址保护的若干问题》，《人类文化遗产保护》，西安交通大学出版社，2003 年。

[②] 国家文物局：《关于加强大遗址考古工作的指导意见》，文物保函〔2013〕39 号，2013 年 1 月 8 日。

[③] 西汉帝陵大遗址工作开展以来，汉陵考古团队已经发表汉陵简报、报告、论文等 50 余篇、部。此不赘述。

[④] a. 陕西省考古研究院、咸阳市文物考古研究所：《咸阳"周王陵"考古调查、勘探简报》，《考古与文物》2011 年 1 期；b. 焦南峰、杨武站、曹龙、王东：《"周王陵"为战国秦陵补证》，《考古与文物》2011 年 1 期；c. 焦南峰等：《咸阳严家沟陵园时代及墓主考辩》，《庆贺徐光冀先生八十华诞论文集》，科学出版社，2015 年；d. 内部资料。

[⑤] 截至目前，根据上述秦汉帝王陵的最新考古资料已经编写制定文物保护规划、遗址展示利用规划、国家考古遗址公园规划、申报世界文化遗产规划等 30 多部。

汉成帝延陵是西汉十一陵中的第九座，是咸阳原西汉九陵从东到西的第七座，在陆续完成汉惠帝安陵、汉武帝茂陵、汉元帝渭陵、汉哀帝义陵、汉平帝康陵考古工作的基础上，2011 年，陕西省考古研究院与咸阳市文物考古研究所联合组队，对延陵陵区进行了持续一年多的大规模考古调查与勘探工作。

参加田野考古工作的人员有：领队、队长焦南峰（陕西省考古研究院），副队长岳起（咸阳市文物考古研究所）、马永嬴（陕西省考古研究院），队员杨武站（陕西省考古研究院）、赵旭阳（咸阳市文物考古研究所）、曹龙（陕西省考古研究院）、王东（陕西省考古研究院）、马明哲、薛卓会、王鹏等三十余人。

汉成帝延陵大遗址考古工作启动伊始，我们综合分析与评估了延陵以往的考古资料，针对田野考古工作开展极少，仅有踏查、调查和局部勘探等薄弱环节，在认真总结、检讨十余年来汉景帝阳陵、汉惠帝安陵、汉武帝茂陵、汉元帝渭陵、汉哀帝义陵、汉平帝康陵等田野考古工作经验与教训的基础上，将此前"以大范围调查、有选择的勘探和有目的的试掘为总体思路统摄全面工作"[①]调整为"全方位调查、大面积普探、重点区域详探、关键部位试掘、高精度测绘及资料数字化"[②]的西汉帝陵大遗址考古工作思路。

所谓"全方位调查"，近似于傅斯年先生所言"上穷碧落下黄泉"，我们戏称"历史、现状，天上、地下一把抓"。

"大面积普探、重点区域详探"的关键，一是面积要大、范围要全；二是重点选择要准，布点要心中有数，布孔要有针对性。

"关键部位试掘"应力争做到"挖啥有啥"。

"高精度测绘及资料数字化"，使用电子全站仪、RTK 等专业测绘设备进行测量和记录，同时用计算机对数据进行处理、分析，绘制矢量地图。

当时我们设定的汉成帝延陵大遗址考古工作的学术目标是：

1. 通过全方位调查、大面积勘探，了解、探明汉成帝延陵宏观的范围、布局、规模及基本形制要素。

2. 通过重点区域详探，基本掌握汉成帝延陵各个基本形制要素的形状、布局、文化层堆积、重要遗迹分布及保存状况等基本内涵。

3. 通过关键部位的试掘，了解汉成帝延陵各个基本形制要素的营建过程与建筑工艺技术，力争确认其时代与性质。

4. 根据调查、勘探和试掘资料，结合历史文献、既往研究成果，分析、隶定汉成帝延陵各个基本形制要素的性质、时代、等级。

---

① 陕西省考古研究院汉陵考古队：《西汉帝陵"十一五"期间考古工作具体实施方案及经费预算》2006 年 2 月 9 日。
② 焦南峰、李岗、马永嬴：《西汉帝陵园——新视野下的再发现》，《中国文化遗产》2013 年第 2 期。

5. 通过综合研究，力争解决汉成帝延陵名位、选址、布局、陵位"去而复返"、基本形制要素演变等重大历史问题，为西汉帝陵乃至中国古代帝陵的研究、保护和传承利用奠定坚实的资料基础。

从 2011 年 3 月至 2012 年 7 月，经过 16 个月紧张、艰苦的田野工作，汉成帝延陵的大遗址考古工作基本完成。我们先后调查的范围约 25 平方千米，勘探面积 199 万平方米，使用经费 159.6 万元。勘探新发现陵园 2 座（外陵园及后陵陵园），确认陵园 1 座（帝陵陵园）；发现亚字形陵墓 2 座、建筑遗址 14 处、祔葬墓 19 座、外藏坑 20 条、道路 10 余条、陪葬墓 36 座，基本掌握了延陵的规模、范围、形制、布局和内涵，基本达到了预期的学术目标。同时还验证、补充完善了与延陵相邻并叠压的严家沟战国秦王陵的形制布局与相关数据。

汉成帝延陵的田野考古工作还有一些缺憾，如试掘工作未能展开、个别重点区域未能进行详探等等，加之受考古勘探局限性所致，某些基本形制要素的细部，如个别建筑遗址考古资料的精确性可能会有误差，外藏坑、祔葬墓，特别是陪葬墓也可能会有遗漏，希望在今后的考古工作中得到验证和补充。

《汉成帝延陵考古调查勘探报告》是西汉帝陵大遗址考古工作的成果之一，是汉成帝延陵调查、勘探诸多成果的总结，是考古队同仁多年思考的火花与践行的足迹。如果有可取之处，成绩是大家的，因为工作主要是他们干；失误是肯定有的，责任在我，因为我是领队。包括汉成帝延陵在内的西汉帝陵大遗址丰硕考古成果的取得，应该感谢多方的支持！

感谢国家文物局对西汉帝陵考古工作长期的精心指导与鼎力支持！

感谢国家文物局原副局长童明康，国家文物局副局长宋新潮、关强，国家文物局文物保护与考古司司长闫亚林，副司长张磊及考古处领导张凌、王斌、王铮等先生十余年如一日的指导、支持与关照！

感谢老一辈考古学家宿白、石兴邦、徐萍芳、黄景略、严文明、俞伟超、张忠培、徐光冀等先生，他们均曾莅临西汉帝陵考古工地，对西汉帝陵考古工作予以专业的指导与支持！尤其是俞伟超先生，曾在汉阳陵考古队居住近一周，耳提面命、谆谆教诲！

感谢著名考古学家刘庆柱、李毓芳先生，是他们奠定了西汉帝陵研究的基石与构架！

感谢陕西省文物局原局长张廷皓，原副局长刘云辉、张文，副局长周魁英先生长期的提携、指导和支持！

感谢我的老朋友信立祥、赵化成，老同学王子今、张在明、王建新、徐天进、张建林、袁靖，老同事王占奎、张天恩，在与他们长期相处的日子里，我汲取了思想的火花和研究的灵感！

感谢陕西考古研究院院长孙周勇，副院长王继源、王小蒙、赵西晨和种建荣，没有他们的帮助和支持，我没有机会、也没有必要撰写此文。

特别感谢已经离我们而去的、陕西省考古研究所原所长韩伟先生！笔者及汉陵考古队的大多数成员都是在他的直接、间接指导、培育下成长起来的。

特别感谢英年早逝的、国家文物局文保司原副司长李培松先生！是他在大遗址考古工作启动伊始，带病专程到西安，指导与部署包括西汉帝陵在内的陕西大遗址考古工作。

欢迎大家批评指正！

焦南峰

2019 年 8 月 13 日

编写凡例

一、2005 年，国家文物局颁布了《十一五期间大遗址保护总体规划》，设立大遗址保护专项资金，实施大遗址保护工程。西汉帝陵作为陕西省境内的重要遗址被该规划列入国家重点支持的大遗址保护项目。2006 年 6 月，陕西省考古研究院编制了《西汉帝陵考古工作方案》，计划对西汉帝陵展开全面系统的考古调查、勘探和发掘工作，该工作方案得到了国家文物局批准。

根据国家文物局《关于〈西汉帝陵考古工作方案〉的批复》（文物保函〔2006〕1087 号），2006 年 9 月至 2019 年 3 月，陕西省考古研究院与咸阳市文物考古研究所联合组成汉陵考古队，先后基本完成汉高祖长陵、汉惠帝安陵、汉文帝霸陵、汉武帝茂陵、汉昭帝平陵、汉宣帝杜陵、汉元帝渭陵、汉成帝延陵、汉哀帝义陵、汉平帝康陵及太上皇万年陵、薄太后南陵、武帝勾弋夫人云陵、宣帝许皇后少陵、汉成帝废弃的昌陵共十五座西汉陵墓和咸阳周陵镇、咸阳严家沟、咸阳司家庄三座战国秦王陵的考古调查与勘探。完成田野调查勘探后，我们拟将包括此前陕西省考古研究院阳陵考古队调查、勘探和发掘的汉景帝阳陵在内的十九座秦汉陵墓的所有调查、勘探成果分为秦王陵和西汉帝陵两个系列整理出版，以供学者研究之需。

二、本报告是西汉帝陵调查勘探系列报告之一，也是系列报告中最先整理编写完成的。汉陵资料的整理并没有按照年代早晚的顺序，而是从调查、勘探工作较为充分、原始勘探报告较为成熟、内容又相对较为简单的延陵开始，拟将此报告作为一个试点，一个范本，以供其他后续报告在整理、编写过程中参照、补充和完善。

三、本报告分为正文和附表两部分。正文十三章。第一章概况，分八节：分别为地理环境与水文地质，历史沿革，墓主生平，祔（陪）葬延陵的后妃及大臣，延陵的营建与昌陵的废弃，既往考古工作，项目缘起与参加人员，工作理念、方法与学术目标；第二章陵区布局，分为延陵陵园、陪葬墓、严家沟战国秦陵园及其他遗迹四节；第三章延陵陵园，分园墙、围沟、门址、门址外之阙四节；第四章帝陵陵园，分陵前碑刻、园墙、门阙与角阙、帝陵封土与墓葬形制、其他遗迹和帝陵陵园地层六节；第五章皇后陵园，有园墙与门阙、后陵封土与墓葬形制、陵园内建筑、后陵陵园地层与其他遗迹四节；第六章为祔葬墓，分皇后陵北侧祔葬墓和陵园北部祔葬墓两节；第七章为外藏坑，分帝陵陵园外藏坑和延陵陵园外藏坑两节；第八章建筑遗址，分为延陵陵园东南部建筑遗址、帝陵陵园北侧建筑遗址、延陵陵园东北部建筑遗址、延陵陵园西北部建筑遗址和延陵陵园外建筑遗址五节；第九章为陪葬墓；第十章为陵区道路，分为陵园外道路与陵园内道路两节；第十一章为其他墓葬，分早期汉墓和晚期墓葬两节；第十二章为采集遗物；第十三章是几点认识，分时代、等级与墓主，陵园形制与布局两节。附表包括延陵陵区遗迹、遗物登记表七份。

四、报告中调查涉及的数据，均保留小数点后一位，其中不足 0.1 米的数据，保留小数点后两位，其后的数则采取四舍五入的办法处理。

五、报告正文与插图中表示遗迹的编号前有拼音声母，其含义如下：延陵陵园外藏坑 YWK 表示延陵陵园之内、帝陵陵园之外的外藏坑；帝陵陵园外藏坑 YDK 表示延陵帝陵陵园之内的外藏坑；H 表示灰坑；L 表示陵区内外道路；M 表示袝葬墓或陪葬墓；QM 表示秦墓；G 表示沟；D 表示盗洞；K 表示坑，在本书中均指汉成帝延陵陵园修建之前就存在的坑，修建陵园平整地面时将其填平，从而留有痕迹。

六、本报告中关于遗迹的编号，遵循以下原则：以陵园内的各个遗址为单位进行单独编号，如 1 号建筑遗址内发现 5 座灰坑，编号为 H1～H5，2 号建筑遗址内发现 2 座灰坑，编号为 H1、H2；若与某一个特定的遗址没有关联、又在陵园范围内的现象，则以陵园为单位进行编号，如在陵园内发现 14 座坑，编号分别为 K1～K14。

需要特别说明的是，在线图及文字中只选取了可能与延陵有关的遗迹进行介绍，并且采用原始编号，因此文中的遗迹编号不连续。

七、本报告中所介绍的遗物基本都是在地面采集的，在遗物编号时我们以离采集点最近的遗址或墓葬编号来命名，如 1 号遗址：33，部分遗物加上采集具体区位，如 2 号遗址中部：4。历经 2000 余年的岁月，加之人类活动的干扰，遗物的位置可能会有移动，但从大范围来讲，绝大部分遗物应该是与延陵密切关联的。

第一章 概 况

第一节 地理环境与水文地质

延陵是西汉第九位皇帝——汉成帝刘骜的陵墓（图版一、二），位于今陕西省咸阳市周陵街道办事处严家沟、马家窑村一带。其西接汉昭帝平陵，相距约5500.0米，东距汉元帝渭陵约4100.0米，东北与汉平帝康陵相望，相距约3000.0米（图1-1）。

图1-1 延陵地理位置图

延陵陵区位于咸阳原中部南缘，其陪葬墓区延伸至渭河二级、一级阶地。咸阳原地处关中平原的中部。关中平原属渭河冲积平原，土壤肥沃，气候湿润，物产丰富，历史上曾有"天府""陆海"之美誉。《战国策·秦一》中盛赞曰："田肥美，民殷富……沃野千里，蓄积饶多，地势形便，此所谓天府，天下之雄国也。"①《汉书·张良传》曰："夫关中左崤函，右陇蜀，沃野千里；南有巴蜀之饶，北有胡苑之利，阻三面而固守，独以一面东制诸侯。……此所谓金城千里，天府之国也。"唐代学者颜师古注解："财富所聚为之府。言关中之地物产饶多，可备赡给，故称天府。"②据《汉书·地理志》记载：西汉都城长安附近"有户、杜竹林，南山檀柘，号称陆海，为九州膏腴。"颜师古注曰："言其地高陆而饶物产，如海之无所不出，故曰陆海。"③同书《东方朔传》亦云："去三河之地，止灞、浐以西，都泾、渭之南，此所谓天下陆海之地。"④

咸阳原北界泾水，南临渭河，东起"泾渭之汇"，向西延伸至今陕西省咸阳市兴平市境内，南北宽 10～13、东西长约 32 千米，海拔高程 420～510 米之间⑤。地面坡降 2.5～3.5‰，与南部渭河冲积平原高差达 70～100 米。其地势东低西高，外形轮廓蜿蜒曲折，如果从高空鸟瞰，颇似一条横卧在关中平原的巨龙，是长安周边地区几处土厚水深、原面开阔的"风水宝地"中最为"高敞"、最具"龙势"的一处⑥。

根据现代地质、水文科学的研究成果可知：1. 汉成帝延陵所在的区域地下组成物质上部为黄土状砂质黏土，含钙质结核具垂直节理，厚约 80～100 米，夹 7～8 层古土壤；下部为亚黏土中粗砂等⑦。2. 汉成帝延陵所在的区域潜水水位埋深 >50 米⑧。

咸阳原地理环境及水文地质的形成，是因为它本身属于渭河断陷盆地（渭河地堑）的一部分，而该盆地系新生代喜马拉雅运动中秦岭大幅度抬升所形成的。直到第四纪构造运动及种种外力作用，塑造分异出北部黄土台塬（即咸阳原）和南部冲积平原。咸阳原的构造基础为渭北断块中的礼泉断阶部分（介于宝鸡—华县断裂带与扶风—三原断裂带之间）。"第四纪更新世方发生缓慢的相对抬升，原第三纪的湖盆露出水面。因地形平坦，利于黄土堆积，从而在新第三纪和早更新世的湖泊相沉积层之上堆积了中、晚更新世的黄土层，覆盖达 80～100 米，并且因气候的冷暖波动发育了 7～8 层古土壤，第四纪堆积物厚 200～400 米。此外，因新构造断谷的控制，形成台塬面上与梁状地定向排列的塬间洼地。"⑨

咸阳原地表平坦，其东南部前缘与渭河平原以缓坡接触，分布连续，土层深厚，上部土质基本为黄土状砂质黏土，宜于农耕，是人类较为理想的栖息地；加之其"覆盖达 80～100 米"的黄土层

---

① 缪文远：《战国策新校注》，卷三十，巴蜀书社，1987 年。
② 班固：《汉书》，卷四十，中华书局，1962 年。
③ 班固：《汉书》，卷二十八下，中华书局，1962 年。
④ 班固：《汉书》，卷六十五，中华书局，1962 年。
⑤ 刘庆柱：《地下长安——古代长安的自然地理环境》，中华书局，2016 年。
⑥ 焦南峰、马永赢：《西汉帝陵选址研究》，《考古》2011 年第 11 期。
⑦ 咸阳市渭城区地方志编纂委员会编：《咸阳市渭城区志》卷二"自然环境"，陕西人民出版社，1996 年。
⑧ a. 陕西省地质矿产厅、陕西省计划委员会：《西安地区环境地质图集——西安地区潜水水文地质图》，西安地图出版社，1999 年；b. 王子今：《说"高敞"：西汉帝陵选址的防水因素》，《考古与文物》2005 年第 1 期。
⑨ 咸阳市渭城区地方志编纂委员会编：《咸阳市渭城区志》卷二"自然环境"，陕西人民出版社，1996 年。

和"潜水水位埋深＞50 米"的双重水文地质条件，又成为营建大型陵墓的首选之地。

第二节　历史沿革

咸阳原自然地理环境优越，渭水、泾水滔滔东流，二水两岸草木茂盛，人类很早就在此渔猎、采集，繁衍生息。新中国成立后，考古工作者在咸阳原周边的任家嘴、石何杨、胡家沟、聂家沟、柏家嘴等地发现了多处新石器时代的聚落遗址①。

夏代，咸阳原地区属于"禹贡"九州之雍州，但从考古发现的资料来看，此地似乎处在夏王朝势力范围的边缘。有学者研究认为，到了商代，今咸阳市渭城区窑店镇以北地区为帝喾的司天官吴回的封地，名曰程（郢）。程国辖区可能包括延陵所在的区域。约公元前 12 世纪，周太公（古公亶父）死后，其少子季历继位。季历向东发展，攻灭殷商诸侯国程，并临时建都于此，其中心区在今咸阳市渭城区正阳街道办事处白庙村南汉惠帝安陵附近。延陵陵区距此不远，应该是季历的都城近郊。公元前 11 世纪，季历死后，其子姬昌（即后来的周文王）继位，仍居程邑，姬昌在此受封为三公，拥有雍州之域。公元前 1066 年，周武王灭商纣建立周朝，封其弟姬高于毕（即咸阳原一带）。直至今日，窑店镇以北尚留存有东西长约 80、文化层厚约 1 米左右的西周遗址，其地层内有西周时期的陶鬲、陶甗残片等②。

西周末年，阶级矛盾激化，西周贵族政权危机四伏，处于周西部边境的戎、狄等部族也乘虚而入，"居于泾渭之间，侵暴中国"③，咸阳原也被戎、狄部落占领。周平王被迫东迁洛邑，秦人先祖襄公因为护送平王有功而晋封诸侯。周平王把已被戎、狄占领的关中地区赐予秦襄公作为封地。此后，秦人与犬戎等部族苦战多年，直至秦武公时方真正控制了周人所谓的岐、丰之地。秦孝公十二年（公元前 350 年）将都城自栎阳（在今西安市阎良区武屯镇）迁至咸阳，在咸阳原上"筑冀阙宫廷"④，并在此继续推行商鞅的新法。此后，在咸阳原上演了一幕又一幕的历史活剧，诸如惠文君车裂商鞅、杜邮亭赐死白起、荆轲刺秦王、"焚书坑儒"等都留下了永恒的历史印迹。尤其是秦王嬴政继承其先祖惠文王、悼武王、昭襄王、孝文王、庄襄王五代 120 年苦心经营的基业，顺应历史潮流，挥戈横扫六合，终于结束了战国争雄的局面，建立了统一的秦帝国。咸阳原因秦都之故成为全国的政治、经济、文化中心。秦王嬴政立号皇帝，自称始皇帝，并下令"收天下兵，聚之咸阳，销以为钟镰，金人十二，重各千石，置廷宫中"⑤。秦始皇还在咸阳原仿建六国宫殿，并迁徙天下豪富十二万

---

① 咸阳市渭城区地方志编纂委员会编：《咸阳市渭城区志》卷二十 "文物"，陕西人民出版社，1996 年。

② 咸阳市渭城区地方志编纂委员会编：《咸阳市渭城区志》卷二十 "文物"，陕西人民出版社，1996 年。

③ 班固：《汉书·匈奴传》，卷六十四，中华书局，1962 年。

④ 司马迁：《史记·商君列传》，卷六十八，中华书局，1959 年。

⑤ 司马迁：《史记·秦始皇本纪》，卷六，中华书局，1959 年。

户于咸阳。因此，当年的咸阳原上宫苑遍布，楼台林立。延陵地区虽然因位置偏西，但当时也应属京畿之地。

秦王朝除了在咸阳原上建有大型宫殿群外，还修建了先王陵墓，延陵陵区东北部即有两座秦王陵墓。其中一座尚存高大封土，底部边长 73.0～79.0、顶部边长 34.0、高 15.0 米；另一座因后期遭到破坏，高度仅余 5.0 米，底部边长 90.0～123.0 米（图版三，1）。经考古钻探，这两座陵墓平面形制为亚字形，周围夯筑有内、外两重园墙，并建有门阙，墙外有围沟环绕。陵墓附近还发现建筑遗址 1 座，外藏坑 12 座，园墙内外有小型墓葬 300 余座。据学者研究，这处陵园可能是秦惠文王与其夫人的"公陵"①。

所谓"盛极必衰"，也许是应了这句古话，咸阳原的辉煌仅仅维持了二十余年，便招来了"水深火热"的劫难。秦末战乱，项羽引军西进，占领咸阳后，纵兵大肆劫掠，后又在其东撤之前，放火焚烧秦都宫殿及正在兴建的阿房宫。延陵所在地区因不在中心区域，受到的影响应当相对较小。

汉高祖刘邦建立汉王朝以后，将都城移至渭河南岸原本秦之长安乡的所在地，并将秦咸阳故城改为渭城，延陵地区变为渭城县辖区。后来，随着汉高祖入葬长陵，咸阳原又成为西汉王朝的皇家陵域，特别是汉昭帝平陵和汉元帝渭陵的修建使延陵地区再次兴盛起来。汉成帝建始二年（公元前 31 年）"以渭城延陵亭部为初陵"②。延陵开始营建，但十年后因汉成帝在长安东北修建昌陵而被搁置。永始元年（公元前 16 年）又废弃昌陵，重新修建延陵（图版三，2）。绥和二年（公元前 7 年），汉成帝病逝，入葬延陵。西汉末年，汉平帝康陵又在延陵东北修建。新莽时期，王莽妻子"孝睦皇后"入葬汉元帝渭陵与汉成帝延陵之间的亿年陵。

两汉之间，包括延陵在内的西汉帝陵经历了一场劫难。当时，赤眉军占领关中后，组织上万名士兵，大肆盗掘咸阳原上的西汉诸陵，延陵也在劫难逃。直至建武五年（公元 29 年），光武帝刘秀重新稳固了汉室江山以后，方才下令修复遭破坏的关中祖陵。

东汉时期，延陵地区应为右扶风平陵县辖区。三国曹魏黄初元年（公元 220 年）将平陵县改为始平县。西晋泰始二年（公元 266 年）又设置始平郡。南北朝时期，后赵皇帝石勒派河东王石生率兵占领关中，并在渭城建立石安县，延陵地区应为其所辖。前秦皇始二年（公元 352 年）于长陵设咸阳郡，咸阳原为其属地。隋朝，延陵地区归属始平县管辖，后改为咸阳县。唐、宋一直到民国时期，延陵地区均为咸阳县辖区。

新中国成立后置咸阳县，1958 年并县入市，延陵地区为咸阳市辖区。1986 年 12 月以后，延陵地区归属咸阳市渭城区管辖③。

---

① 刘卫鹏、岳起：《咸阳塬上"秦陵"的发现和确认》，《文物》2008 年第 4 期。
② 班固：《汉书·成帝纪》，卷十，中华书局，1962 年。
③ 本节参照吴镇烽《陕西地理沿革》（陕西人民出版社，1981 年）、陕西省地方志编纂委员会编《陕西省志·行政建置志》（三秦出版社，1992 年）、咸阳市渭城区地方志编纂委员会《咸阳市渭城区志》（陕西人民出版社，1996 年）等资料改写。

第三节　墓主生平

汉成帝刘骜[1]生于汉宣帝甘露三年（公元前51年），汉元帝竟宁元年（公元前33年）即位，绥和二年（公元前7年）病逝，在位26年。

汉成帝当政时，西汉王朝的国势已明显衰微，且自然灾害频仍。为了减轻国家财政负担，成帝下令"罢上林宫馆希御幸者二十五所"[2]，并裁汰宫廷中的歌伎倡优、减少宫廷器物用度等，仅此几项可每年节省开支数千万。后来，成帝又遵从大臣们的提议，将祭祀天地的场所从甘泉、河东迁至长安城的南北郊；并将中央财政负担供奉、祭祀的京畿及地方上的各类神祇的绝大部分废黜，为国家财政节省了大笔开支。建始四年（公元前29年）秋，天降大雨，连绵十余日，黄河暴涨，并在馆陶和东郡两处决口，洪水肆虐泛滥，流灌四郡三十二县，冲毁良田十五万余顷，房屋建筑等四万余座。面对如此重大的自然灾害，御史大夫尹忠在灾害发生前没有做好充分的防范工作，导致损失惨重，在灾害发生后他又提不出切实可行的有效对策及补救措施。因此，成帝毫不留情地勒令其自杀谢罪，并立即诏令有关官员组织河南以东的船只五百多艘赶往灾区，将被围困的百姓转移至安全地带。然后，又诏令大司农紧急调遣国库钱粮赈济灾民。对水灾紧急处置后，成帝又派遣水利专家王延世负责治理黄河决口。王延世果然不负厚望，他采取用"两船夹载"盛满石头的大竹筐不断填塞的方法，仅用三十六日即将堤坝修好，堵住了黄河决口。成帝非常高兴，除重赏治河功臣王延世外，还将这一年改元为河平元年（公元前28年）。

处在西汉王朝日渐衰落时期的汉成帝除在其前期做了几件屈指可数的有为之事外，之后对王朝颓废衰微的政治、经济形势大多熟视无睹，不思整饬，无心进取。他虽然罢免斥退了自宣帝后期即把持朝政的宦官集团，却任人唯亲，重用外戚王氏家族，为后来王莽篡汉埋下了祸根。被成帝擢为大将军、辅政大臣的乃舅王凤，起初尚能招揽人才，恭谨勤政，但随着其在朝廷根基的稳固，越来越多地表现出了贪欲专权、打压异己、骄奢跋扈的劣根性。他先后与元帝末年确定的辅政大臣大司马许嘉及丞相王商钩心斗角，争权夺利，造成了王朝政治极端黑暗腐败的局面。

王凤死后，成帝又先后任命王音、王商（元帝王皇后之弟，非上述丞相王商）、王根等舅氏王家成员为大将军、大司马辅政，其中除王音"为修整，数谏正，有忠节"[3]外，其余均弄权结党，骄恣擅断，作威作福。刘向在给成帝的谏疏中指出："今王氏一姓乘硃轮华毂者二十三人，青紫貂蝉充盈

---

① 班固：《汉书·成帝纪》，卷十，中华书局，1962年。
② 班固：《汉书·成帝纪》，卷十，中华书局，1962年。
③ 班固：《汉书·元后传》，卷九十八，中华书局，1962年。

幄内，鱼鳞左右。大将军秉事用权，五侯骄奢僭盛，并作威福，击断自恣，行污而寄治，身私而托公，依东宫之尊，假甥舅之亲，以为威重。尚书、九卿、州牧、郡守皆出其门，管执枢机，朋党比周。"①成帝在王商罢相后遴选的丞相张禹、薛宣、翟方进等，除薛宣稍有能名外，余皆尸位素餐，碌碌无为，对朝政鲜有裨益。

西汉王朝政治腐败，统治黑暗，地方豪强恶霸势力乘机鱼肉乡邻，侵暴弱小，社会治安状况极度混乱。再加之天灾不断，百姓大多流离失所，民不聊生，因此，处在水深火热之中的农民和手工业者只好铤而走险，纷纷组织暴动，以求生存。西汉统治者捉襟见肘，穷于应付。面对如此局面，汉成帝却仍然沉湎酒色，荒淫奢侈，怠于政事。他甚至一时兴起，将已经营建了十年的陵墓——延陵废弃，在长安东北另择新址，重新修建昌陵。因其所选陵址地势较低，要营建高大帝陵，首先需将地基垫高，然后才能积土为山陵。为此，当时征调了数万名士卒、刑徒，日夜不停地"取土东山"，因取土场距离较远，所以筑陵之土"贵同粟米"。如此修建了数年，"靡费巨万"，致使"国家罢敝，府藏空虚"，并造成了"卒徒蒙辜，死者连属，百姓罢极，天下匮竭"②的局面，在此情形下，成帝才不得不下令停建昌陵，继续在咸阳原上营建延陵。

绥和二年（公元前7年），汉成帝暴病身亡，停殡五十四天之后，入葬延陵。

第四节　袝（陪）葬延陵的后妃及大臣

一、许皇后

汉成帝许皇后③是汉元帝的舅舅大司马平恩侯许嘉的女儿。汉元帝因伤悼母亲（宣帝许皇后）居位日浅而遭霍氏谋害，因此钦点许氏女为太子刘骜妃。刘骜即位后立许氏为皇后。

许皇后聪明贤惠，好史善书，自进宫到被立为皇后一直深得成帝宠爱，后宫其他妃嫔难得进见。因成帝久无后嗣，又加之天灾不断，皇太后以及一些大臣归咎于许氏，成帝下诏削减其用度。许氏上书辩解，引起成帝不满。当时后父许嘉已过世，成帝舅王凤辅政当权。因连年出现天灾日食等灾异现象，一些耿直大臣认为是王凤施政不当所致，而另外一些大臣为了讨好王凤，为其开脱，归罪皇后，致成帝日渐疏远许氏。此事引起了许皇后姐姐许谒等的不满和怨愤，后有人告发许谒等用巫术诅咒后宫怀孕的妃子和辅政大臣王凤，成帝诏令严加惩处，许谒等被诛，许氏亲属遭返原籍。许皇后也受牵连被废黜皇后名号，退处上林苑的昭台宫，后徙长定宫。

许皇后被废九年之后，成帝念及许氏家族曾有恩于先祖宣、元二帝，特意下诏赦免其罪，允

---

① 班固：《汉书·刘向传》，卷三十六，中华书局，1962年。
② 班固：《汉书·成帝纪》，卷十，中华书局，1962年。
③ 班固：《汉书·外戚传下·孝成许皇后》，卷九十七下，中华书局，1962年。

许其宗族迁回京城长安居住。许皇后有姊名许嬺者与官居侍中卫尉的定陵侯淳于长私通。淳于长是成帝母王太后姐姐的儿子，与成帝是表兄弟，再加之他曾为成帝册立出身微贱的歌女赵飞燕为皇后出过力，因此深得成帝宠信。他曾向许嬺夸口说他可以劝说成帝将许氏立为左皇后。许氏闻言，信以为真，便通过姐姐许嬺贿赂淳于长大量财物，并与之多次互通书信联络，以期得到淳于长的帮助。不想"（淳于）长书有悖谩，发觉，天子使廷尉孔光持节赐废后药，自杀，葬延陵交道厩西。"①

二、赵氏姐妹

赵飞燕②，原名赵宜主，本为长安宫中的奴婢，后被赐予阳阿公主家为歌女。因其体态轻盈，能歌善舞，人称"飞燕"。

汉成帝微服出游，"过阳阿主，作乐，上见飞燕而说之，召入宫，大幸。有女弟复召入，俱为婕妤，贵倾后宫"。后来，许皇后因过被废，成帝欲立飞燕为后，但"皇太后嫌其所出微甚，难之③"，成帝立即封其父为成阳侯。

赵飞燕被立为皇后以后，宠幸稍衰，但其妹赵合德却更加受宠，被封为嫔妃的最高等级昭仪，而且"居昭阳舍，其中庭彤硃，而殿上髹漆，切皆铜沓黄金涂，白玉阶，壁带往往为黄金釭，函蓝田璧，明珠、翠羽饰之，自后宫未尝有焉④"。当时，西汉国内水旱灾害频繁，百姓穷困饥馑，饿毙荒野者数以百万计。但赵氏姐妹仍怂恿成帝穷奢极欲，挥霍无度。绥和二年（公元前7年），成帝猝死于赵合德宫中。朝中大臣怀疑成帝为赵合德谋害而死，皇太后震怒，下诏追查成帝死因，赵合德恐惧自杀。赵合德的具体葬地文献没有记载。

成帝猝死，虽然导致赵合德自杀，但赵飞燕却仍安然无事。汉哀帝即位后，她成为皇太后。当时，有大臣劾奏赵飞燕曾参与残害成帝子嗣，但哀帝被立为太子，曾得到赵飞燕的鼎力相助，因而，他无意追查此事。哀帝逝后，汉平帝即位，王莽秉政，这才追究赵飞燕"执贼乱之谋，残灭继嗣以危宗庙"之罪，废其皇太后尊号，徙居北宫。不久，又将其贬为庶人，令"就其园⑤"，赵飞燕被迫自杀。文献既言"就其园"，其死后应能够入葬在延陵为其修建的皇后陵园。

三、其他嫔妃

汉成帝的嫔妃除了赵合德之外，见诸史载的还有班婕妤、马氏二婕妤等。

班婕妤在成帝刚即位时被选入后宫，并且很受宠幸，被封为婕妤。班婕妤为人高洁，"成帝游于

① 班固：《汉书·外戚传下·孝成许皇后》，卷九十七下，中华书局，1962年。
② 班固：《汉书·外戚传下·孝成赵皇后》，卷九十七下，中华书局，1962年。
③ 班固：《汉书·外戚传下·孝成赵皇后》，卷九十七下，中华书局，1962年。
④ 班固：《汉书·外戚传下·孝成赵皇后》，卷九十七下，中华书局，1962年。
⑤ 班固：《汉书·外戚传下·孝成赵皇后》，卷九十七下，中华书局，1962年。

后庭，尝欲与倢伃同辇载，倢伃辞曰：'观古图画，贤圣之君皆有名臣在侧，三代末主乃有嬖女，今欲同辇，得无近似之乎？'上善其言而止。"赵飞燕姐妹入宫后，受到成帝专宠，班倢伃因而失宠，难得进见。鸿嘉三年（公元前 18 年），赵飞燕诬陷班倢伃、许皇后以巫术诅咒后宫及成帝，许皇后因此被废黜。但在拷问班倢伃时，她却巧妙应对，不但脱罪，还赢得了成帝的怜惜，赐其黄金百斤。班倢伃眼见赵氏姐妹专宠，并不择手段残害其他嫔妃，为求自保，主动要求到长信宫侍奉王太后。成帝死后，班倢伃"充奉陵园，薨，因葬园中"①。

马氏二倢伃，茂陵邑（陕西兴平市）人。汉武帝时，其先祖以吏二千石的身份，从赵国邯郸迁到茂陵。马氏倢伃的祖父马通因抗击匈奴有功，被封重合侯。其父马宾，号使君，汉宣帝时以郎持节。马宾之子马仲即为东汉名将马援之父。据史书记载，"（马）援姑姊妹并为成帝倢伃，葬于延陵"②。

四、丞相薛宣

薛宣③，字赣君，东海郯（山东郯城县）人。薛宣年轻时曾任过不其（山东青岛市城阳区）丞、乐浪（朝鲜平壤大同江南岸）都尉丞、宛句（山东菏泽市曹县西北）令等地方小官。后经大将军王凤推荐，官拜长安令。他上任后，治乱有方，颇有政绩。后来，以"明习文法"奉诏补御史中丞，后又出为临淮（江苏盱眙县）太守。成帝年间，陈留（河南开封市）郡出现了为害地方的大股山贼强盗，久不能平。于是成帝将薛宣改派至陈留任太守，薛宣赴任后，采取严厉措施，打击盗贼，整顿治安，不久便"盗贼禁止"。

薛宣因功升任京畿重地左冯翊（陕西关中东部）的行政首长。他刚到任，即有吏民控告高陵（陕西西安高陵区）令杨湛、栎阳（陕西西安阎良区东）令谢游皆作恶多端，并以掌握郡守的过失要挟上司，使其不敢追究自己的犯罪行为。薛宣并未只听一面之词，而是将他们请到太守府，"设酒饭与相对，接待甚备"，然后暗中派人到高陵、栎阳调查情况。掌握其罪证后，薛宣为了给他们一个悔过的机会，没有直接上奏朝廷，只是责令他们辞职返乡了事。辖区左冯翊内的频阳（陕西富平县北）县北临上郡（陕西榆林市南）、西河（内蒙古杭锦旗）等，是三郡交汇之地，因而多盗贼。其县令薛恭本以贤孝为官，没有治理百姓的经验，无力整肃该地的混乱局面。而溧邑县则地盘较小，狭处深山，老百姓都很安分纯朴，容易管理。其县令尹赏一直在郡守府为官，"久郡用事"，很有地方行政经验。薛宣了解到这一情况后，当即将薛恭与尹赏二人互调，果然，"二人视事数月，而两县皆治"。

薛宣因治郡有方，积功迁为少府。不久，又升为御史大夫。后来又"代张禹为丞相，封高阳侯，

---

① 班固：《汉书·外戚传下·孝成班倢伃》，卷九十七下，中华书局，1962 年。

② 范晔：《后汉书·皇后纪上·明德马皇后》，卷十，中华书局，1965 年。

③ 班固：《汉书·薛宣传》，卷八十三，中华书局，1962 年。

食邑千户"。薛宣为相后任用"为吏亦有能名"的赵贡的两个儿子为史掾，并认为名儒翟方进"有宰相器，深结厚焉"，有意栽培。后来，因成帝好儒雅，薛宣经术浅，成帝借故将其罢相。翟方进代之为相。

薛宣曾为其母的奉养和丧葬等事与其弟少府薛修不和。哀帝即位后想重新启用薛宣，博士申咸"毁宣不供养行丧服，薄于骨肉，前以不忠孝免，不宜复列封侯在朝省"。薛宣的儿子薛况以为是薛修指使其有意报复，于是派人在宫门外砍伤申咸。事发后薛况下狱，薛宣也被牵连免为庶人，回归故郡。

薛宣当初为相时，适逢其妻亡故，便由成帝做主与寡居的敬武长公主再婚。薛宣被遣归故郡后，公主仍留居京师，后薛宣病死家中，敬武长公主上书"愿还（薛）宣葬延陵"①，得到哀帝批准，薛宣因而得以陪葬延陵。

五、敬武长公主

根据敬武长公主在薛宣死后，特意上书哀帝，请求将其还葬延陵的情况来看，应当是与敬武长公主合葬，否则，很难解释她的这种做法，而且当时也盛行夫妻合葬。因此，敬武长公主也应陪葬延陵。

《汉书·薛宣传》记载，敬武长公主晚年时因牵涉反对王莽的活动，而被王莽以太皇太后（即元帝王皇后）的名义下诏赐死。"主怒曰：'刘氏孤弱，王氏擅朝，排挤宗室，且嫂何与取妹披抉其闺门而杀之？'"敬武长公主既将王皇后称嫂，可见其为元帝之妹，亦即宣帝之女。

据史书记载，敬武公主先嫁宣帝朝辅政大臣卫将军张安世曾孙富平侯张临，并生子张放。张临于元帝竟宁元年（公元前33年）死后，敬武公主寡居。成帝时，张放"与上卧起，宠爱殊绝"，时为丞相的薛宣曾劾奏其"骄蹇纵恣，奢淫不制"②。张放因此而贬黜地方任职。"居岁余，征放归第视母公主疾。数月，主有瘳，出放为河东（山西夏县北）都尉。"这是嫁与张临的敬武公主的情况。但《汉书》还记载有成帝时的营平侯赵钦"尚敬武公主"，因赵钦无子，公主便诈取外人子为赵钦子嗣，并在赵钦于成帝阳朔三年（公元前22年）死后袭爵，但因后来被人告发而免爵除国。不知这个敬武公主与上述嫁与张临者是否为同一人，如为一人，那么敬武公主下嫁薛宣已是三醮。

另外，敬武长公主在薛宣死后，曾与薛宣之子薛况淫乱。因薛况参与反对王莽专权的活动，事涉公主而被鸩杀，但王莽上报太皇太后公主的死因却是暴病而亡。根据"太后欲临其丧"③的情况来看，敬武长公主应当会被正常安葬。

---

①　班固：《汉书·薛宣传》，卷八十三，中华书局，1962年。
②　班固：《汉书·张放传》，卷五十九，中华书局，1962年。
③　班固：《汉书·薛宣传》，卷八十三，中华书局，1962年。

第五节　延陵的营建与昌陵的废弃

延陵始建于汉成帝即位的第二年，《汉书·成帝纪》载：建始二年（公元前 31 年）春，"以渭城延陵亭部为初陵"。选择此地建陵的原因是"因天性，据真土，处势高敞，旁近祖考"[①]，而且延陵的规划应当是遵从了元帝渭陵的规制，整体建筑规模较小，因为西汉著名学者刘向曾提到，成帝"始营初陵，其制约小，天下莫不称贤明"[②]。

延陵在修建了十年之后，因成帝又在长安东北修建昌陵而停工（图 1-2）。五年之后因昌陵地势卑下，难以修成，又重建延陵。至绥和二年（公元前 7 年）成帝病亡入葬，修建时间长达 19 年。

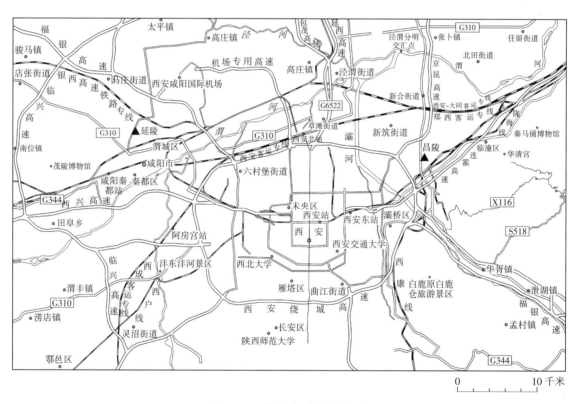

图 1-2　昌陵与延陵位置图

主持延陵前期营建工程的应为将作大匠许商。此人"善为算，能度功用"[③]。《汉书·艺文志》载其著有《五行传记》一篇，《许商算术》二十六卷。另据记载，许商曾多次参与治理黄河水患，后又任河堤都尉，他应当是一位工程技术方面的专家。许商主持延陵修建的具体时间难以考定，成帝

---

① 班固：《汉书·陈汤传》，卷七十，中华书局，1962 年。
② 班固：《汉书·刘向传》，卷三十六，中华书局，1962 年。
③ 班固：《汉书·沟洫志》，卷二十九，中华书局，1962 年。

即位之初，曾派遣其巡视黄河水患，他当时的官职是博士。大约在河平三年（公元前26年）黄河再次发生决口，许商等被委派治理，此时许商的身份已是将作大匠。鸿嘉元年（公元前20年），成帝决定弃延陵而建昌陵，解万年接任将作大匠。根据这些情况推测，许商很可能主持了延陵前半段营建工程的大部分（或全部）工作。

《汉书·艺文志》还提到："成帝时将作大匠李长作《元尚篇》，皆《仓颉》中正字也。"不知李长任职的时间是在成帝前期还是后期，如在前期，那么应该是在延陵初建的几年里，如果是后期，则为昌陵废弃后延陵复建期间。从文献记载来看，此人善属文，但是否为工程技术专家则不得而知。

汉成帝在延陵修建了十年之后，因"乐霸陵曲亭南"①，便借口窦将军的竹园在延陵陵庙之南，"恐犯蹈之，故言作陵不便"②，于鸿嘉元年决定在长安城以东的新丰县戏乡步昌亭附近重建一座寿陵——昌陵。

昌陵由当时的将作大匠解万年主持营建。解万年为了邀功，对成帝承诺三年完工。但因昌陵所在地域整体地势低下，要营建高大巍峨的皇帝陵墓，需要大范围积土增高。为此，当时征调了数万名士卒和刑徒，日夜不停地"取土东山"。因取土场较远，以至于筑陵之土"与谷同贾"③。

因昌陵工程量过大，虽然"靡费巨万"，但是经过五年紧张施工，陵墓的玄宫和陵园司马门工程还没有完成，但已导致"国家罢敝，府藏空虚"④，使本来就捉襟见肘的西汉王朝财政雪上加霜。又加之解万年为了按期完工，"期日迫卒"⑤，"至然脂火夜作"⑥，"卒徒蒙辜、死者连属、百姓罢极，天下匮竭"⑦，导致社会矛盾日趋尖锐。在众大臣的强烈反对下，汉成帝才不得不停止了昌陵的修筑，又继续营建咸阳原上的延陵。

昌陵位于现在的西安市临潼区斜口街办窑村一带。20世纪80年代初，刘庆柱、李毓芳先生曾做过实地调查，"这里现仍有一大夯土台，面积3平方千米。夯土台上有个面积一百多平方米的矩形大土坑，当地群众称为'八角琉璃井'。此坑深二十多米，从坑壁上看，从上到下均为夯土。"⑧但遗憾的是，2012年冬，笔者到昌陵调查时，此地已是沟壑纵横，一片狼藉，以"八角琉璃井"为中心，周围分布有多座砖厂，日夜取土，鲸吞蚕食，取土场已连成一片，形成一个大约5.0平方千米的不规则状大土坑。甚至连刘、李二位先生当年还能看到的"八角琉璃井"也已荡然无存。取土场的断壁上随处可见厚约20.0～40.0厘米的汉代夯土层。可怜一处存在了两千多年的汉代帝陵遗迹，竟然在

① 班固：《汉书·陈汤传》，卷七十，中华书局，1962年。
② ［汉］赵岐等（撰），［清］张澍（辑），陈晓捷（注）：《三辅决录·三辅故事·三辅旧事》，三秦出版社，2006年。
③ 班固：《汉书·陈汤传》，卷七十，中华书局，1962年。
④ 班固：《汉书·陈汤传》，卷七十，中华书局，1962年。
⑤ 班固：《汉书·刘向传》，卷三十六，中华书局，1962年。
⑥ 班固：《汉书·陈汤传》，卷七十，中华书局，1962年。
⑦ 班固：《汉书·成帝纪》，卷十，中华书局，1962年。
⑧ 刘庆柱、李毓芳：《西汉十一陵》第九章"成帝延陵"，陕西人民出版社，1987年。

短短三十年间被毁灭殆尽（图版五，1）。

据文献记载，汉成帝还在昌陵设置了陵邑。在昌陵开始营建的第二年（公元前 19 年），汉成帝下令把郡国中拥有五百万以上资产的五千户人家迁到昌陵邑，并把陵邑中已建成的豪华宅第赐予达官显贵。如皇亲国戚班况，在"成帝之初，女为婕伃，致仕就第，赀累千金，徙昌陵"①；成帝时的将军辛庆忌，那时也徙居昌陵。后来由于昌陵罢修，那些徙居昌陵邑的"大臣名家皆占数于长安"②。据估计，当时昌陵邑大约有二十万人，一时相当繁华，但很快就在历史上销声匿迹了。

昌陵邑位于昌陵以北，即现在的窑村村北。进入新世纪以后，曾有人在此疯狂盗挖瓦当。在遗址范围内发现大量汉代板瓦、筒瓦、"长生无极"瓦当残片，并有多处夯土遗迹。

另外，汉成帝还曾在昌陵附近"赐丞相、御史、将军、列侯、公主、中二千石冢地、第宅"③。在窑村遗址附近曾有多座地面尚存封土的大墓，现多已被平毁。笔者踏查发现，目前仅在温家寨东存有一高约 5.0、直径约 22.0 米的圆形封土。这些墓葬可能是当年汉成帝赐予大臣的"冢地"，虽然昌陵后来被废弃了，但这些"冢地"有的可能已被使用。

第六节　既往考古工作

汉成帝延陵既往的考古工作可分为两个大的阶段，新中国成立前全部为踏查、测量、拍照、绘图等地面遗迹调查；新中国成立后除了地面调查之外，还增加了考古勘探工作，对延陵陵区地下遗迹的分布情况有了更深入的了解。

一、新中国成立前的调查工作

最早对延陵进行调查的当推法国学者沙畹（Edouard Chavannes）。据有关资料介绍，1907 年 3 月至 1908 年 2 月，沙畹在东北、华北地区做考古游历，后进入陕西对关中地区的汉唐帝陵及相关陪葬墓做了调查，这其中应当包括汉成帝延陵。这次调查的成果结集于 1909 年出版的《北中国考古旅行记》（法文书名 *Mission archéologique dans la Chine septentrionale*，又译作《北支那考古图谱》）一书中。

1906 年至 1910 年，日本学者足立喜六应聘于西安的陕西高等学堂任教习。期间，对西安及其附近的历史遗迹进行了实地考察，并做了测绘。足立回国后将其在西安的考察写成《长安史迹研究》一书，汉成帝延陵的考察成果如下：

---

① 班固：《汉书·叙传》，卷一百，中华书局，1962 年。
② 班固：《汉书·叙传》，卷一百，中华书局，1962 年。
③ 班固：《汉书·成帝纪》，卷十，中华书局，1962 年。

"陵丘形状属于第三类。远远望去，外观整美。茔域方一千八百三十六尺，在汉陵中面积最大。方中计方六百尺，陵高八十五尺，次于渭陵和杜陵。周垣及四门遗址距陵基六百一十八尺，在汉陵中距离最远。""顶部的东西南北四方各有四条土墙，宛如棋盘上的孔格，划分为二十五个区域。陵南羡门处已经崩坏，当系后世盗掘所致。""陵前有毕沅所立'汉成帝延陵'碑，另有石碑一通。陵东还有三座陪葬墓。"（足立喜六将汉陵形制分为三种："第一种形式，陵丘为较四角台锥形低小的圆锥台形。四角略呈圆形，顶上相当平坦。四门遗迹明显，且形制较大。安陵、阳陵、义陵均属此类。""第二种形式，陵丘为正四角锥台形。四边都有棱角，顶上平坦广阔。陵丘下部有二级或三级台阶。周垣及四门遗迹俱不明显。长陵、杜陵即属此类，但杜陵无门址，仅存柱础。""第三种形式，陵丘为四角锥台形，顶部周围有台阶。上面有二三处地方隆起，或横亘于东西南北，为高约一二尺的土墙，布局如同棋盘上的孔格。周垣及四门遗址很低小，勉强可资辨认。平陵、渭陵、延陵、康陵便是如此。"①）

抗日战争时期，以王子云先生为首的西北艺术文物考察团曾对咸阳原上的西汉帝陵做过考察，实地踏查了包括汉成帝延陵在内的各个陵区地面遗迹保存情况。王子云认为：延陵"乃汉陵中规模最阔大者"。"在延陵之东南方，有失名之陪冢三，又西南较远处亦有巨冢一，传为王太后墓。《汉书·本纪》：成帝母王太后与元帝合葬渭陵，其冢不当在此。又《水经注》：延陵西南有大将军窦婴冢。因疑其乃窦将军墓"②（图版五，2）。

二、新中国成立后的考古工作

新中国成立后，汉成帝延陵的考古工作主要有三次，即20世纪80年代前后，中国社会科学院考古研究所刘庆柱、李毓芳先生进行的考古调查工作；1999年秋，由王建新先生主持，西北大学考古专业的教师和研究生对包括延陵在内的西汉后四陵进行了实地勘察；21世纪初，咸阳市文物考古研究所对延陵进行考古勘探工作。

1. 中国社会科学院考古研究所考古工作成果

刘庆柱、李毓芳先生的考古调查成果发表在《文物资料丛刊》1982年第6期③，现全文抄录于下：

（汉成帝延陵）在今咸阳市周陵公社红岩大队严家窑。（陵墓封土）形如覆斗，陵顶中心下陷3米。

延陵陵园东西382米、南北400米。陵园南门的东阙已毁，西阙东西30、南北5.5、高

---

① ［日］足立喜六蕃（著），王双怀、淡懿诚、贾云（译）：《长安史迹研究》第五章"汉代的陵墓"，三秦出版社，2003年。
② 王子云：《汉代陵墓图考》第三章"两汉帝王陵墓踏查纪实"，太白文艺出版社，2007年。
③ 刘庆柱、李毓芳：《西汉诸陵调查与研究》，《文物资料丛刊》1982年第6期。

2.5 米；北门阙东西 48、南北 10、高 3.5 米；东门阙东西 12、南北 35、高 2.5 米；西门阙东西 13、南北 48、高 3 米。北、东、西门址宽分别 10、12、13 米。

陵园南门附近曾出土大量排列整齐的玉圭，与平陵陵园出土玉圭相同。

《汉书·外戚传》载："成帝许后立十四年而废，后九年赐药自杀，葬延陵交道厩西。"许后未以皇后身份合葬于延陵。又载：孝成班倢伃"至成帝崩，倢伃充奉园陵，薨，因葬园中"。《咸阳县志》载：班倢伃墓"在延陵北一里许"。延陵东北 652 米有一陵墓，形如覆斗，其规模较延陵小。今传为周恭王陵。该陵墓附近曾出土西汉云纹瓦当及其他汉代砖瓦残块，当为汉墓。当地群众称此墓为"丑女子坟"或"丑娘娘坟"，"丑"当为"愁"字别音。此墓似即孝成班倢伃墓。

陪葬墓：

延陵东 550 米有一陪葬墓，其封土规模东西 110、南北 120、现冢高 2～5 米，当为成帝后妃一类人物墓葬。

延陵陪葬墓大多分布在其东 1500 米处，位于五冢村西南、黄家寨东北，共七座。墓区东西 200、南北 170，疑为族墓群。

另外，刘庆柱、李毓芳著《西汉十一陵》第九章"成帝延陵"中也记录了延陵的调查成果[1]，但文字略有出入，亦摘录于此：

延陵位于今咸阳市秦都区周陵乡严家窑村（严家窑应为"延家窑"之讹）。陵墓封土底部和顶部平面均为方形，底部边长 173 米，顶部边长 51 米，封土高 31 米。陵顶中央塌陷一坑，深 3 米，可能是由于墓室被盗后陷落所致。

延陵陵园东西长 382 米，南北宽 400 米。陵园辟四门，门外置双阙。二阙间距 12 米。阙址台基面宽 48 米，进深 13 米，高 3 米。门阙上有采椽。陵园南门附近曾出土过排列整齐的玉圭，颇似昭帝平陵与上官皇后陵之间东西路两旁瘗埋的玉圭和玉璧。

据文献记载，葬在延陵附近的成帝后妃有许皇后、赵皇后、班倢伃和马倢伃。

许皇后死后葬于"延陵交道厩西"[2]。从文献记载来看，应在延陵陵园南门外。北（或西北）距延陵约二里。现在延陵以南二里有个古墓冢，或为孝成许皇后之墓。

赵飞燕在许氏废黜后被立为皇后。哀帝即位，她被尊为皇太后。后来王莽掌权，她被徙居北宫，不久又被废为庶人，赵飞燕闻讯后自杀身亡。可能"就其园"而葬于延陵附近。

《重修咸阳县志》卷一记载："班倢伃墓在延陵北一里许。"今延陵东北 652 米有个坟墓，形如覆斗，封土底部和顶部平面均为方形，底部边长 80 米，顶部边长 30 米，封土高 14

① 刘庆柱、李毓芳：《西汉十一陵》第九章"成帝延陵"，陕西人民出版社，1987 年。
② 班固：《汉书·外戚传下》，卷九十七下，中华书局，1962 年。

米。今传该墓为周恭王陵，墓冢南边还有毕沅书写的"周恭王陵"碑石。当地群众传称此墓为"丑女子坟"，或称"丑娘娘坟"。从延陵附近葬墓分布情况来看，"愁娘娘坟"（即班倢仔墓）应为与汉成帝合葬的后妃陵墓。

延陵以东 550 米有一墓，封土已被破坏，残高 2~5 米，封土底部东西长 110 米、南北宽 120 米。就其位置来看，似为成帝后妃的坟墓。

延陵陪葬墓大多分布在延陵以东 1500 米的地方，今五冢村南、黄家窑东北仍保存着七座陪葬墓的封土。这个墓区范围东西长 200 米、南北宽 170 米。

2. 西北大学考古工作成果

王建新先生主持的延陵勘察成果体现在《西汉后四陵名位考察》[1]一文中。

1 号陵（即延陵）是后四陵中最西的一座。陵园平面近方形，四面各有门阙，现东、南、西三面的门阙夯土堆在地面上仍存。封土居于陵园中心，东侧呈明显的二层台，其他三侧呈斜面。封土顶部中央、南侧和西侧均有下陷，其中南侧下陷非常严重。封土南侧现存清代毕沅书写的"汉成帝延陵"和1956年8月陕西省人民政府所立"陕西省第一批重点文物保护单位　成帝延陵"石碑。

陪葬墓　1 号陵现存可确认的陪葬墓有三处，分别编号为 1-1、1-2、1-3（表一）。

1-1 号位于 1 号陵东北 550 米处，封土破坏严重，已近被夷平。墓前东北角现存有"1990 年 1 月 11 日公布第二批区级重点文物保护单位　班婕好墓"石碑。

1-2 号位于 1 号陵东北 625 米处，1-1 号陪葬墓之北。封土南侧下陷，不见门阙土堆，陵园情况不详。封土南侧曾有毕沅所立"周恭王陵"石碑，现已无存。该墓附近出土有数量较多的西汉云纹瓦当及砖瓦残片，可断定其为西汉墓。

1-3 号位于 1 号陵东约 1600 米处，五冢村南。现存封土分南北两列，东西排列，南北相距 128 米，应正好位于 1 号陵东司马道两侧。从该墓群的位置、封土形状、出土物所反映的时代等诸方面判断，应为 1 号陵的陪葬墓群。

疑陪葬墓　有黄家寨墓群和李家寨墓群（见表一），均位于 1 号陵以东，封土现多已被削平。《文物地图集》保存有 1958 年的调查记录，但无详细报告，不好判断它们是否是 1 号陵的陪葬墓，故在此引用《文物地图集》的记载存疑。

3. 咸阳市文物考古研究所考古工作成果

此次考古勘探成果刊载于刘卫鹏、岳起撰写的《陕西咸阳市西汉成帝延陵调查记》一文中[2]，以及咸阳市文物考古研究所编著《西汉帝陵钻探调查报告》第二章第九节"成帝延陵"等[3]。

---

① 王建新：《西汉后四陵名位考察》，《古代文明》第 2 卷，文物出版社，2003 年。
② 刘卫鹏、岳起：《陕西咸阳市西汉成帝延陵调查记》，《华夏考古》2009 年第 1 期。
③ 咸阳市文物考古研究所：《西汉帝陵钻探调查报告》第二章第九节"成帝延陵"，文物出版社，2010 年。

表一　1号陵及其陪葬墓情况

陵墓	帝陵	陪葬墓			疑陪葬墓	
		1-1号	1-2号	1-3号		
地点	周陵乡严家沟村	周陵乡严家沟村	周陵乡严家沟村	周陵乡严家沟村	周陵乡黄家寨村	周陵乡李家寨村
面积（平方米）				约3.4万	约2万	约3万
陵园　东西（米）	382					
陵园　南北（米）	400					
封土　形状	覆斗形	近方形的台地	覆斗形	均为圆丘形	圆丘形	均为圆丘形
封土　数量（座）				7	17	25
封土　高（米）	31	残高2~5	约14		残高3~6	残高4~8
封土　底边长（米）	173	东西110、南北120	80			
封土　顶边长（米）	51		30			
封土　底径（米）					残长6~20	残长8~14
封土　夯层厚（米）				最厚处0.27		
出土物　地点	陵园南门阙附近			墓域北部	墓域	
出土物　时间				1979年	70~80年代	
出土物　数量	多件			10余件	多件	
出土物　物品	排列整齐的玉圭			铜灯、雁足灯、灰陶双耳罐等	绿釉陶罐、彩绘陶钫、陶盆、陶仓、陶猪等	
调查时间					1958年	1958年

咸阳市文物考古研究所的钻探成果显示：

延陵陵园平面呈南北较长的长方形，垣墙宽6~8米，东墙长506米，西墙长528米，南墙长410米，北墙长408米（均指外围）。垣墙四面皆设有门阙，长40~42米，宽14~17米，门道宽8~16米。

延陵封土位于陵园中部略偏南位置，其北边距离陵园北墙218米，南边距离陵园南墙116~120米，西边距离西墙125~130米，东边距离东墙105米。封土呈覆斗形，底部东边、南边均长162米，西边长170米，北边长160米。顶部东、西两边均长56米，南、北两边皆长53米，高25.7米。顶面正中心塌陷有一直径25~30米的大坑，坑最深达4米。

经过在延陵封土四周全面钻探，在其南部偏西位置发现墓道一条。墓道南部平面呈梯形，长30、宽30~63；北部平面基本呈长方形，长70、宽63~65米。墓道南北总长100米

（指封土外面暴露部分），其中的填土为红褐色五花土，夯筑，两壁发现有台阶。封土外其余三面经钻探未发现墓道暴露。另外，在陵园内北部中间距离封土北边120米处，发现陪葬坑一条，坑南北宽5、东西长8米。

寝园遗址（I号）位于陵园外西北部，平面呈长方形，南北长216、东西宽190米。其南墙利用了延陵陵园的北墙，西界在陵园西墙的延长线一带，东界位于延陵北司马道以西。遗址内发现大量绳纹板瓦和筒瓦残片，回纹和素面铺地砖，鹅卵石以及瓦当残块等。探孔内发现大面积夯土、砖瓦堆积等。

延陵东南部遗址（II号）位于延陵东南严家沟村东部和南部，东西长450、南北宽250米。其西界在距离延陵陵园东墙100米的位置，遗址西部大部分被压于严家沟村的民房下，在严家沟村东南发现一道东西向夯墙，墙宽5～6米，往西延伸150米后，再往北折，延伸160余米中断。遗址东部大部分被砖厂取土毁坏，在砖厂取土场的一个断面上发现一道南北向夯土墙，附近发现数量极其丰富的绳纹瓦片，素面条砖，拱形砖，素面、乳丁和回纹铺地方砖，豆绿色砂石块，下水道残块，"长生无极"瓦当残块，以及陶罐、盆、瓮的口沿残片等。遗址内也发现有不少秦代细绳纹瓦片。

延陵后妃陵墓，葬在延陵附近的成帝后妃有许皇后、赵皇后、班婕妤和马婕妤等。交道厩的位置是确定许皇后陵位置的一条重要线索，延陵交道厩可能位于延陵陵园北门北部600余米处的位置，此地刚好是延陵北司马道同陪葬墓园北墙外的东西大路相交之处，在这一交道的西部有三座圆丘形封土（编号16～18），其中之一可能就是许皇后的陵墓，另外两座可能是成帝的两位赵皇后的墓葬。

延陵封土东北部500多米处有两座大型墓葬，我们认为这就是秦惠文王的公陵，南边的是公陵，北边的是秦公夫人陵。在延陵东南700多米、严家沟遗址东南160多米处有5座墓葬（编号19～23），封土皆为圆丘形，可能为成帝的嫔妃的墓葬，其中之一可能是班婕妤的墓葬。

在距离延陵陵园西墙460余米的黄家窑至西石村一带分布着一座大型墓园遗迹，根据其相对位置及参照西汉晚期的历史特点，我们认为这应是延陵的陪葬墓园。墓园四面皆有夯筑垣墙，墙基宽3～4米，大多为4米，夯层厚0.06～0.1米。墓园呈南北较长的长方形，南北长1420、东西宽606～642米。西墙由北端往南400米处的垣墙上开有一门，门宽8米；在东墙相对位置有100多米没有发现墙基，探孔内发现不少瓦片及部分踩踏痕迹，此处也应开有一门。南、北二墙因毁坏太多，门的情况无法得知。

墓园中部及北部分布有排列整齐的墓群，地面现存封土11座，钻探又发现4座封土无存的墓葬，共计15座。这些墓葬由南往北共分为5排。第一排1座，封土呈覆斗形，最为高大，其底边距离西墙76～82米。封土底部边长83～84米，顶部边长25～26米，高18米。距离顶部3米处封土四面各留一平台。在封土西面钻探发现墓道一条，墓道长26米，宽 10～20 米。封土西南部发现一长 51 米，宽 26 米的陪葬坑。

墓园内第二排 4 座墓葬，封土皆有保存，均为覆斗形，距离第一排封土 147 米，2 号、3 号封土间距 30 米，3 号、4 号封土间距 40 米，4 号、5 号封土间距 122 米；这一排中位列两边的 2 号、5 号墓葬的墓道均曲折形，基本对称，3 号、4 号墓的墓道均南向。第三排 3 座墓葬，同第二排的 2、3、4 号墓葬南北基本正对，其中两座墓道南向，一座墓道西向（6 号），7 号、3 号墓葬的封土间距 100 米。第四排有 4 座墓葬，同第三排墓葬的封土间距 120 米，墓道均南向，最西边的一座（9 号）的封土无存，其余 3 座封土皆存。第五排 3 座墓葬，封土均遭平毁，钻探发现墓道皆南向，13、14 号墓葬的墓室距离墓园北墙仅 6～10 米。

在墓园内北部偏东、正对第三排陪葬墓的东部发现一处建筑遗址（Ⅲ号）。遗址东西长 140 米，南北宽 100 米，其西部地面仍残存一块高 0.2～0.6 米的台地，上面暴露出一段夯墙和大量绳纹板瓦、筒瓦残片，素面及回纹铺地砖，回纹空心砖，卵石，红烧土等，遗址内还发现有"长生无极"瓦当残片。

延陵的陪葬墓多分布在延陵东部、南部一带，西部也有一部分。这些墓葬多两个或三个成组分布。在延陵东司马道南部、严家沟东南 300 米处有一组 5 座墓葬，封土均为圆丘形，底径 15～23 米，高 3～5 米，其规模和位置同渭陵东部所谓"七妃冢"极为相似，应该属于陪葬延陵的墓葬，钻探均未发现墓道，可能被封土覆压。再往东的五庄村南有一组 5 座墓葬，其中 3 座为覆斗形封土，2 座为圆丘形封土，覆斗形封土的墓道均东向，圆丘形封土钻探未发现墓道。

在延陵南部、西部也零星地分布着一些墓葬，大多两个一组，三个一群。大型墓葬均有覆斗形的封土，中小型的多为圆丘形封土；钻探发现墓道多东向和南向，也有部分西向者。

第七节　项目缘起与参加人员

2005 年，财政部和国家文物局颁布了《"十一五"期间大遗址保护总体规划》，决定设立大遗址保护专项资金，实施大遗址保护工程。西汉帝陵作为陕西境内一处重要的大遗址群被该规划列为国家重点支持的大遗址保护项目。作为大遗址保护的重要基础工作，大遗址考古工作承担着揭示大遗址的范围、布局、内涵，科学评估遗址价值的重要任务。因此"加强针对大遗址保护工作而专门开展的考古调查、勘探和现状调研与评估工作，建立大遗址文物遗存信息保存系统"，就成为顺利实施包括西汉帝陵在内的众多大遗址保护工作的前提。

在此背景之下，2006 年 6 月，陕西省考古研究院编制了《西汉帝陵考古工作方案》，计划对西汉帝陵展开全面系统的考古调查、勘探和发掘工作，该工作方案很快得到了国家文物局批准。根据国家文物局《关于〈西汉帝陵考古工作方案〉的批复》（文物保函［2006］1087号），2006年9月，陕西省考古研究院与咸阳市文物考古研究所联合组成汉陵考古队。在完成汉惠帝安陵、汉武帝茂陵、汉元帝渭陵、汉哀帝义陵、汉平帝康陵考古工作的基础上，2011年3月至2012年7月，对延陵陵区进行了大范围的考古调查与勘探。

参加田野考古工作的人员有：领队、队长焦南峰（陕西省考古研究院），副队长岳起（咸阳市文物考古研究所）、马永嬴（陕西省考古研究院），队员杨武站（陕西省考古研究院）、赵旭阳（咸阳市文物考古研究所）、曹龙（陕西省考古研究院）、王东（陕西省考古研究院）、马明哲、薛卓会、王鹏等。

第八节　工作理念、方法及学术目标

一、工作理念

根据国家文物局对《西汉帝陵考古工作方案》的批复意见，参照此前汉景帝阳陵、汉武帝茂陵、汉惠帝安陵等考古调查、勘探工作的实践经验，我们确立了"全方位调查、大面积普探、重点区域详探、关键部位试掘、高精度测绘及资料数字化"的汉成帝延陵考古工作思路。

二、工作方法

在工作程序和方法上，我们力求严格遵循《田野考古工作规程》相关规定和国家文物局以"调查勘探为主，发掘为辅"的指示精神，按部就班、踏踏实实地做好每一项基础工作，争取高质量、高速度完成田野考古研究任务。

1. 考古调查

全方位的考古调查是田野考古工作的基础，调查成果的质量在一定程度上决定考古工作的结果与效率。

汉成帝延陵是一处规模达十余平方千米，结构复杂、内涵丰富的古代帝王陵墓。但由于时代久远，破坏严重，除部分陵墓封土外，陵园、道路、礼制建筑、外藏坑等大多遗迹均已淹埋地下，难以寻觅。针对这种情况，我们在调查中采取了多种方式：

（1）研究现状调查

延陵是西汉第九位皇帝刘骜的陵墓，规模大、传说多，因此有关延陵的各类文献记载较多，现代考古工作开展也比较早，可供研究、查询的文字、图片资料数量也相应较为充足。我们的研究现状调查包括：

搜寻古代历史文献，了解与延陵有关的各类文字记录；

翻阅历代地方史志，了解延陵的历史沿革与变迁；

拣选近现代历史、考古资料，了解延陵考古研究的历史与成果；

查找各个时期涉及延陵的图纸、航空照片、卫星图片等图像资料，了解延陵地区地理环境、水文地质资料及其变化（图版一、二）；整理西汉帝陵考古研究资料，了解西汉帝陵规模、形制、布局、内涵的一般规律。

通过研究现状调查，考古队员基本上掌握了延陵历史沿革与变迁，延陵考古成果，西汉帝陵规模、形制、布局、内涵一般规律三个方面，为进一步的地面踏查奠定了基础。

（2）地面踏查

延陵的地面踏查采取拉网式与直线式两种方法相结合。

延陵所谓的拉网式调查是指多名考古队员并排顺着田间小道或田埂徐徐前行（延陵地区多南北向），采集地表散见的遗物，观察土壤与植被的异同，寻找可能存在的各类遗迹的蛛丝马迹。

延陵所谓的直线式调查是指一个调查小组沿着一条田坎或断崖（自然或人工形成）向前直行（延陵地区多东西向），寻找断面上可能出现的墓葬、围沟、垣墙、窑址或各类遗物，重点寻找线性、圈状（城墙、围沟、道路）遗迹的线索。

在拉网式、直线式调查的同时，注重对当地文物部门职工和当地村民的走访，了解调查区域内遗迹、遗物发现状况，生产建设活动对地貌、地层的破坏及扰动等等。

调查发现有研究价值的各类遗物，即刻填写卡片，采集入袋。调查发现较重要遗物采集点和所有的遗迹位置均用 GPS 定位，并填写调查表格。

（3）空间调查

主要通过对陵园区域内地形地貌图、航空照片、卫星照片的判读，根据地形、地貌、植被等的变化，寻找其他调查方法难以发现或判定的遗迹。

延陵所处的咸阳原土厚水深，是传统的农业耕作区。1949 年以后，由于人口的飞速增长造成耕地资源紧张，加之当时群众文物保护意识淡薄，20 世纪六七十年代兴起了所谓"向坟冢要粮"的农田基本建设运动，大量陪葬墓的封土、陵园的垣墙以及建筑遗址的夯土台基被夷为平地，这些重要的遗迹现在已经无法通过传统的地面踏查发现。

我们在前期的资料收集中，找到了一批二战时期美国空军拍摄的关中地区老航空照片，找到了1968 年美国卫星拍摄的卫星图片，通过与现在的航空照片、卫星图片的对比判读，发现了多座因基本建设或农耕活动消失了封土的陪葬墓，并发现多处陵园垣墙和门阙的线索。这种调查方法使我们在较短的时间内，就将这些通常只能通过大面积勘探和局部试掘才能确定的遗址和遗迹位置确定下来，有效地缩小了勘探的范围和面积，提高了工作效率。

2. 考古勘探

勘探工作是西汉帝陵考古工作最为重要的工作内容，主要采取常规考古勘探的技术手段进行。我们参照其他西汉帝陵的考古研究成果及其工作经验教训，根据不同类型遗址的位置、性质、形制和规模分别采取特定的布点考量和不同的布孔方式。

布点：

首先根据已知几座西汉帝陵内、外陵园的规模和布局，在延陵的帝陵、后陵周围适当距离布设回字形勘探区三处，寻找勘探帝陵、后陵及延陵三座陵园的垣墙、围沟及环陵路；其次根据汉景帝阳陵、汉武帝茂陵的道路设置，以延陵帝陵、后陵封土为两个中心，布设十字形勘探区两处，寻找、确认陵园的道路系统，力求掌握陵园布局；然后对已经确认的内、外陵园内部进行大面积普探，寻找礼制建筑、外藏坑、祔葬墓等；最后根据现存墓葬封土的分布及空间调查分析的结果在陵园外围选择勘探对象和重点。

布孔：

（1）根据汉景帝阳陵、汉武帝茂陵、汉元帝渭陵等汉陵的考古实践得知，西汉帝陵陵园的垣墙一般宽 3.0 ~ 4.5 米，陵园内的外藏坑坑体宽度多在 3.0 ~ 5.0 米左右；因此我们在寻找陵园墙垣、外藏坑等遗址、遗迹时，采用 3.0 米 × 3.0 米，中间加一孔的梅花状布孔方法进行勘探。

（2）参照对西汉帝陵礼制建筑、祔葬墓、陪葬墓基本规模的认识，我们在寻找其线索时首先采用井字形的布孔方法，孔距一般为 5.0 米 × 5.0 米，中间另加一孔。这种类似于考古发掘中开探沟的方法，目的是找到、发现地下遗迹和遗址的线索和迹象。

（3）在陵园、道路、外藏坑、礼制建筑、祔葬墓、陪葬墓的线索发现之后，根据西汉帝陵同类遗址、遗迹较为普遍的长度、宽度、走向，采用 1.0 米 × 1.0 米（视情况或大或小）中间另加一孔，呈梅花状布孔方法进行跟踪详探，目的是确认遗址、遗迹的形制、规模和布局，并尽可能了解其内涵。

对于遗址、遗迹的考古勘探，我们的要求是：关系到延陵形制、规模、布局的要素类型（陵园、道路、礼制建筑、外藏坑、祔葬墓、陪葬墓等）必须确认或者排除；关系到遗址、遗迹性质（礼制建筑、外藏坑、墓葬）和等级（亚字形、中字形、甲字形）的要尽可能确定；垣墙、围沟、道路等遗址、遗迹只要性质、形制、规模、走向基本确认即可，尽量减低对遗址的破坏；勘探工作每天要有勘探日志，每个探孔要记录土色、土质、遗迹、遗物等信息，发现的每个遗址、遗迹要有准确的 GPS 定位（采用 1980 西安坐标系），要有平、剖面图和文字记录；重要的、典型的探孔要留取土样，以便后期整理查验核对。

3. 考古发掘

"关键部位试掘"的目的是验证考古勘探资料的可信度，解决考古勘探难以解决的相关难题。我们原计划对延陵陵园与陵区内，与一座战国晚期秦王陵园存在叠压打破关系的遗址区域进行小面积发掘，以确认两座陵墓的时代、形制差别，但因当地村干部的阻挠干扰，最终未能实施，留下了可能是永久的遗憾。

4. 测绘与资料数字化

考古调查、勘探工作的成果，最终要靠测绘来提取，靠文字、图像资料的数字化来体现。我们在延陵考古调查、勘探工作开展之前，首先购买了测绘部门埋设在延陵帝陵、后陵封土顶部的国测点数据，并以此为准设立了延陵考古工作永久测量基点。以这些测绘基点和购买来的精度不低于1∶1000比例的地形图为基础，我们建立起与国家地理坐标系有效关联的汉成帝延陵陵区三维测绘坐标系统。

在工作过程中，我们使用电子全站仪、RTK等专业测绘设备和技术对整个陵区进行虚拟布方，将以前的研究成果，最新的调查、勘探资料经过认真的测量和记录之后准确归位。这些设备和技术具有强大的数据采集、存储和处理功能，可以在测量的同时对数据资料进行计算和存储，并利用相关测绘软件，直接使用计算机处理相关数据、绘制矢量化地图，大大提高了工作的即时性和准确性。特别是国测点的引入，实现了遗址信息的精确定位，保证了考古工作的整体性、系统性和延续性。

在做好常规资料采集和整理工作的基础上，我们还积极尝试考古工地资料的数字化管理，利用Arcview软件建立起延陵的考古资料数据库。该数据库在矢量化地图的基础上，将我们获取的考古资料与地理信息相关联，初步实现了数据存储、检索、演示等功能，为最终建立西汉帝陵的GIS系统奠定了良好的资料基础。

三、学术目标

1. 通过全方位调查、大面积勘探，了解、探明汉成帝延陵宏观的范围、布局、规模及基本形制要素。

2. 通过重点区域详探，基本掌握汉成帝延陵各个基本形制要素的形状、布局、文化层堆积、重要遗迹分布及保存状况等基本内涵。

3. 通过关键部位的试掘，了解汉成帝延陵各个基本形制要素的营建过程与建筑工艺技术，力争确认其时代与性质。

4. 根据调查、勘探和试掘资料，结合历史文献、既往研究成果，分析、隶定汉成帝延陵各个基本形制要素的性质、时代、等级。

5. 通过综合研究，力争解决汉成帝延陵名位、选址、布局、陵位"去而复返"、基本形制要素演变等重大历史问题，为西汉帝陵乃至中国古代帝陵的研究、保护和传承利用提供坚实的资料基础。

第二章　陵区布局

根据考古调查与勘探，延陵陵区西与汉昭帝平陵陪葬墓区相接，帝陵封土间距为550米；东北与汉平帝康陵为邻，两者封土相距约3000.0米；东与严家沟战国秦陵交接，部分叠压在秦陵园上。陵区四至分别为：西至咸阳市秦都区南上召村一带，北至东石村北，东至五庄村一带，南至咸阳市文林路一带（图2-1）。东西约4.5、南北约4.0千米，总面积约18.0平方千米。

西汉早、中期帝陵高祖长陵、惠帝安陵、文帝霸陵、景帝阳陵、武帝茂陵、昭帝平陵、宣帝杜陵均由陵园、陵邑和陵园外陪葬墓区三大部分组成[①]。西汉晚期"自元帝时，渭陵不复徙民起邑"[②]。延陵继承了渭陵建制，未起陵邑，陵区由陵园和陪葬墓两大部分组成（图2-2，见封三附页）。

延陵陵区地形北高南低，陵园分布在地势高敞的咸阳原南部，陪葬墓位于陵园西、南、东侧，一部分分布在咸阳原南部边缘的坡地上，另有一部分位于地势较低的头道原上（见图版二）。

第一节　延陵陵园

延陵陵园平面形制为东西向不规则长方形，西北角内收，东南角外凸，方向82°。延陵陵园的这种特殊形制与避让平陵陪葬墓及陵园东侧的严家沟秦陵有关。

延陵陵园主体部分东西长1820.6米（陵园东西门址之间距离），南北宽153.0米（陵园南北门址

[①]　a. 陕西省考古研究院：《汉阳陵帝陵东侧11～21号外藏坑发掘简报》，《考古与文物》2008年第3期；b. 陕西省考古研究院、咸阳市文物考古研究所、茂陵博物馆：《汉武帝茂陵考古调查、勘探简报》，《考古与文物》2011年第2期。

[②]　班固：《汉书·陈汤传》，卷七十，中华书局，1962年。

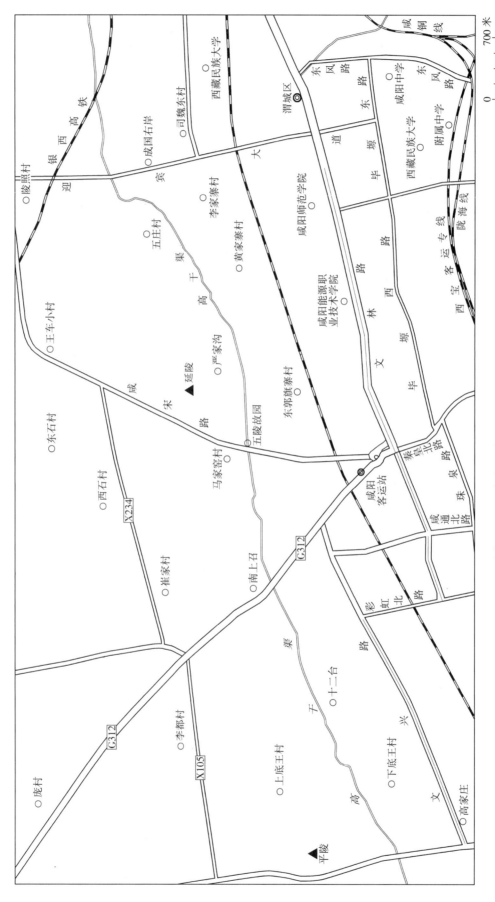

图 2-1　延陵陵区范围四至图

之间距离）。西北角内收部分从陵园西墙向东内收 482.0 米，从陵园北墙向南内收 139.5 米；东南角外凸部分从陵园东墙向东凸出 383.6 米，从陵园南墙向南凸出 141.2 米。

陵园共发现门址 5 处，其中 4 处正对帝陵封土，另 1 处位于南园墙向南凸出部分西墙的中部。由于帝陵陵园位于延陵陵园的偏东南部，和帝陵封土正对的 4 处门址分别位于南、北园墙和东、西园墙的偏东、偏南处。

勘探结果表明，延陵陵园是以帝陵陵园为中心，以四条神道为轴线进行布局的。陵园整体可分为六个区域——帝陵陵园、皇后陵园、东南部建筑遗址区、东北部建筑遗址区、祔葬墓区、西南区域（图 2-3，见封三附页）。

帝陵陵园位于延陵陵园偏东南位置，平面为南北向长方形，方向 82°。陵墓四周环绕园墙，帝陵封土位于陵园中部偏南处，四面园墙和封土中间相对位置设有门阙。园墙内、外共发现外藏坑 20 座，其中园墙内 3 座，园墙外 17 座。

东南部有 3 处建筑遗址，编号分别为 1、2、3 号。1 号建筑遗址平面呈南北向长方形，为独立院落结构，南北长 175.0、东西宽 122.0～125.0 米。2 号建筑遗址位于 1 号遗址东侧，遗址南部被砖厂取土破坏，南北残长 297.5、东西宽 147.0 米。3 号建筑遗址位于 1 号遗址西南侧，平面呈方形，边长 239.0 米，四周有围墙环绕，四面各辟 1 门，中部为方形夯土基址，边长 83.0～84.0 米。

东北部建筑遗址区有 7 处遗址，编号分别为 4、5、6、7、8、9、10 号建筑遗址。帝陵陵园北侧，帝陵北神道以东区域自南向北分布有 4、5、6、7 号建筑遗址。4 号建筑遗址南距帝陵陵园北墙 105.8～106.6 米，平面呈南北向长方形，长 86.8、宽 78.5 米，由围墙及房屋建筑组成。5 号建筑遗址平面呈南北向长方形，长 74.7、宽 56.6 米，由围墙与房屋建筑组成。6 号建筑遗址平面略呈正方形，边长 57.7～61.4 米，由围墙及夯土基址等组成。7 号建筑遗址平面呈南北向长方形，长 131.6、宽 60.7 米。8 号建筑遗址位于帝陵陵园北侧，帝陵北神道以西，与帝陵北园墙相连，平面为南北向长方形，长 389.2（西）～392.0（东）、宽 161.8 米。9 号建筑遗址位于延陵陵园东北部，由围墙、门址、巷道、居室建筑组成，平面近正方形，南北 225.8、东西 218.2 米。10 号建筑遗址位于 9 号遗址南侧，由围墙、巷道、居室建筑组成，平面近正方形，南北 219.3（东）～221.2（西）、东西 218.0 米。

另外，在延陵陵园西北部区域分布有 11、12 号两处建筑遗址，延陵东墙外还有两处夯土台基。

皇后陵园及祔葬墓区位于延陵陵园西北部，地面现存封土 11 座（图 2-4）。皇后陵园南邻帝陵西神道，西邻延陵陵园西墙，平面为南北向长方形，长 232.2、宽 163.2 米。陵墓周围环绕园墙，四墙与封土正中对应位置各辟一门，其中东、南门的形制为门阙。陵园南部有一道东西向夯土墙将皇后陵园分隔为南北两部分，南部有建筑基址 1 处。皇后陵封土位于北部正中，形状为覆斗形，墓葬形制为 4 条墓道的亚字形墓。皇后陵园北侧分布有数量较多的祔葬墓园，这些墓园南北共 4 排，南部 3 排墓园较为规整，排列密集，最北端 1 排墓园排列较松散，靠近延陵陵园北墙向东延伸至帝陵北神道附近。祔葬墓园形制多为南北向长方形，面积大小不一。墓园周围筑有夯土墙或围沟，在南墙（沟）中部设有门或门阙。墓葬封土大多位于墓园偏北部，封土附近发现有建筑基址，有的还在墓园偏南位置筑有东西向夯土墙，将墓园分隔为南北两部分。南排最东端的一座墓园的规模与皇后陵园相近，南北长263.5、东西宽 159.8～161.0 米，南墙、东墙设有门阙，墓葬封土位于墓园南部，北部有一处规模较大的建筑遗址。

陵园西南部由于村庄覆压及取土场破坏，勘探发现的遗迹较少，在帝陵陵园西南侧发现了一道早期自然形成的南北向冲沟。

第二节　陪葬墓

根据调查、勘探，在延陵陵园外发现了数量较多的古墓葬，部分封土尚存。根据墓葬位置、分布规律、形制结构等判断，部分为汉代墓葬，可能为延陵的陪葬墓，但大部分应为战国秦墓和时代较早的西汉墓葬。

延陵陪葬墓主要分布于陵园东侧、南侧、西侧，多数仍存封土。按照墓葬位置和分布规律，可将其分为以下几组。

陵园东侧北部发现斜坡墓道土洞墓 5 座，均无封土，形制较小，其中 4 座墓道南向，1 座墓道东向。这 5 座墓与严家沟战国秦陵园内的陪葬墓夹杂在一起，部分打破后者。

陵园东侧南部发现陪葬墓 10 座，均存封土，根据分布位置可以分为二组，每组 5 座。一组紧邻陵园东墙，位于黄家寨村西北部，其中 3 座墓道南向，2 座东向。另一组距离陵园较远，位于伍家村南侧，其中 4 座墓道东向，1 座南向。咸阳市文物管理部门在第二组墓葬附近立有"康陵陪葬墓"的文物保护碑。从墓葬位置及西汉后期的历史背景来看，这些墓葬属于延陵陪葬墓的可能性较大。

陵园南侧东郭旗寨村一带分布有封土的墓葬 13 座，经勘探，大部分墓道向东，少数向西。这些墓葬分布在延陵南司马门道东西两侧，东与渭陵陪葬墓相连，根据分布位置判断，应属于延陵陪葬墓（图 2-5）。

陵园西侧、西南侧分布有尚存封土的墓葬 9 座，其中 5 座属于延陵陪葬墓，3 座为战国秦墓，1座为时代早于延陵的西汉墓葬。陵园北侧西部发现墓葬 1 座，地面无封土，平面形制为甲字形，墓道南向。根据其位置判断，应为时代早于延陵的西汉墓葬。

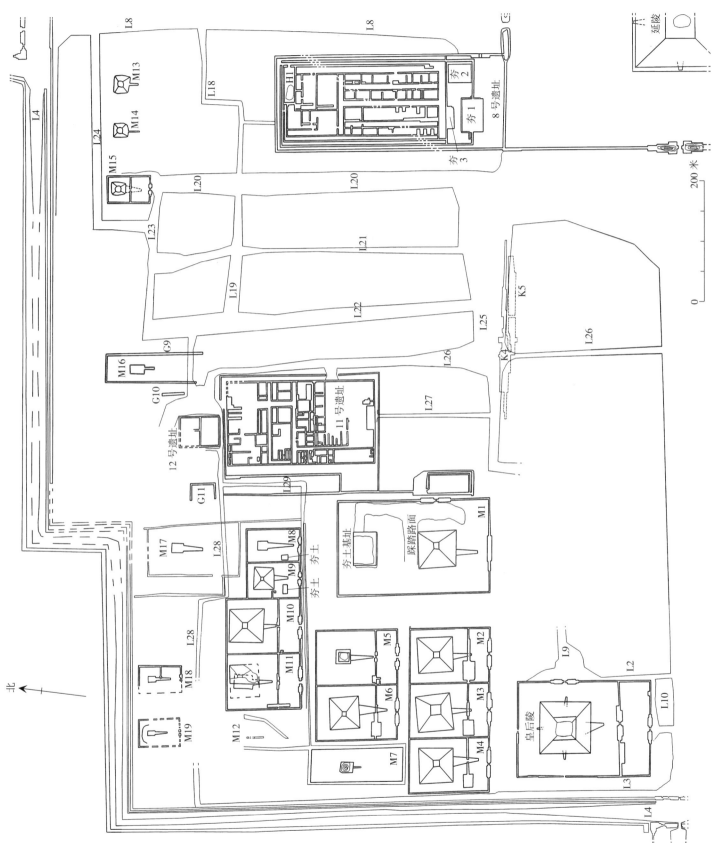

图 2-4　皇后陵园及陪葬墓墓园平面图

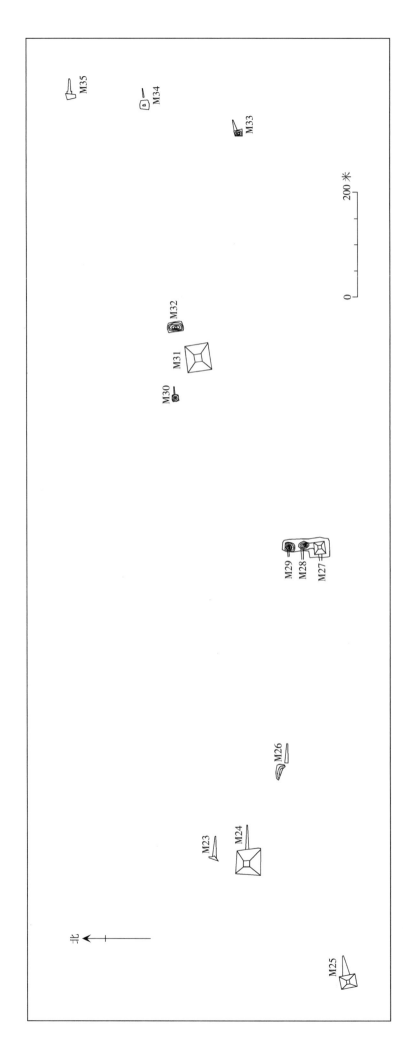

图 2-5 延陵陵园南侧陪葬墓分布图（朱郭旗寨村一带）

第三节　严家沟战国秦陵园

延陵陵园东侧有 2 座大型墓葬，封土尚存，南北向分布，两者间距 174.5 米。南侧墓葬封土上部已被平毁，当地人称之为"塌陵"。封土底部东西长 122.6、南北宽 87.6、高 2.5 ~ 3.0 米。封土南侧立有现代文物保护碑，碑上阴刻"班婕妤墓"。北侧墓葬封土保存较好，呈覆斗形，底部东西 74.2、南北 80.1 米，顶部边长 32.7、高 14.3 米。封土南侧有清代毕沅、孙景燧所立石碑一通，碑已残断，碑身横卧于地，残存部分阴刻"王陵"二字。

经勘探，这 2 座陵墓各有四条墓道，平面形制均呈亚字形，位于同一座陵园内。陵园平面为南北向长方形，有内、外两道夯筑园墙，外园墙长 1037.8、宽 532.1 米，内园墙长 476.3、宽 236.5 米，墙宽均为 3.0 米。外墙外侧 38.0 ~ 40.0 米处有围沟环绕，围沟内区域南北长1159.0、东西宽 637.0 米。园墙与 2 座陵墓墓道对应处有门址，门外围沟断开。内园墙中除了 2座亚字形大墓外，在墓葬周围还发现了 7 座外藏坑，有些外藏坑与大墓墓道连在一起。内、外园墙之间分布有外藏坑 5 座、建筑遗址 2 处、陪葬墓 129 座，部分规模较大的陪葬墓旁边也设有外藏坑。外园墙和围沟之间分布有 481 座陪葬墓，墓葬形制较小。陵园外西侧还分布有少量的陪葬墓。

根据陵园位置、规模、形制、设施及墓葬形制等，结合咸阳"周王陵"资料及相关认识[1]，可以确定其为战国晚期秦国某位国君的陵园。由于该陵园位于咸阳市渭城区周陵街道办严家沟村东北部，为了便于叙述，我们称之为严家沟战国秦陵园（图版六）。

延陵陵园营建时，西侧的汉昭帝平陵与东侧的严家沟战国秦陵园已经存在，延陵位于两者之间，由于平陵是先帝陵园，不便侵占，只能向东挤占严家沟战国秦陵园。考古勘探发现，严家沟战国秦陵园内园墙以西、以南部分叠压在延陵陵园之下，其中西部叠压宽度为 177.6 ~ 180.4 米，南部叠压宽度为 234.7 ~ 238.3 米。延陵陵园虽然将严家沟战国秦陵园的部分设施叠压其下，但避开了 2 座封土，将陵区建筑设在东南部并向东向南外扩，以至整个陵园成为不规则的长方形（见图 2-3）。

严家沟战国秦陵园的详细资料我们将另行公布，在此不再赘述。

---

① a. 陕西省考古研究院、咸阳市文物考古研究所、周陵文物管理所：《咸阳"周王陵"考古调查、勘探简报》，《考古与文物》2011 年第 1 期；b. 焦南峰、杨武站、曹龙、王东：《咸阳"周王陵"为战国秦陵补证》，《考古与文物》2011 年第 1 期；c. 刘卫鹏、岳起：《咸阳塬上"秦陵"的发现和确认》，《文物》2008 年第 4 期。

第四节　其他遗迹

延陵考古调查、勘探工作中，除发现与延陵、严家沟战国秦陵园有关的遗迹外，在延陵陵园内外还发现了一些时代早于延陵的汉代遗迹，简要介绍如下。

延陵陵园外西北部发现了一批墓葬，少数为甲字形中型墓葬，多数为小型墓葬，周围有围沟环绕。延陵陵园西园墙、西围沟叠压并打破部分墓园的围沟和墓葬。根据叠压、打破关系判断，这些墓园的时代早于延陵陵园，可能属于平陵陪葬墓或是平陵邑中居民的墓葬，并不属于延陵陪葬墓。

第三章　延陵陵园

延陵陵园位于咸阳原南部，陵园范围四至分别为：西至黄家窑村西侧，北至西石村、王车村南，东至严家沟村东，南至咸阳原边缘高干渠。

延陵陵园平面形制为东西向不规则长方形，西北角内收，东南角外凸，方向82°（见图2-2）。延陵陵园的这种特殊形制与其避让平陵陪葬墓及陵园东侧的严家沟秦陵园有关。陵园最大长度2253.2、最大宽度1715.2米（报告中所涉及的范围、距离均指遗址、遗迹外界线，下同）。其中主体部分东西长1820.6（陵园东西门址处）、南北宽1530.0米（陵园南北门址处）。西北角内收部分从陵园西墙向东内收482.0、从陵园北墙向南内收139.5米；东南角外凸部分从陵园东墙向东凸出383.6、从陵园南墙向南凸出141.2米。

陵园周围有园墙、围沟围绕，陵园以帝陵陵园为中心，以四条神道为轴线布局，分为六个区域：帝陵陵园、皇后陵园、东南部建筑遗址区、东北部建筑遗址区、衬葬墓区、西南区域。

另外，陵园内外有多条道路，组成延陵陵区的道路系统（详见第十章）。

第一节　园墙

延陵陵园平面形制为东西向不规则长方形，西北角内收，东南角外凸，方向82°。西北角内收部分从陵园西墙向东内收482.0米，从陵园北墙向南内收139.5米；东南角外凸部分从陵园东墙向东凸出383.6米，从陵园南墙向南凸出141.2米。现将陵园园墙分为主体部分园墙和东南外凸部分园墙两部分介绍如下：

一、主体部分园墙

1. 南园墙

南园墙位于汉成帝陵封土南缘之南约370.0米处。勘探发现，南园墙大部分已被破坏，仅在南门

址两侧各残存一段。西段位于南门址西约 68.0～213.0
米处，残长约 145.0、残宽 0.2～3.5 米。该段园墙西端
GPS 坐标为：北纬 34°22′14″，东经 108°41′48″，海拔
462 米；东端 GPS 坐标为：北纬 34°22′15″，东经 108°
41′52″，海拔 474 米。东段位于南门址东侧，残长
126.6、宽约 3.5 米。根据南园墙的走向，其复原长度
约为 1496.3 米。

南园墙位于咸阳原南部边缘，修建时将局部地势低
下处垫高，垫土层厚 1.0～2.0 米。现以南园墙两处勘
探剖面为例对其地层关系及修建方式加以说明。

南园墙第一处勘探点位于南门址西（图 3－1）。

地层关系：

第①层，耕土层，厚 0.3～0.4 米，土色灰褐，土
质松软，包含有大量植物根系等。

第②层，晚期堆积层，距地表深 0.3～0.4、厚
0.2～0.3米，土色浅黄褐，土质较软，包含有少量草木
灰及瓦片等。

第③层，踩踏层，距地表深约 0.6、厚约 0.1 米，
土色黑褐，土质坚硬，呈片层状，包含有草木灰、瓦
砾等。

第④层，垫土层，距地表深 0.6～0.7、厚约
1.2～1.8 米，土色黄褐，土质较硬，包含有少量草木灰
及瓦片。该层是修建园墙时为了抬高地势垫土形成的。

第⑤层，冲积层，距地表深约 2.1～2.4、厚 1.0～
1.2 米，土色黑褐，土质较松软，包含有少量草木灰。
该层为修建陵园前自然冲积而成。

⑤层下为浅黄色生土。

南园墙残存墙基开口于②层下，距地表深 0.6 米，夯土残高约 0.8 米，土色黄褐，土质坚硬，夯
层清晰，厚 0.06～0.08 米。

南园墙第二处勘探点位于南门址东 15.0 米处（图 3－2）。

地层关系：

第①层，耕土层，厚 0.3 米，土色灰褐，土质松软，包含有大量植物根系等。

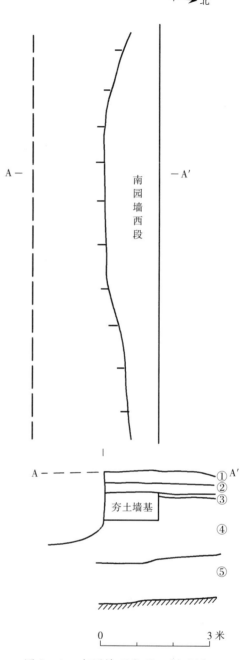

图 3－1　南园墙西段平、剖面图

第②层，晚期堆积层，坎上部分距地表深 0.3、厚 0.8 米，坎下部分距地表深 0.3~0.4、厚 0.2 米，土色浅黄褐，土质较软，包含有少量草木灰及瓦片等。

第③层，踩踏层，距地表深约 1.1、厚约 0.1 米，土色黄褐，土质坚硬，呈片层状，包含有草木灰、瓦砾等。

第④层，垫土层，距地表坎上部分深 1.3、坎下部分深 0.5~0.6、厚约 1.1~1.2 米，土色黄褐，土质较硬，包含物较少。该层是修建园墙时为了提高地势垫土形成的。

第⑤层，冲积层，距地表坎上部分深 2.2、坎下部分深 1.4~1.6、厚 0.2~0.3 米，土色黑褐，土质较松软，包含有少量草木灰。该层为陵园修建前自然冲积而成。

⑤层下为浅黄色生土。

南园墙残存墙基开口于②层下，距地表深 0.5~1.1、夯土残高约 0.4~1.1 米，土色黄褐，土质坚硬，夯层清晰，厚 0.08 米。

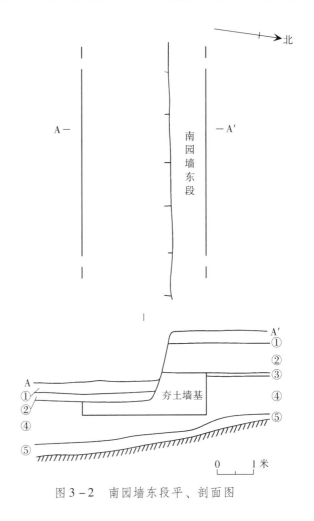

图 3-2　南园墙东段平、剖面图

2. 西园墙

西园墙位于陵园西北部祔葬墓区西侧，距最西一排祔葬墓封土约 29.0~30.0 米。现地面已无任何遗迹，经勘探，大部分地段仅存夯土墙基。

陵园西南拐角已破坏无存，西墙现存部分最南端位于黄家窑村南土壕北壁，向北通过黄家窑村西水泥路下，直至西北拐角。西北拐角位于西石村南侧五陵路南约 40 米处，GPS 坐标为：北纬 34°22′52″，东经 108°40′56″，海拔 474.0 米。西墙保存长度约 1045.0、宽约 3.5 米，复原长度约为 1393.6 米。

西墙距西北拐角 903.0 米处辟有一门，门址南北长 82.6、东西宽约 5.0 米，门道位于门址中部，宽约 3.5 米，门道处夯土断开。

西墙北段发现有围沟围绕而成的墓园，墓园在西墙内外均有分布，部分墙基直接叠压在墓园围沟之上。墓园内墓葬形制有四种类型，分别为：竖穴墓道土洞墓、竖穴墓道砖室墓、斜坡墓道土洞墓、斜坡墓道砖室墓。根据西墙与墓园的叠压打破关系判断，墓园的时代早于延陵陵园。再结合墓园位置、规模及墓葬形制等因素分析，这些墓园可能与汉昭帝平陵有关。

西墙经过这些墓园时的修建过程为：第一步，对园墙经过区域整修，将早期围沟、坑等回填，平整了一些小型墓葬的封土；第二步，在平整过的区域按照园墙走向开挖基槽；第三步，夯筑园墙墙基、墙体。

西墙全段均开挖基槽，基槽一般开口于黑垆土层上，距地表深0.5～1.0米，部分地段打破并叠压于早期坑或沟之上。多段园墙两侧有带状瓦片堆积，推测墙体上部可能有瓦顶覆盖或园墙两侧有回廊一类的建筑设施。

现以西墙北段的两处勘探剖面为例对其地层关系及与其他遗迹之间的关系加以说明。

西园墙第一勘探点位于陵园西北角向南80.0米处，GPS坐标为：北纬34°22′50″，东经108°40′56″，海拔475.0米（图3-3）。

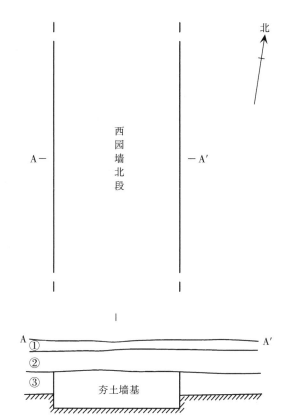

图3-3　西园墙北段平、剖面图（1）

地层关系：

第①层，耕土层，厚0.2～0.3米，土色灰褐，土质松软，包含有大量植物根系等。

第②层，晚期堆积层，距地表深0.2～0.3、厚0.5～0.6米，土色浅黄褐，土质较软，包含有少量草木灰及瓦片等。

第③层，黑垆土层，距地表深约0.8～0.9、厚约0.6米，土色黑褐，土质较硬，包含物较少。

③层下为浅黄色生土。

西园墙残存墙基开口于②层下，打破③层及生土，距地表深0.8～0.9米，夯土残高约1.0米，土色黄褐，土质坚硬，夯层清晰，厚约0.08米。根据地层关系分析，此处夯墙夯筑时开挖有基槽，基槽深约1.0米。

第二处勘探点位于西门址向北350.0米处（图3-4），GPS坐标为：北纬34°22′35″，东经108°40′59″，海拔473.0米。勘探点位于陵园西北部祔葬墓区南侧第一排西端墓园西侧。西园墙在此处打破早期坑K7。K7平面为东西向长方形，长34.9、宽26.0、深约5.0米。坑口距地表深约1.0～1.2米，坑内填土分为上下两层。上部填土厚约3.0米，土色红褐或黄褐，为五花粗夯土，土质较硬，包含有大量礓石；下部填土厚2.0米，土色黄褐，土质松软，包含有草木灰、红烧土屑及少量陶片，属于早期淤积土。根据地层关系及坑内填土分析，K7是早期扰坑，修建延陵时，底部已有2米厚的自然淤积（K7②层），坑上部3米是陵园营建时回填的部分（K7①层），填土略经夯打。修建西园墙时，此段先在K7上部开挖深约0.47米的基槽，然后夯筑园墙。

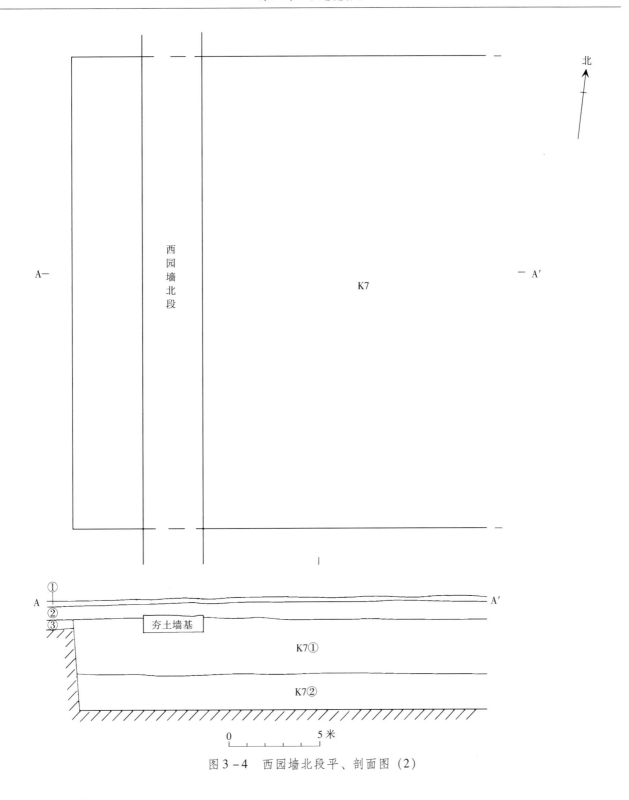

图 3 - 4　西园墙北段平、剖面图（2）

地层关系：

第①层，耕土层，厚 0.2 ~ 0.3 米，土色灰褐，土质松软，包含有大量植物根系等。

第②层，晚期堆积层，距地表深 0.2 ~ 0.3、厚 0.8 ~ 1.2 米，土色浅黄褐，土质较软，包含有少量草木灰及瓦片等。

第③层，黑垆土层，距地表深约 1.0、厚约 0.5 米，土色黑褐，土质较硬，包含物较少。

③层下为浅黄色生土。

西园墙残存墙基开口于②层下，打破 K7，开口距地表深 0.9~1.0、夯土残高约 1.0 米，土色黄褐，土质坚硬，包含有礓石颗粒，夯层清晰，厚约 0.08 米。

3. 北园墙

北园墙位于汉成帝陵封土北缘之北约 1000 米处。由于陵园西北角内凹，内凹部分从陵园西北拐角直角向东折出 482 米，然后向北直角折出 139.5 米与北园墙相接，相接处 GPS 坐标为：北纬 34°22′59.7″，东经 108°41′13.4″，海拔 474 米。北园墙东端与东园墙相接，东北角位于王车村南水泥路北 5.0 米处，GPS 坐标为：北纬 34°23′07″，东经 108°42′05″，海拔 469 米。北园墙西端已被破坏，残长 1267.8、宽约 3.5 米，复原长度约 1338.2 米。北园墙在 208 省道（咸宋路）以东约 81.0 米处被破坏，无存。

北园墙正对帝陵封土处辟有一门，门址东西长约 70.0 米，距陵园东北角 467.0 米。

根据勘探，北园墙全段开挖基槽，深度约 1.0 米。现以北园墙的两处勘探剖面为例对其地层关系及与其他遗迹之间的关系加以说明。

北园墙第一处勘探点位于东北角向西 30.0 米处（图 3-5）。

地层关系：

第①层，耕土层，厚 0.2~0.3 米，土色灰褐，土质松软，包含有大量植物根系等。

第②层，晚期堆积层，距地表深 0.3、厚 0.2~0.5 米，土色浅黄褐，土质较软，包含有少量草木灰及瓦片等。

第③层，垫土层，距地表深 0.5~0.7、厚约 0.2~0.4 米，土色黄褐，土质较硬，较纯净。该层为园墙两侧护坡，铺垫时经过夯打。

第④层，黑垆土层，距地表深约 0.8~1.0、厚约 0.6 米，土色黑褐，土质较硬，包含物较少。

④层下为浅黄色生土。

北园墙残存墙基开口于②层下，打破③、④层及生土，距地表深 0.5~0.7、夯土残高约 1.2~1.3 米，土色黑褐，土质坚硬，夯层清晰，厚约 0.08 米。

北园墙第二处勘探点位于北门址西 20.0 米处（图 3-6）。

地层关系：

第①层，耕土层，厚 0.3 米，土色灰褐，土质松软，包含有大量植物根系等。

第②层，晚期堆积层，距地表深 0.3、厚 0.2~0.3 米，土色浅黄褐，土质较软，包含有少量草木灰及瓦片等。

第③层，黑垆土层，距地表深约 0.6、厚约 0.5 米，土色黑褐，土质较硬，包含物较少。

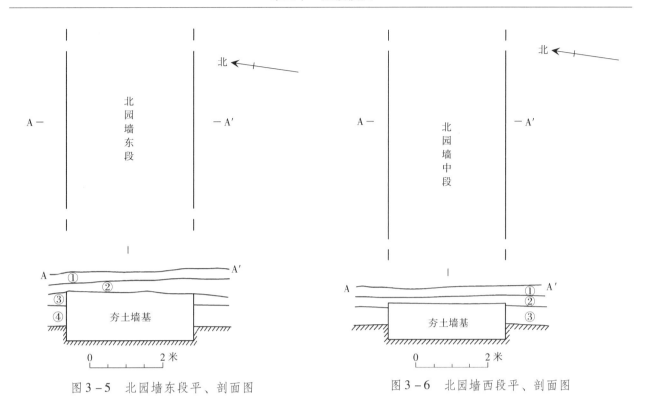

图 3 - 5　北园墙东段平、剖面图　　　　图 3 - 6　北园墙西段平、剖面图

③层下为浅黄色生土。

北园墙残存墙基开口于②层下，打破③层及生土，距地表深 0.5、夯土残高约 1.1 米，土色黑褐，土质坚硬，夯层清晰，厚约 0.08 米。

4. 东园墙

东园墙北起陵园东北角，南与陵园东南部外凸部分北墙相接，长 1180.4、宽 3.5~3.8 米，方向北偏西 8°。

位于严家沟村东北，西距汉成帝陵园东门阙约 309.0 米，东距严家沟战国秦陵北封土约 142.0 米。东园墙南端 35.3 米被破坏，残长 1145.1 米，南北复原长度 1180.4 米。

东园墙与汉成帝陵封土正对位置设有一门，门址距陵园东北角 1025.0 米，距东园墙南端拐角 25.0 米。门址南北长约 96.0、东西宽约 4.5~5.0 米。

根据勘探，东园墙穿过严家沟战国秦陵园西部，多处打破、叠压秦陵园遗迹。现以东园墙三处勘探剖面为例对其地层关系及与其他遗迹之间的关系加以说明。

东园墙第一处勘探点位于东门址南侧 10.0 米处（图 3 - 7），GPS 坐标为：北纬 34°22′31″，东经 108°42′13.5″，海拔 468.0 米。

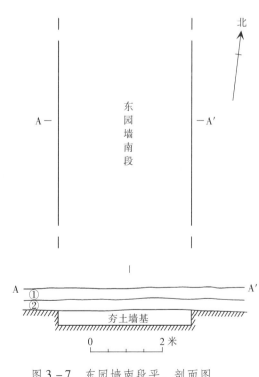

图 3 - 7　东园墙南段平、剖面图

东园墙第三处勘探点位于陵园东北角向南 60.0 米处（图 3 - 9），GPS 坐标为：北纬 34°23′05″，东经 108°42′04″，海拔 469.0 米。

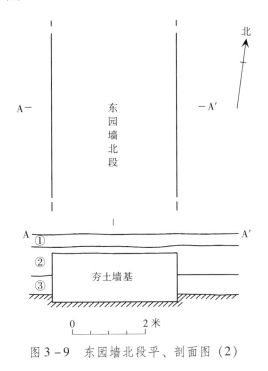

图 3 - 9　东园墙北段平、剖面图（2）

地层关系：

第①层，耕土层，厚 0.3 ~ 0.4 米，土色灰褐，土质松软，包含有大量植物根系等。

第②层，晚期堆积层，距地表深 0.3 ~ 0.4、厚 0.2 ~ 0.8 米，土色浅黄褐，土质较软，包含有少量草木灰及瓦片等。

第③层，黑垆土层，距地表深约 1.1、厚约 0.5 ~ 0.6 米，土色黑褐，土质较硬，包含物较少。

③层下为浅黄色生土。

东园墙叠压在②层下，打破③层及生土，距地表深 0.5、夯土残高约 1.3 米，土色黄褐，土质坚硬，夯层清晰，厚约 0.08 米。

根据地层关系分析，此段园墙开挖有基槽，基槽深约 0.7 米，距地表深约 1.1 米，东园墙在汉代地表上残存高度约 0.6 米。

二、东南外凸部分园墙

延陵陵园东南外凸部分从主体部分东园墙南端直角向东折出 386.6 米，然后向南直角折出 485.7 米，再向西直角折出 709.9 米，最后向北直角折出 137.7 米与主体部分南园墙东端相接（图 3 - 10）。

1. 北园墙

延陵陵园东南外凸部分北园墙复原长度为 386.6 米，现存部分分为东、西两段。

西段残长 243.0、宽约 3.5 米。其中西端 73.4 米紧贴严家沟战国秦陵园外陵园南墙北侧，两者夯土宽度合在一起达到 6.5 米。延陵陵园东南外凸部分北园墙与严家沟战国秦陵园外陵园南墙走向基本一致，但在修建时并未直接利用后者，只是对其做了平整，重新开挖基槽夯筑，有一段紧贴后者，部分打破后者。现以此段园墙西端向东 5.0 米处的勘探剖面说明如下（图 3-11），勘探点 GPS 坐标为：北纬 34°22′28″，东经 108°42′14″，海拔 466.0 米。

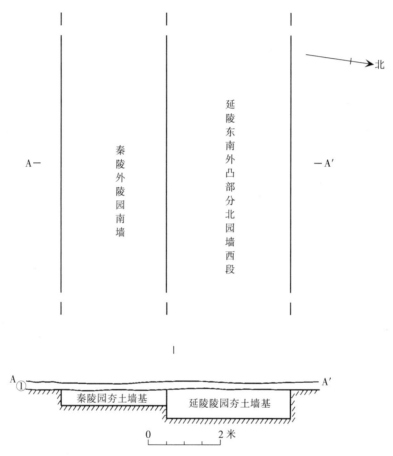

图 3-11　陵园东南外凸部分北园墙西段平、剖面图

地层关系：

第①层，耕土层，厚 0.2 米，土色灰褐，土质松软，包含有大量植物根系等。

①层下为浅黄色生土。

严家沟战国秦陵园外陵园南墙和延陵陵园东南外凸部分北园墙均在①层下，打破生土。其中前者夯土位于南侧，宽约 3.0、残高约 0.4 米，土色黑褐，土质坚硬，夯层清晰，厚 0.06~0.08 米；后者夯土位于北侧，宽 3.5、残高 0.8 米，为黑褐色五花夯土，土质坚硬，夯层清晰，厚 0.06~0.08 米。两者走向不同，基槽开挖深度不同，夯土颜色略有差异，因而可以将其区别开来。

东段为延陵陵园东南外凸部分东北角向西的一段园墙，残长 76.4、宽 3.5、夯土残存高度 0~0.5 米，夯土高度从东向西逐渐变薄直至消失。根据夯墙基础底部由东向西逐渐升高的情况，说明此段原为西高东低的缓坡地形,修建园墙时利用了当时的地形,并未将基础开挖到同一水平。由于晚期平整土地破坏,原建于地势较高处的园墙连同基础已被破坏无存。东段勘探点位于延陵陵园东南外凸部分东北角向西10.0米处(图3-12),GPS坐标为:北纬34°22′32″,东经108°42′27″,海拔464.0米。

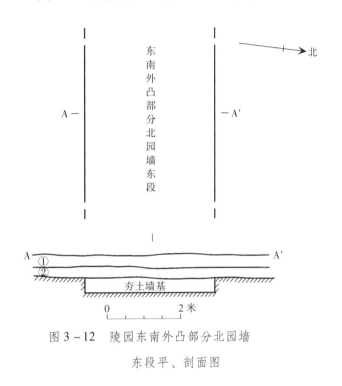

图3-12　陵园东南外凸部分北园墙

东段平、剖面图

地层关系:

第①层,耕土层,厚0.3~0.4米,土色灰褐,土质松软,包含有大量植物根系等。

第②层,晚期堆积层,距地表深0.3~0.4、厚0.3米,土色浅黄褐,土质较软,包含有少量草木灰及瓦片等。

②层下为黄生土。

夯墙基础叠压于②层下,打破生土,距地表深0.6~0.7、夯土残高约0.4米,土色黄褐,土质坚硬,夯层清晰,厚0.06~0.08米。

2. 东园墙

延陵陵园东南外凸部分东园墙北起东北角,南至高干渠南侧咸阳原边缘。东北角位于严家沟村东北364.0米处,GPS坐标为:北纬34°22′27″,东经108°42′27.6″,海拔464.0米。高干渠北侧咸阳原边缘园墙现存点GPS坐标为:北纬34°22′22″,东经108°42′28″,海拔453.0米。

东园墙在现地表已无任何遗迹,仅存墙基,残长309.0、宽3.4~3.5米,复原长度485.7米。东园墙中部被取土壕破坏,破坏长度为36.3米,墙基在取土壕北壁断面十分清晰。取土壕与园墙东北角之间175.7米的墙基保存较好;取土壕南侧墙基现存长度97.0米。

根据勘探情况,修建陵园时东园墙所处位置的地貌呈北高南低缓坡状,现代平整土地虽对地貌有所改变，使其成为北高南低台阶状，不过地貌整体变化不大。东园墙便是依照当时的自然地貌修建的。现以东墙两处勘探剖面为例对其地层情况及园墙保存状况加以说明。

陵园东南外凸部分东园墙第一处勘探点位于东北角向南10.0米处（图3-13）。

地层关系：

第①层，耕土层，厚0.3~0.4米，土色灰褐，土质松软，包含有大量植物根系等。

第②层，晚期堆积层，距地表深0.3~0.4、厚0.1~0.2米，土色浅黄褐，土质较软，土中包含少量草木灰、红烧土及瓦片等。

②层下为浅黄色生土。

东园墙叠压在②层下，打破生土，距地表深0.5、夯土残高约1.0米，土色黄褐，土质坚硬，夯层清晰，厚约0.08米。根据地层关系判断，东园墙残存部分为墙基，修建园墙时挖有基槽，深约1.0米。

陵园东南外凸部分东园墙第二处勘探点位于黄家寨村取土壕以南70.0米处（图3-14）。

地层关系：

第①层，耕土层，厚0.3~0.4米，土色灰褐，土质松软，包含大量植物根系等。

①层下即为浅黄色生土。

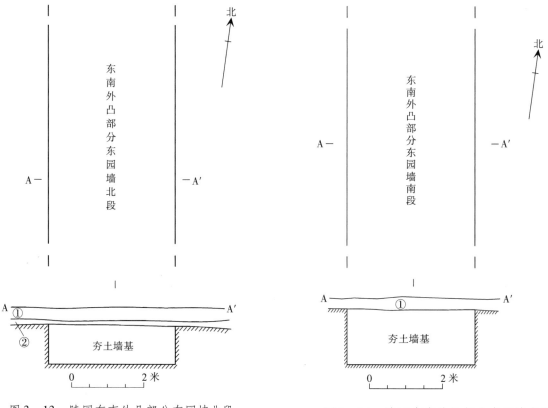

图3-13　陵园东南外凸部分东园墙北段
平、剖面图

图3-14　陵园东南外凸部分东园墙南段
平、剖面图

东园墙叠压在①层下，打破生土，距地表深 0.3 ~ 0.4、夯土残高约 1.5 米，土色黄褐，土质坚硬，夯层清晰，厚约 0.08 米。根据地层关系判断，东园墙残存部分为墙基，修建园墙时挖有基槽，基槽深约 1.5 米。

3. 南园墙

延陵陵园东南外凸部分南园墙位于严家沟村南约 200.0 米处的咸阳原边缘，西端南距高干渠 28.0 米，园墙东部被高干渠破坏。经勘探，南园墙现存部分分为东、西两段。西段从陵园东南外凸部分西南角向东延伸 247.9 米后被高干渠破坏；东段距西段 152.0 米，压于高干渠南岸下，保存长度 67.0、墙宽 3.8 ~ 4.2 米。由于南墙位于咸阳原南侧边缘的坡地上，地势北高南低，为了使陵园内地面平整，修建时对南墙附近的地面进行了大范围的垫土加高，垫土厚 5.0 ~ 12.0 米，园墙南侧垫土更厚。现以南墙的一处勘探剖面为例对地层及建造情况加以说明（图 3 - 15），勘探点位于陵园东南外凸部分西南角向东 150.0 米处，GPS 坐标为：北纬 34°22′13″，东经 108°42′10″，海拔 451.0 米。

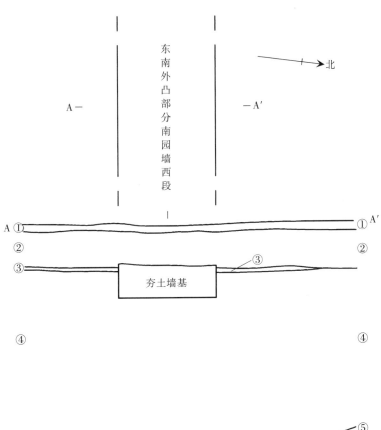

图 3 - 15　陵园东南外凸部分南园墙西段平、剖面图

地层关系：

第①层，耕土层，厚0.2～0.4米，土色灰褐，土质松软，包含有大量植物根系等。

第②层，晚期堆积层，距地表深0.2～0.4、厚1.3～1.6米，土色浅黄褐，土质较软，包含有少量草木灰及瓦片等。

第③层，踩踏层，距地表深约1.8～2.0、厚0～0.2米，呈黑褐色层状，土质坚硬，包含有草木灰、瓦砾等。

第④层，垫土层，距地表深1.9米，厚8.5～11.0米，土色黄褐，土质较硬，包含有少量草木灰、瓦片等。该层在园墙北侧较薄，南侧较厚，是修建陵园时垫土形成。

第⑤层，冲积层，距地表深8.6～11.8、厚0.2～0.5米，土色黑褐，土质较松软，包含有少量草木灰。该层呈北高南低斜坡状分布，为修建陵园前的自然冲积层，其表面为修建陵园前的地表。

⑤层下为浅黄色生土。

南墙在此处叠压在②层下，打破③、④层。残存部分距地表深0.8、残存高度1.2～1.4米，土色黄褐，土质坚硬，夯层清晰，厚0.06～0.1米。

4. 西园墙

陵园东南外凸部分西墙位于严家沟村西南65.0米处，南端与陵园东南外凸部分南墙相接，北端与陵园主体部分南墙相接。西墙中部设一门址，南北残长68.4、残宽17.0～20.0米，门道宽约4.7米。西园墙在门址之南长35.4、门址之北残长11.7、宽约3.5米，南北复原长度137.7米。西园墙及门址修建在北高南低的斜坡地带，其东侧断面显示的夯层呈北高南低倾斜状。西园墙中部门址内为陵园东南外凸部分，分布有1、2、3号建筑遗址。

第二节　围沟

延陵陵园墙外有内、外两重围沟环绕，围沟与陵园门址对应处断开。西、北、东三面围沟仍有保存，南面围沟已被破坏无存。

一、内围沟

内围沟距陵园墙3.0～3.5、宽2.0～3.0、深2.5～3.0米。西司马门道南侧未发现内围沟；北侧围沟长907.8米，北端向东直角折出，东端被取土场破坏，残长414.2米，复原长度为476.3米。然后直角折向北，与北司马门道西侧内围沟相接，复原长度为137.8米。

北司马门道西侧内围沟西端被取土场破坏，残长 669.6 米，复原长度为 743.0 米；东侧内围沟长 429.1 米；门址处断开部分长 183.6 米。

东司马门道北侧内围沟长 1026.4 米；门址处断开部分长 103.5 米；南侧长 52.6 米，南端向东直角折出，折出部分东段被破坏，残长 251.3 米，复原长度 392.6 米。

陵园东南外凸部分东侧内围沟已被破坏无存。

内围沟两壁较直，截面呈"U"形。沟内填土呈黑褐色，底部淤层明显。

二、外围沟

外围沟距陵园墙 35.0 ~ 43.0、宽 2.5 ~ 3.0、局部宽 10.0 ~ 17.0、深 3.0 ~ 6.0 米。外围沟靠近司马门道处多与司马门道两侧围沟相接。西司马门道南侧外围沟南段被破坏，残长 274.6 米；北侧外围沟长 921.0 米，南端向西直角折出 12.2 米，折出部分宽 8.3 米，北端向东直角折出 466.3 米，再向北直角折出 136.0 米，与北司马门道西侧外围沟相接。门址处断开部分长 106.8 米。

北司马门道西侧外围沟长 782.6 米，东端与北司马门道西侧围沟相接；东侧外围沟长 480.1 米，西端先向北折出 14.8 米，再向西折出 23.6 米，与北司马门道东侧围沟相接，东端与陵园东侧外围沟相接。门址处断开部分长 138.9 米。

东司马门道北侧外围沟长 1037.1 米，南侧未发现。

陵园东南凸出部分东侧外围沟已被破坏无存。

外围沟两壁竖直，截面呈"U"形。沟内填土呈黑褐色，土质松软，包含有草木灰和瓦片等。

三、地层关系

现以陵园东北角向南 60.0 米处园墙，内、外围沟及两者之间道路的勘探为例（图 3 - 16），说明如下：

第①层，耕土层，厚 0.3 米，土色灰褐，土质疏松，包含有大量植物根系及少量现代瓦片、瓷片等。

第②层，堆积层，距地表深 0.3、厚 0.7 ~ 0.8 米，土色呈浅黄，土质较硬，包含有少量草木灰及瓦片等。

第③层，踩踏层，距地表深 1.0 ~ 1.1、厚约 0.05 米，土色黑褐，土质坚硬，呈层状，包含有草木灰、瓦砾及少量细沙。

第④层，黑垆土层，距地表深约 1.1 ~ 1.2、厚 0.5 米，土色黑褐，土质较硬。

④层下为黄生土。

园墙，内、外围沟及围沟之间的道路均被叠压在②层下，园墙，内、外围沟打破黑垆土层及生土。

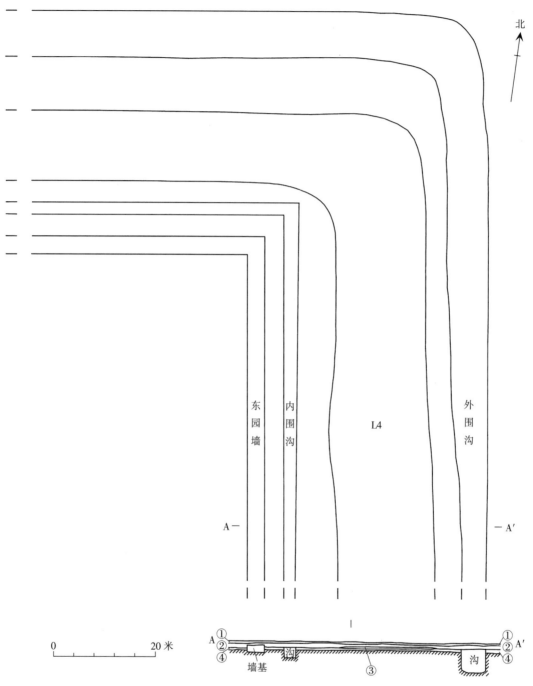

图 3 - 16　陵园东北角之南 60. 0 米处平、剖面图

第三节　门址

　　延陵陵园共发现 5 处门址，其中陵园主体部分四面园墙各设 1 门，东南外凸部分西墙设 1 门。主体部分的四处门址正对帝陵封土。现在地表已看不到门址的任何遗迹。门址所处位置地面平坦，其

夯土基址较两侧的园墙略有加宽，夯土中部断开，形成门道。为了便于叙述，我们将门址编号，1 号门址为陵园主体部分南门，2 号门址为陵园主体部分西门，3 号门址为陵园主体部分北门，4 号门址为陵园主体部分东门，5 号门址为陵园东南外凸部分西门。

现将 5 座门址的勘探情况介绍如下：

一、1 号门址

1 号门址位于陵园主体部分南园墙东段，地处今严家沟村西南约 134.0 米的一支渠抽水站处，北距帝陵陵园南门阙遗址约 220.0 米。门址平面东西通长 75.3、南北宽 22.0 米。门道位于门址中部，宽约 6.0 米，GPS 坐标为：北纬 34°22′14″，东经 108°41′17″，海拔 462.0 米。门址西部在修建抽水站时遭严重破坏。根据勘探，1 号门址原来的地貌为北高南低的坡地，修建陵园时将低洼处垫高，门址建在垫土层之上。门址夯土距地表深 0.5、残高约 1.0 米，土质坚硬，夯层清晰，厚 0.06～0.08 米。

二、2 号门址

2 号门址位于陵园主体部分西园墙南段，地处今黄家窑村西北约 80.0 米处，东北距皇后陵封土约 175.0 米。遗址平面南北长 82.3、宽 4.2～4.7 米。南端 GPS 坐标为：北纬 34°22′22″，东经 108°41′03″，海拔 474.0 米；北端 GPS 坐标为：北纬 34°22′24″，东经 108°41′03″，海拔 474.0 米。门道位于门址中部，宽约 3.5 米。门道中部偏东北处发现一条形石块，距地表深 1.1、南北长 1.9、东西宽约 0.4 米。门道距地表深 1.0 米处出现踩踏面，下为黑垆土。门址夯土距地表深约 0.6～1.0、残高 0.9～1.2 米。门址两侧深 1.1 米处见黑垆土。门址周边 1.0～1.5 米范围及门道内堆积有大量汉代瓦片（图 3－17）。

2 号门址地层关系：

第①层，耕土层，厚 0.2～0.3 米，土色灰褐，土质疏松，包含有大量植物根系等。

第②层，晚期堆积层，距地表深 0.2～0.3、厚 0.4～0.9 米，土色浅黄褐，土质较软，包含有少量草木灰及瓦片等。

第③层，瓦片堆积层，距地表深 0.9～1.1、厚 0～0.3 米，分布于门址周围 1.0～1.5 米范围内。

第④层，夯土层，距地表深 0.9～1.1 米，其中门道处较薄，厚约 0.2 米，门道两侧较厚，残高约 0.9～1.2 米，土色黑褐，土质坚硬，夯层清晰，夯层厚度约 0.06～0.08 米。

第⑤层，黑垆土层，距地表深约 0.9～1.1、厚 0.5 米，土色黑褐，土质较硬，包含物较少。

⑤层下为浅黄色生土。

门址夯土被叠压在②层下，打破⑤层及生土。残存部分距地表 0.9～1.1、残存高度 0.9～1.2 米，土色黑褐，土质坚硬，夯层清晰，厚 0.06～0.08 米。

三、3 号门址

3 号门址位于陵园主体部分北园墙东段，地处今东石村南五陵路北侧约 11.0 米处，南距帝陵陵园北门阙遗址约 820.0 米。门址东端距陵园东北角 495.0 米，GPS 坐标为：北纬 34°23′05″，东经 108°41′47″，海拔 474.0 米。门址平面呈长方形，东西长 57.0、宽 4.5 米。夯土距地表深 0.5 ~ 0.6、残高约 1.0 米。由于门址中部堆积有大量现代建筑垃圾，无法勘探门道位置及形制。

3 号门址地层关系：

第①层，耕土层，厚 0.3 米，土色灰褐，土质疏松，包含有大量植物根系等。

第②层，晚期堆积层，厚 0.2 ~ 0.3 米，土色浅黄褐，土质较软，包含有少量草木灰及瓦片等。

第③层，黑垆土层，距地表深约 0.5 ~ 0.6、厚 0.5 米，土色黑褐，土质较硬，包含物较少。

③层下为浅黄色生土。

门址夯土被叠压在②层下，打破③层及生土。残存部分距地表深 0.5、残存高度 1.0 米。土色黑褐，土质坚硬，夯层清晰，厚 0.06 ~ 0.08 米。根据地层分析，3 号门址修建时挖有基槽，开挖深度约 1.0 米。

四、4 号门址

4 号门址位于陵园主体部分东园墙南段，地处今严家沟村东北 170.0 米处，西距帝陵陵园东门阙遗址约 309.0 米。门址南端 GPS 坐标为：北纬 34°22′31″，东经 108°42′15″，海拔 468.0 米；北端 GPS 坐标为：北纬 34°22′22″，东经 108°41′03″，海拔 475.0 米。门址夯土西侧与园墙齐平，东侧较园墙向外凸出 1.0 米。平面呈长方形，南北通长 92.3、宽 4.5 ~ 4.6.0 米，中部夯土断开形成门道，宽约 6.0 米。门址夯土距地表深 0.2 ~ 0.5、残高约 0.7 ~ 1.5 米，土质坚硬，夯层清晰，厚约 0.08 米（图 3 - 18）。

4 号门址地层关系：

第①层，耕土层，厚 0.2 ~ 0.3 米，土色灰褐，土质松软，包含有大量植物根系等。

第②层，晚期堆积层，距地表深 0.2 ~ 0.3、厚 0.1 ~ 0.4 米，门道处最厚为 0.8 米，土色浅黄褐，土质较软，包含有少量草木灰及瓦片等。

第③层，黑垆土层，距地表深约 0.5 ~ 0.7、厚 0.4 ~ 0.6 米，土色黑褐，土质较硬，包含物较少。

③层下为浅黄色生土。

门址夯土被叠压在②层下，打破③层及生土。残存部分距地表深 0.2 ~ 0.5、残存高度 0.6 ~ 1.5 米，土色黑褐，土质坚硬，夯层清晰，厚 0.06 ~ 0.08 米。根据地层分析，4 号门址修建时挖有基槽，开挖深度约 1.5 米。

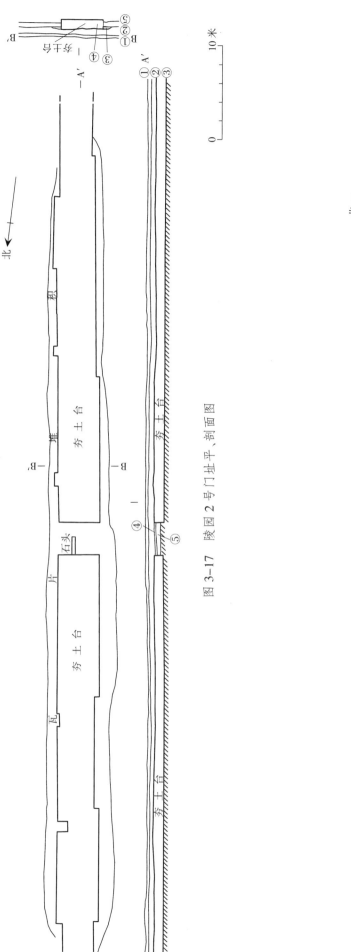

图 3-17 陵园 2 号门址平、剖面图

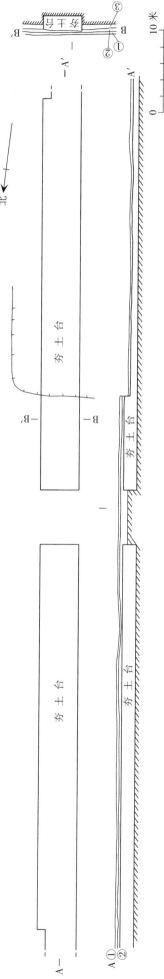

图 3-18 陵园 4 号门址平、剖面图

五、5 号门址

5 号门址位于陵园东南部外凸部分西墙中部。地处今严家沟村南 89.0 米处。门址南端及东侧破坏严重，残存部分南北长 69.0、东西宽约 17.0 ~ 19.0 米。门道居于门址中部，宽约 4.5 米。门址夯土距地表 0.3 ~ 0.5、残存高度 0.5 ~ 1.2 米。夯土呈黄褐色，土质坚硬，夯层清晰，厚约 0.1 米。根据勘探，5 号门址修建在北高南低的斜坡地带，其东侧断面显示的夯层呈北高南低倾斜状。5 号门址是为陵园东南外凸部分专门设置的，门内分布有 1、2、3 号建筑遗址。

第四节　门址外之阙

在陵园东门址、北门址、西门址外，各发现一组夯土基址，根据其形制，初步确定为独立于外陵园门址之外的阙，南门址之外已破坏无存。现就勘探情况报告如下。

一、北门外之阙

夯土基址位于陵园北门址以北 42.0 米处，由东西排列的四座夯土台基组成，通长 101.0 米。中间的两座夯土台基平面大致呈凸字形，东、西两侧的夯土台呈向北、向内两面逐次内收的三出形制（图 3 - 19）。东端 GPS 坐标北纬 34°23′07″，东经 108°41′46″，海拔 471.0 米，西端 GPS 坐标北纬 34°23′05″，东经 108°41′43″，海拔 472.0 米。4 座夯土台之间有 3 处缺口，应为阙上的 3 个门道，中间门道最宽，宽约 5.8 米，东、西两侧门宽约 2.4 米。中门对应于北司马门道正中的主路，东西两侧门对应司马道上的东、西辅道。

东西两端两座夯土台基左右对称，形制、大小基本相同，东西、南北均长约 22.0、宽约 2.7 ~ 10.0 米，中部的两座夯土基址平面呈向北的凸字状，长约 23.4 米，宽约 7.3 ~ 7.5 米。阙上夯土距地表深 0.5 米左右，厚度约 2.3 米，夯层厚度 0.08 ~ 0.1 米，土色呈黄褐色，土质坚硬，夯层清晰。阙的周边散见较多筒瓦、板瓦、砖等残块。

门阙处地层：

第①层，耕土层，厚度 0.3 米，土色灰褐色，土质松软，土质包含植物根系及瓦砾等。

第②层，晚期堆积层，厚度 0.2 米，土色呈浅黄色，土质较软，土中包含灰屑、红烧土屑及少量瓦砾。

第③层，夯土层，距地表深 0.5 米，厚度 2.0 ~ 2.3 米，土色呈黄褐色，土质坚硬，夯层清晰，夯层厚度 0.08 ~ 0.1 米。

③层下为黄色生土。

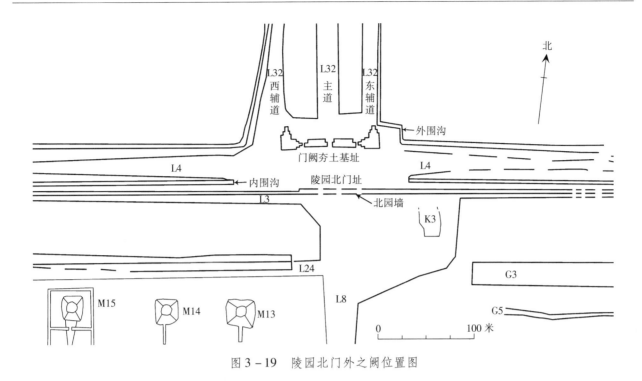

图 3-19　陵园北门外之阙位置图

周边地层：

第①层，耕土层，厚 0.3 米，土色灰褐色，土质松软，土质包含植物根系及瓦砾等。

第②层，晚期堆积层，厚 0.4 米，土色呈浅黄色，土质较软，土中包含灰屑、红烧土屑及少量瓦砾。

第③层，踩踏面，距地表深 0.7、厚 0.1 米，土色呈黑褐色，呈片层状，土中夹杂有灰屑、红烧土屑等。

第④层，黑垆土层，距地表深 0.8、厚度约 0.5 米，土色呈黑褐色，土质较软。

④层下为黄色生土。

根据内外地层对比分析，陵园北阙的夯土在汉代地表之上残存高度约 0.2 米，修建北阙时下挖基槽，基槽开口于黑垆土层，开口层距地表深 0.7 米。

二、东门外之阙

位于陵园东门址以东 33.0 米处，由南北向分布的四座夯土台组成，通长 101.6 米，南端 GPS 坐标北纬 34°22′30″，东经 108°42′14.3″，海拔 467.0 米，北端 GPS 坐标北纬 34°22′34.5″，东经 108°42′13.6″，海拔 469.0 米。南、北两端的夯土台各向东、向内两面呈逐次内收的三出形制，中间两个夯土台平面呈长方形。夯土台之间有 3 处缺口，应为阙上的三个门道，中间门道最宽，宽 5.8 米，南、北两侧门宽约 2.5 米。中门对应于东司马门道中间的主路，南北两侧门对应于司马门道上的南、北辅道（图 3-20）。

南、北两端的两座夯土台基形制、大小基本相同，东西、南北均长约 21.0~21.5、宽约 2.7~

10.0 米，中部的两座夯土台基长约 24.0、宽约 7.5 ~ 8.0 米。阙上夯土距地表深 0.3 米、厚约 2.7 米，夯层厚约 0.08 ~ 0.1 米，土色呈黄褐色，土质坚硬，夯层清晰。阙的周边散见较多筒瓦、板瓦、砖等残片。

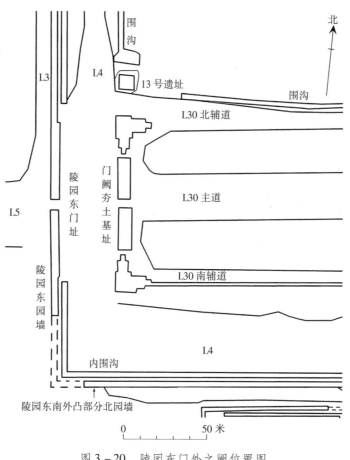

图 3 - 20　陵园东门外之阙位置图

门阙处地层：

第①层，耕土层，厚 0.3 米，土色灰褐色，土质松软，土质包含植物根系及瓦砾等。

第②层，晚期堆积层，厚 0 ~ 0.6 米，土色呈浅黄色，土质较软，土中包含灰屑、红烧土屑及少量瓦砾。

第③层，夯土层，距地表深 0.3 ~ 0.8 米，厚 2.0 ~ 2.7 米，土色呈黄褐色，土质坚硬，夯层清晰，夯层厚 0.08 ~ 0.1 米，夯土下为黄生土。

周边地层：

第①层，耕土层，厚 0.3 米，土色灰褐色，土质松软，土质包含植物根系及瓦砾等。

第②层，晚期堆积层，厚度 0.2 ~ 0.8 米，土色呈浅黄色，土质较软，土中包含灰屑、红烧土屑及少量瓦砾。该层在陵园东阙北端较厚，南端较薄。

第③层，踩踏面，距地表深 0.5 ~ 1.0、厚 0.1 米，土色呈黑褐色，呈片层状，土中夹杂有灰屑、红烧土屑等。

第④层，黑垆土层，距地表深0.5～1.1、厚度约0.5米，土色呈黑褐色，土质较软。

④层下为黄生土。

根据内外地层对比分析，陵园东阙的夯土在汉代地表之上残存高度约0.2米。修建阙时开挖基槽，基槽开口于黑垆土，开挖深度约2.0～2.5米。

三、西门外之阙

位于陵园西门址以西约38.0米处，由4座夯土台基南北向排列成一组，通长101.4米，南端GPS坐标北纬34°22′20″，东经108°41′01″，海拔473.0米，北端GPS坐标北纬34°22′22.8″，东经108°41′00″，海拔473.0米。南、北两座夯土台基呈向西、向内逐次内收的三出形制，中间两座夯土台平面为长方形。4座夯土台间有3处缺口，应为阙上的3个门道，中门最宽，宽约5.8米，南、北两侧门宽约2.5米。中门对应于司马门道中间的主路，南、北两侧门对应于司马道上的南、北辅道。

夯土台基的南北两端两座形制、大小基本相同，东西、南北均长约21.0～21.5、宽约2.7～10.0米，中部的两座夯土台基长约23.4、宽约7.3米。阙上夯土距地表深0.6米左右，厚度约2.0～2.1米，夯层厚度0.08～0.1米，土色呈黄褐色，土质坚硬，夯层清晰。阙的周边有大量砖瓦堆积，距地表深0.6～0.7米。

西阙处地层：

第①层，耕土层，厚度0.3米，土色灰褐色，土质松软，土质包含植物根系及瓦砾等。

第②层，晚期堆积层，厚度0.3米，土色呈浅黄色，土质较软，土中包含灰屑、红烧土屑及少量瓦砾。

第③层，夯土层，距地表深0.6～0.7、厚2.0～2.2米，土色呈黄褐色，土质坚硬，夯层清晰，夯层厚度0.08～0.1米。

③夯土下为黄生土。

周边地层：

第①层，耕土层，厚度0.3米，土色灰褐色，土质松软，土质包含植物根系及瓦砾等。

第②层，晚期堆积层，距地表深0.3、厚0.2～0.3米，土色呈浅黄色，土质较软，土中包含灰屑、红烧土屑及少量瓦砾。该层在陵园东阙北端较厚，南端较薄。

第③层，砖瓦堆积层，距地表深0.6～0.7、厚0.1米。

第④层，垫土层，距地表深0.7～0.8米，厚度0.2米左右，分布于阙的周边，土色呈黄褐色，土质较硬，呈夯土状，可能为阙周边的护坡或台阶。

第⑤层，黑垆土层，距地表深约1.0米，厚度约0.5米，土色呈黑褐色，土质较软。此层下为黄生土。

根据内外地层对比分析，陵园北阙的夯土在汉代地表之上残存高度约0.4米，并且，该阙修建时开挖了基槽，基槽开口于黑垆土，开挖深度约1.8～2.0米。

四、陵园南阙

陵园南门址之外 30.0～50.0 米范围内现亦呈台地状，经勘探未发现阙的迹象，结合该位置地形地貌判断，陵园南阙已因村民取土或平整土地而破坏无存，勘探地层如下：

第①层，耕土层，厚度 0.3 米，土色灰褐色，土质松软，土质包含植物根系及瓦砾等。

第②层，垫土层，距地表深 0.3 米，厚度 2.0～2.5 米，土色呈黄褐色，土质较硬，较纯净，明显经过夯打，夯层厚约 0.3～0.4 米。

②层之下为黄生土。

第四章　帝陵陵园

延陵帝陵陵园位于延陵陵园东南部，平面形制为南北向长方形，南北长 517.7、东西宽 403.5 米，方向 82°。陵园四周夯筑园墙，墙宽约 3.5~4.5 米，每面园墙正对封土处设有门阙，现地表已无园墙遗迹，仅存四面门阙的夯土基址（图 4-1）。帝陵陵园地势高于周围地表 1.0~8.0 米。

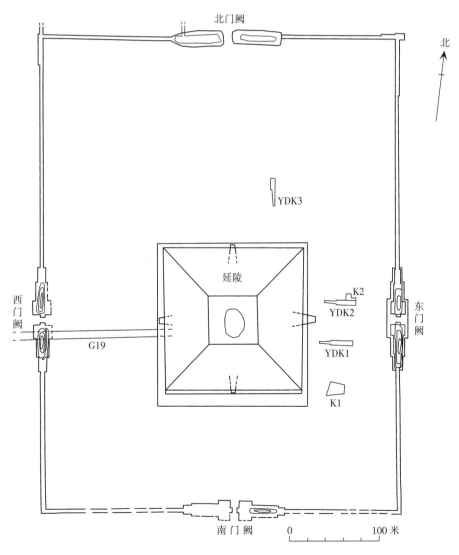

图 4-1　帝陵陵园平面图

帝陵陵园内除封土外，现存清代陕西巡抚毕沅所立石碑1通，另有当地政府所立水泥、青石保护碑3通。本次勘探还探明帝陵形制为带有四条墓道的亚字形墓，陵园内分布有外藏坑3座（详见第七章），战国秦墓5座、冲沟3条、坑2座。

第一节　陵前碑刻

帝陵封土南侧立有清代陕西巡抚毕沅所立正名石碑1通，另有当地政府所立水泥、青石文物保护标志碑3通。

正名碑　位于帝陵封土南侧约42.0米处（图版七）。为清代乾隆丙申年（1776年）陕西巡抚毕沅所立。碑石嵌在砖瓦修建的碑亭中。碑文如下：

汉成帝延陵　赐进士及第兵部侍郎陕西巡抚兼都察御史加五级毕沅谨书　大清乾隆岁
次丙申孟秋　咸阳县事孙景燨立石。

1956年立碑　位于封土南侧、清代正名碑的东侧，水泥质地，高约0.8、宽约0.6米（图版八，1）。碑面损毁严重，碑文不全。根据碑文下款得知，该碑立于1956年8月，立碑单位为陕西省人民委员会，内容是公布延陵为陕西省第一批文物保护单位。

1981年立碑　位于帝陵陵园南门阙遗址北侧，水泥质地，碑身已断裂。通高1.7、碑宽约1.0米（图版八，2）。碑文如下：

第一批陕西省重点文物保护单位　汉成帝刘骜延陵　咸阳市人民政府　1981.10.1。

2011年立碑　位于清代正名碑南侧，青石质地，通高1.5、宽约1.3米（图版八，3）。碑文如下：

第五批全国重点文物保护单位　延陵　西汉　中华人民共和国国务院　二零零一年六
月二十五日公布　陕西省人民政府　二零一一年五月立。

第二节　园墙

帝陵陵园周围夯筑有园墙，平面呈南北向长方形，南北520.0、东西宽403.0、墙宽3.5～5.3米。四面园墙正对封土处各辟一门，建有"三出"门阙。园墙四角处均加宽，最宽处为6.5米，由此判断，可能建有角阙类建筑。

一、南园墙

南园墙大部分被压在现代水渠之下，西段残存长度50.0米，东段部分园墙南部压在水渠下，仅在北部勘探发现园墙夯土。南园墙东段东半部已破坏无存，根据勘探土样分析判断，应毁于后期水患。南园墙复原长度403.0、宽约3.5~4.1米。

二、西园墙

西园墙通长520.0、宽3.8~5.3米。以门阙为界分为南北两段，南段从园墙西南角至西门阙，长约157.7、宽约4.7~5.3米；北段长约252.0、宽约3.8米。园墙夯土距地表深0.5、残高2.3~2.4米，土质坚硬，夯层清晰，厚约0.08米。西园墙直接夯筑于黑垆土层上的踩踏面，地层情况基本同东园墙。

三、北园墙

北园墙通长410.0米（包括角阙），以门阙为界分为东西两段。西段长148.0、宽约4.2、夯土残高约2.2米。东段从北门阙东端（北门阙与园墙相接处现代墓密集，无法勘探，东段西端为现代墓区东边缘）至园墙东北角长约139.0、宽约3.8~4.2、夯土残高约2.2~2.4米。园墙夯土距地表深0.5米，土质坚硬，夯层清晰，厚约0.08米。园墙直接夯筑于黑垆土之上的踩踏面上。现以北门阙西侧12.0米处园墙勘探平、剖面为例，对地层关系及园墙修建方式加以说明（图4-2）。

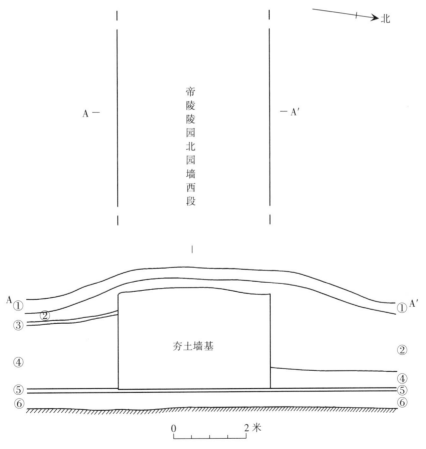

图4-2　帝陵陵园北园墙西段平、剖面图

地层关系：

第①层，耕土层，厚 0.3 米，土色灰褐，土质松软，包含有大量植物根系等。

第②层，晚期堆积层，距地表深 0.3、厚 0.2~2.0 米，土色浅黄褐，土质较软，包含有少量草木灰及瓦片等。

第③层，踩踏层，距地表深 0.6~0.9、厚约 0.07~0.1 米，呈黑褐色层状，土质坚硬，该层为陵园建成后使用过程中形成的踩踏层。

第④层，陵园垫土层，距地表深约 0.6~2.3、厚约 0.4~1.8 米，土色黄褐，土质较硬，较纯净。该层是修建陵园时垫土形成。

第⑤层，踩踏层，距地表深 2.0~2.8、厚约 0.05~0.1 米，土色灰褐，土质坚硬，土层中有明显的黄褐色水锈，包含有沙粒、草木灰、瓦砾等。该层为陵园初建时踩踏形成。

第⑥层，黑垆土层，距地表深约 2.1~2.9、厚 0.4 米，土色黑褐，土质较硬，包含物较少。

⑥层下为浅黄色生土。

园墙夯土叠压在②层下，直接修建于⑤层上。残存部分距地表深 0.5、残存高度 2.3~2.5 米，土色黄褐，土质坚硬，夯层清晰，夯层厚约 0.08 米。

根据地层对比分析可知，园墙夯筑于初建陵园时的汉代地面上，园墙建成后，在内外均垫土抬高地面，其中陵园内地面高于园墙外地面约 1.0 米。

四、东园墙

东园墙通长 513.3 米，以门阙为界分为南北两段。北段从陵园东北角至东门阙北端，长约 246.4、宽约 3.5 米，夯土距地表深 0.5~0.6、残存高度 1.3~1.5 米。南段从东南角至东门阙南端，长 155.8、宽约 4.2 米，夯土距地表深 0.55~0.65、残高约 2.3 米。园墙修建夯于陵园初建时的汉代地表之上。夯土呈黄褐色，土质坚硬，夯层清晰，厚 0.08 米。现以东门阙南侧 20.0 米处园墙勘探平、剖面为例，对地层关系及园墙修建方式加以说明（图 4-3）。

地层关系：

第①层，耕土层，厚 0.2~0.4 米，土色灰褐，土质松软，包含有大量植物根系等。

第②层，晚期堆积层，距地表深 0.3、厚度 0.8~1.2 米，土色浅黄褐，土质较软，包含有少量草木灰及瓦片等。

第③层，陵园垫土层，距地表深约 1.0~1.5、厚约 1.4~1.8 米，土色黄褐，土质较硬，较为纯净。该层是修建陵园时为了提高陵园地面垫土形成，陵园内较厚，陵园外较薄。

第④层，踩踏层，距地表深 2.9、厚约 0.1 米，土色灰褐，土质坚硬，土层中有明显的黄褐色水锈，包含有沙粒、草木灰、瓦砾等。该层为陵园初建时踩踏形成。

第⑤层，黑垆土层，距地表深约 3.0、厚 0.5 米，土色黑褐，土质较硬，包含物较少。

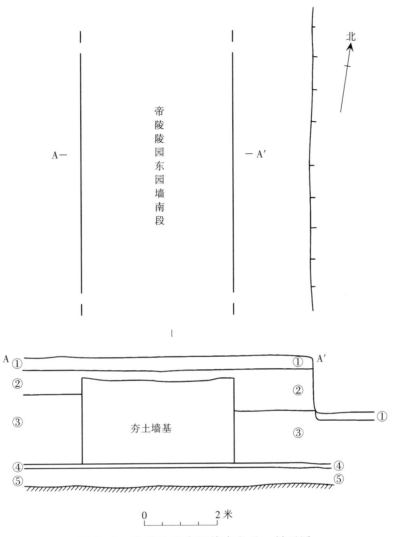

图 4 - 3　帝陵陵园东园墙南段平、剖面图

⑤层下为浅黄色生土。

园墙夯土叠压在②层下，直接修建于④层上，残存部分距地表深 0.6～0.7、残存高度 2.3 米，土色黄褐，土质坚硬，夯层清晰，夯层厚约 0.1 米。

根据地层对比分析可知，东园墙和北园墙修建方式一致，直接夯筑于初建陵园时的汉代地面上，园墙建成后，在内外均垫土抬高地面，其中墙内地面高于墙外地面约 0.5～1.0 米。

第三节　门阙与角阙

一、门阙

延陵继承了西汉早中期帝陵筑阙的传统，帝陵陵园四墙正对封土处各辟一门，建有门阙合一的

"三出"门阙，目前4个门阙遗址地面仍保存有夯土台基。

1. 南门阙

位于帝陵陵园南墙中部，北距帝陵封土约120.0米。地面现存东阙夯土台基，GPS坐标为：北纬34°22′23.54″，东经108°41′55.3″，海拔473.0米。夯土台基东西残长30.2、残宽5.2、残高2.5米。其断面夯层清晰，厚约0.08米，周围散落有大量板瓦、筒瓦残片（图版九，1）。根据当地村民介绍，西阙毁于20世纪70年代平整土地活动，当时在门道位置有两个方形大柱石，边长约1.0米，柱石被埋于门阙遗址西北部地下。

由于门阙遗址南部被叠压在现代水渠下，无法勘探。依据北部勘探情况，对其整体形状复原如下：南门阙的建筑形式为一对东西对称的三出阙，东西长约113.3、南北宽约8.0～21.0、门道宽约6.0米。门道距地表深0.4米处发现有踩踏面，门阙北侧深0.7米处发现踩踏面，门道处汉代地面较门阙内侧高出0.3米。门阙北侧垫土层厚度为3.6米。门阙南侧汉代地面距现代地表深1.0米，其下有1.1米厚的垫土层。根据地层对比分析，陵园建成后，南门阙处陵园内外的汉代地面高差约2.5米。另外，勘探发现，南门阙的西阙叠压在QM627墓道北端上。

2. 西门阙

位于帝陵陵园西墙中部偏南处，东距帝陵封土约126.5米。地面现存南北对称的两座夯土台基，残高约1.5～2.2米（图版九，2；图版一〇）。

北侧夯土台北端GPS坐标为：北纬34°22′30″，东经108°41′45″，海拔472.0米；南侧夯土台基南端GPS坐标为：北纬34°22′28″，东经108°41′45″，海拔472.0米；两座夯土台基中部低凹处为门道，GPS坐标为：北纬34°22′28.8″，东经108°41′44.56″，海拔472.0米。南侧夯土台基残长31.6、宽约9.0、高约2.2米；北侧夯土台基残长32.0、宽8.3、高约1.0～2.0米。夯土台基上草木丛生，东侧散布大量汉代瓦片、铺地砖等建筑材料。西门阙遗址上分布有大量现代墓。

经勘探，西门阙的建筑形式为一对南北对称的三出阙，基址南北通长112.3、宽约8.9～20.3米。整个遗址以门道中线为轴南北对称（图4-4）。

门阙基础南北两部分从陵园园墙向门道各有三重凸出。第一出与陵园园墙相接，较园墙两侧各宽出2.0米，南北长约15.7、东西宽约8.7～8.9米；第二出较第一出两侧各宽出2.4米，南北长约20.0、东西宽约13.6～14.4米；第三出较第二出两侧各宽出3.1米，南北约15.0、东西约20.0米，呈东西向长方形。南北两阙向门道各凸出一段隔墙，墙南北长均为5.6、东西宽2.7米；隔墙之间为门道，宽约6.0米。

地层关系显示，西门阙直接修建在陵园初建时的汉代地表之上，未向下开挖基槽。南北两阙独立夯建，互不相连。门道处以较粗的夯土（与阙台夯土比较而言）垫起，残高约2.7米，土色黄褐，土质较硬，夯层厚约0.2米。门道距现代地表深0.9米处出现踩踏面，应为门阙建成后使用过程中踩踏形成。门阙西侧也有大面积垫土，靠近门阙处较厚，约3.0米，向西逐渐变薄，垫土范围向西延伸约150.0米，最终形成东高西低的缓坡状地形。

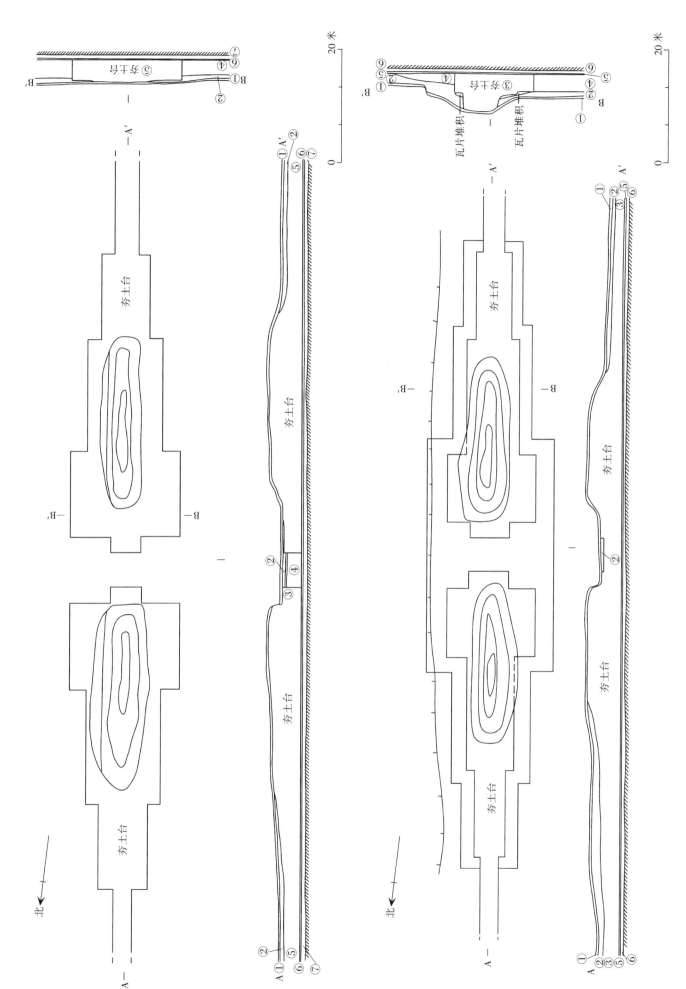

图 4-4　帝陵陵园西门阙（上）、东门阙（下）基址平、剖面图

地层关系：

第①层，耕土层，厚 0.2～0.5 米，土色灰褐，土质松软，土内包含植物毛细根等。

第②层，晚期堆积层，距地表深 0.2～0.5、厚 0～0.8 米，土色浅黄褐，土质较软，土中包含少量灰屑及瓦片等。

第③层，踩踏层，距地表深 0.9、厚约 0.5 米，土色黑褐，土质坚硬，呈层状。该层为门阙建成后使用过程中踩踏形成。

第④层，垫土层，距地表深约 0.5～0.8、厚约 3.5 米，土色黄褐，土质较硬，较纯净。该层是修建陵园时为了提高陵园内外地势垫土形成，略经粗夯，陵园内较厚，陵园外较薄。

第⑤层，夯土层，距地表深 0.2～1.2、残高约 2.8～6.0 米，土色黄褐，土质坚硬，夯层清晰，夯层厚 0.08 米左右。该层为阙台夯土台基。

第⑥层，踩踏层，距地表深 3.8～6.2、厚约 0.2～0.3 米，土色灰褐，土质坚硬，有非常明显的黄褐色水锈，土中包含沙粒、灰屑、瓦砾等。该层为初修陵时形成的一层踩踏层。

第⑦层，黑垆土层，距地表深约 4.2～6.6、厚 0.4～0.9 米，土色黑褐，土质较硬，包含物较少。⑦层下为浅黄色生土。

门道两侧、阙台主体夯土被②层叠压，距地表深 0.2～1.2 米，直接修建于⑥层上，夯土残高 2.5～2.7 米，土色黄褐，土质坚硬，夯层清晰，夯层厚约 0.1 米。

3. 北门阙

位于帝陵陵园北墙中部，南距帝陵封土约 218.0 米。地面现存东西对称的两座夯土台，残高约 2.5 米。

西夯土台西端 GPS 坐标为：北纬 34°22′39″，东经 108°41′45″，海拔 472.0 米；东夯土台东端 GPS 坐标为：北纬 34°22′28″，东经 108°41′49″，海拔 472.0 米；2 座夯土台中部低凹处为门道，GPS 坐标为：北纬 34°22′39″，东经 108°41′50″，海拔 474.0 米。

遗址东西通长约 122.0、南北宽约 15.0～17.0 米。其中西阙夯土基址东西长 58.6、宽约 17.0、残高 0.5～2.5 米；东阙夯土基址东西长 55.0、宽约 15.0、残高 1.0～2.0 米；门道宽约 9.5 米。北门阙基址及其周围被密集的现代墓所覆盖，并堆积有大量水泥块、砖块等建筑垃圾，无法勘探。

4. 东门阙

位于帝陵陵园东园墙中部偏南处，西距帝陵封土约 96.0 米。地面现存南北对称的 2 座夯土台，残高约 2.0 米。南侧夯土台基南端 GPS 坐标为：北纬 34°22′30″，东经 108°42′00″，海拔 474.0 米；北侧夯土台北端 GPS 坐标为：北纬 34°22′32″，东经 108°41′59″，海拔 473.0 米；2 座夯土台中部低凹处为门道，GPS 坐标为：北纬 34°22′31″，东经 108°42′00″，海拔 474.0 米。南侧夯土台基残长 46.7、宽约 8.0、高约 2.0 米；北侧夯土台基残长 27.0、宽约 7.5、高约 1.0～2.0 米。东门阙基址周边地表散见大量汉代残砖瓦、红烧土等。

经勘探，东门阙的建筑形式为一对南北对称的三出阙，基址为一个整体，南北通长112.4、宽约11.0~23.0 米。整个基址以门道中线为轴南北对称，门道宽约6.0 米。门阙基址从陵园园墙向门道南北各有三重凸出。第一出与陵园园墙相接，较园墙两侧各宽出3.4、长15.0、宽约11.0 米；第二出较第一出两侧各宽出2.3~3.0、长约20.0、宽约14.7 米；第三出较第二出两侧各宽出3.4~4.4 米。南北连成一体，长约41.6、宽约23.0 米（见图4-4）。

地层关系：

第①层，耕土层，厚约0.3~0.5 米，土色灰褐，土质松软，包含大量植物根系等。

第②层，晚期堆积层，距地表深0.3~0.5、厚0~1.7 米，土色浅黄褐，土质较软，土中包含少量灰屑及瓦片等。

第③层，夯土层，距地表深约0.5~2.0、厚约1.8~6.7 米，土色黄褐，土质坚硬，夯层清晰，厚0.08 米左右。

第④层，垫土层，距地表深约1.3~2.0、厚约0~3.1 米，土色黄褐，土质较硬，较纯净。该层是修建陵园时为了提高陵园内外地势垫土形成，略经粗夯，陵园内较厚，陵园外较薄。

第⑤层，踩踏层，距地表深2.7~6.7、厚约0.2~0.4 米，土色灰褐，土质坚硬，有非常明显的黄褐色水锈，土中包含沙粒、灰屑、瓦砾等。该层为当初修陵时形成的一层踩踏层。

第⑥层，黑垆土层，距地表深约2.3~7.4、厚约0.4~0.7 米，土色黑褐，土质较硬。

⑥层下为浅黄色生土。

二、角阙

根据勘探，帝陵陵园四角墙体明显加宽，可能筑有角阙类建筑。

1. 西南角阙

帝陵陵园西南角阙的西园墙夯土未加宽，整段园墙宽约4.7~5.3 米，南园墙加宽约0.6 米，角阙处宽约4.6 米。夯土距地表深0.4~0.5、残存高度约1.5 米。角阙处夯土未挖基槽，直接从初建陵园时的汉代地面向上夯筑，夯墙外有厚约1.1 米的垫土。

2. 西北角阙

帝陵陵园西北角阙的西园墙明显加宽，加宽后宽度为5.4~5.6、加宽部分长33.5 米。夯土距地表深0.3、残存高度约0.7~0.8 米。未挖基槽，直接从初建陵园时的汉代踩踏面向上夯筑。此角阙北园墙部分未见明显加宽，宽度与墙宽相同，约4.2 米。

3. 东北角阙

帝陵陵园东北角阙北园墙分两次向外加宽，加宽部分长25.8、宽5.7~6.7 米，并且超过东园墙向东伸出5.6 米；东园墙向外加宽1.2 米，加宽部分长66.4、宽约4.7 米。东北角阙夯土距地表深0.6~0.8、残存高度约0.7~1.0 米。未挖基槽，直接从初建陵园时的汉代踩踏面向上夯筑（图4-5）。

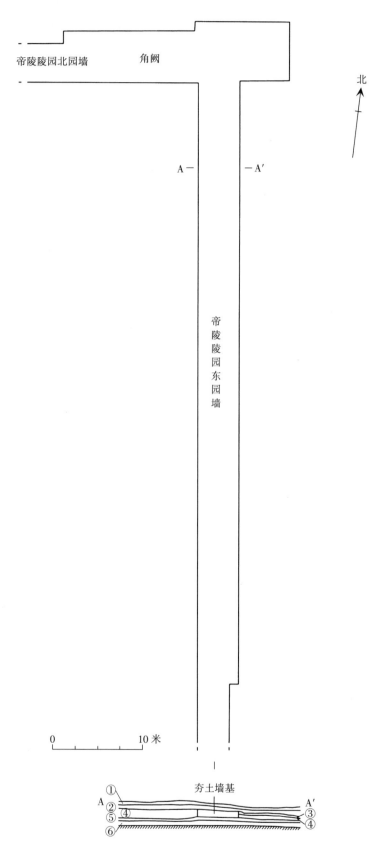

北

帝陵陵园北园墙　　　角阙

A—　　—A′

帝陵陵园东园墙

0　　　　　　10 米

夯土墙基

A　　　　　　　　　　A′

① ② ④ ⑤ ⑥ ③ ④

图 4－5　帝陵陵园东北角阙基址平、剖面图

地层关系：

第①层，耕土层，厚 0.3 米，土色灰褐，土质松软，包含有大量植物根系等。

第②层，晚期堆积层，距地表深 0.3、厚 0.3~0.8 米，土色浅黄褐，土质较软，包含有少量草木灰及瓦片等。

第③层，踩踏层，距地表深 0.7~1.1、厚约 0.1~0.3 米，土色黑褐色，土质坚硬，呈层状。该层为角阙建成后踩踏形成，分布于墙外范围。

第④层，垫土层，距地表深约 0.6~1.3、厚约 0.3~1.2 米，土色黄褐，土质较硬，较为纯净。该层是修建陵园时为了提高陵园垫土形成，陵园内较厚，陵园外较薄。

第⑤层，踩踏层，距地表深 1.3~1.8、厚约 0.2~0.3 米，土色灰褐，土质坚硬，土层中有明显的黄褐色水锈，包含有沙粒、草木灰、瓦砾等。该层为陵园初建时踩踏形成。

第⑥层，黑垆土层，距地表深约 1.5~2.0、厚 0.5~0.6 米，土色黑褐，土质较硬，包含物较少。⑥层下为浅黄色生土。

角阙夯土被叠压在②层下，直接修建于⑤层上，距地表深 0.6~0.8、残高约 0.7~0.9 米，土色黄褐，土质坚硬，夯层清晰，夯层厚约 0.08 米。

4. 东南角阙

帝陵陵园东南角阙的东园墙部分明显加宽，加宽部分长 22.2 米。东部被取土破坏，断面上夯土清晰，残宽 4.5 米。东侧堆积有大量汉代瓦片。南园墙被叠压在现代水渠下，无法勘探，情况不明。

第四节　帝陵封土与墓葬形制

一、帝陵封土

汉成帝陵封土位于帝陵陵园南部，呈覆斗形，底部边长 156.0~159.0、顶部边长 52.0~54.0、高 26.0~27.0 米（以封土底部为测量基点）。封土顶部中心 GPS 坐标为：北纬 34°22′29.6″，东经 108°41′53″，海拔 508.5 米。封土顶部略偏南位置向下塌陷成锅底状坑，平面呈南北略长的椭圆形，上口南北长 31.7、东西宽约 21.0、深约 2.0~2.5 米。封土底部四周向外延伸出较平缓的台面，宽约 4.2~8.7 米，封土高度就是以此台面为基准测量取得（图版一一）。

封土西、北、东侧面较为平整，南侧面向下塌陷，下部塌陷较窄，靠近顶部逐渐变宽。

二、墓葬形制

根据勘探，汉成帝陵的墓葬形制为四条墓道的亚字形竖穴土圹墓，墓室被覆压在封土下，勘探困难，具体情况不明。封土四面正中各有一条斜坡墓道，其暴露在封土外部分长 3.3～15.0、宽 4.5～11.6、深 0～2.0 米。其中东墓道最长（图4-6）。

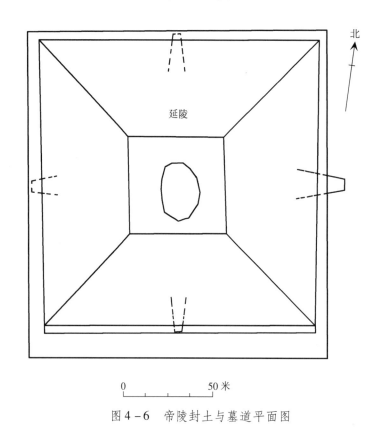

0   50 米

图4-6 帝陵封土与墓道平面图

1. 南墓道

位于帝陵封土南面正中，处于封土南侧底部平台位置。封土外暴露部分平面呈梯形，长约 3.27、南端宽 4.1、靠近封土处宽约 4.8 米。墓道开口于陵园垫土层下，打破踩踏层、黑垆土层及生土，距地表深 17.0 米。墓道底部为斜坡状，距地表深 17.0（南端）～18.0 米（靠近封土处）。根据暴露部分倾斜度计算，南墓道底部斜坡面每米下降 0.3 米。墓道内填土为红褐色五花夯土，土质坚硬，包含有大量礓石颗粒（图4-7）。

地层关系：

第①层，耕土层，厚 0.3～0.4 米，土色灰褐，土质松软，包含有大量植物根系等。

第②层，垫土层，距地表深 0.3～0.4、厚约 14.3～16.7 米，土色黄褐，土质较硬，较为纯净。该层似修建帝陵时的覆土层，靠近陵墓处和封土融为一体。

第③层，踩踏层，距地表深 14.7～17.0、厚约 0.2～0.3 米，土色灰褐，土质坚硬，呈层状，土层中有明显的黄褐色水锈，包含有沙粒、草木灰、瓦砾等。该层为陵园初建时踩踏形成。

第④层，黑垆土层，距地表深约 15.0～17.4、厚 0.2～0.5 米，土色黑褐，土质较硬，包含物较少。

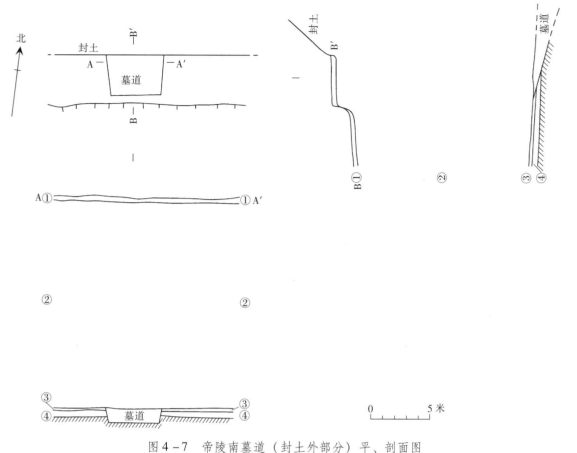

图4-7　帝陵南墓道（封土外部分）平、剖面图

④层下为浅黄色生土。

墓道开口于②层下，打破③、④层及生土，距地表深17.0米。

2. 西墓道

位于帝陵封土西侧正中，处于封土西侧底部平台位置，封土外暴露部分平面呈梯形，长约5.7、西端宽5.8、靠近封土处宽约7.6米。墓道开口于陵园垫土层下，打破黑垆土层及生土，距地表深18.5米。墓道底部为斜坡状，距地表深18.5（西端）~20.5（靠近封土处）米。根据暴露部分倾斜度计算，西墓道底部斜坡面每米下降0.4米。墓道内填土为红褐色五花夯土，土质坚硬，包含有少量草木灰、陶片及大量礓石颗粒。

3. 北墓道

位于帝陵封土北面正中，处于封土底部平台位置，封土外暴露部分平面呈梯形，长约3.3、北端宽4.5、靠近封土处宽约5.3米。墓道开口于陵园垫土层下，打破黑垆土层及生土，距地表深16.8米。墓道底部为斜坡状，距地表深16.7（北端）~18.7（靠近封土处）米。根据暴露部分倾斜度计算，北墓道底部斜坡面每米下降0.3米。墓道内填土为红褐色五花夯土，土质坚硬，包含有大量礓石颗粒（图4-8）。

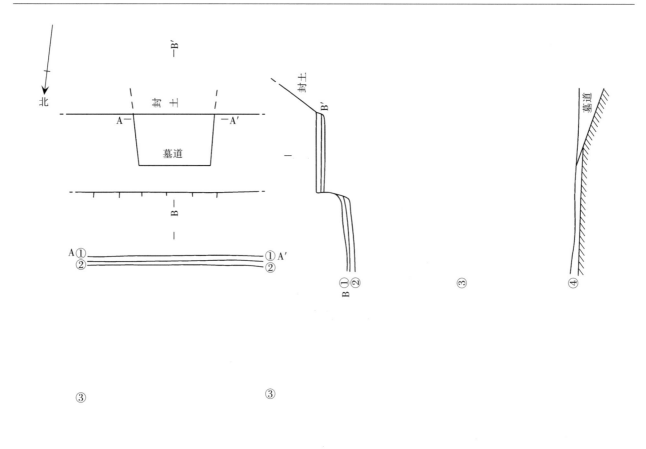

图 4-8　帝陵北墓道（封土外部分）平、剖面图

地层关系：

第①层，耕土层，厚 0.2~0.4 米，土色灰褐，土质松软，包含有大量植物根系等。

第②层，晚期堆积层，距地表深 0.2~0.4、厚 0.2~0.3 米，土色浅黄褐，土质较软，包含有少量草木灰及瓦片等。

第③层，垫土层，距地表深约 0.5~0.6、厚约 14.0~16.3 米，土色黄褐，土质较硬，较为纯净。该层似修建帝陵时的覆土层，靠近陵墓处和封土融为一体。

第④层，黑垆土层，距地表深约 14.4~16.8、厚 0.3~0.6 米，土色黑褐，土质较硬，包含物少。

④层下为浅黄色生土。

墓道开口于垫土层下，打破黑垆土层及生土，距地表深 16.8 米。

4. 东墓道

位于帝陵封土东侧正中，封土外暴露部分平面呈梯形，长约 15.3、东端宽 6.0、靠近封土处宽

11.6 米。墓道开口于陵园垫土层下，打破踩踏层、黑垆土层及生土，距地表深 12.0（东端）~ 16.0
（靠近封土处）米。墓道底部为斜坡状，有 0.1 米厚的坚硬踩踏面，距地表深 12.0（东端）~ 18.0 米
（靠近封土处）。墓道内填土为红褐色五花夯土，土质坚硬，包含有大量礓石粒（图 4 - 9）。

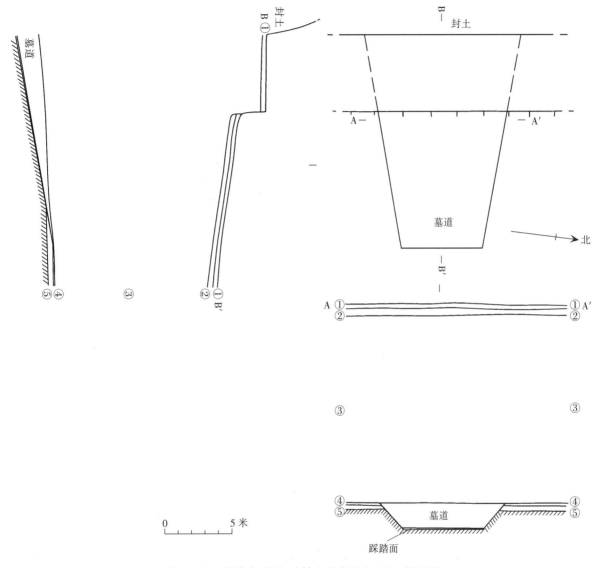

图 4 - 9　帝陵东墓道（封土外部分）平、剖面图

地层关系：

第①层，耕土层，厚 0.3 ~ 0.5 米，土色灰褐，土质松软，含大量植物根系等。

第②层，晚期堆积层，距地表深 0.3 ~ 0.5、厚 0.1 ~ 0.5 米，土色浅黄褐，土质较软，包含有少
量草木灰及瓦片等。

第③层，垫土层，距地表深 0.4 ~ 0.9、厚约 11.0 ~ 11.7 米，土色黄褐，土质较硬，较为纯净。
该层似修建帝陵时的覆土层，近陵墓处与封土融为一体。

第④层，踩踏层，距地表深 11.7 ~ 14.0、厚约 0.1 ~ 0.2 米，土色灰褐，土质坚硬，呈层状，土

层中有明显的黄褐色水锈，包含有沙粒、草木灰、瓦砾等。该层为陵园初建时踩踏形成。

第⑤层，黑垆土层，距地表深约12.0~14.2、厚0.2~0.4米，土色黑褐，土质较硬，包含物较少。

⑤层下为浅黄色生土。

墓道开口于垫土层下，打破踩踏层、黑垆土层及生土，距地表深12.0~16.0米。

第五节　其他遗迹

除上述遗迹、遗址外，在汉成帝陵园勘探时还发现早期的墓葬5座、沟5条、坑2座，简要介绍如下。

一、早期墓葬

帝陵陵园内的5座墓葬，根据墓葬形制及地层叠压关系判断，应为战国秦墓，编号为QM109、QM110、QM111、QM112、QM627（图4-10）。

QM109　位于帝陵封土北侧。形制为长方形竖穴土坑墓，东西长8.7、宽约6.0、深约13.8米，底部发现大量木炭和板灰。该墓开口于陵园垫土层下，距地表深4米。

QM110　位于帝陵封土北侧，南邻QM109。形制为长方形竖穴土坑墓，东西长8.0、宽约6.6、深约12.5米，底部发现大量木炭。该墓开口于陵园垫土层下，距地表深3.8米。

QM111　位于帝陵封土北侧。形制为长方形竖穴墓道土洞墓，墓道东西长6.8、宽约5.3、深约10.5米；洞室位于墓道西部，进深约4.0、洞高1.5米，洞室底部发现板灰和褐色骨渣。墓葬开口于陵园垫土层下，距地表深3.5米。墓圹西北角有一现代盗洞，直径约1.0、深约11.0米。

QM112　位于帝陵封土北侧。形制为长方形竖穴墓道土洞墓，墓道东西长4.4、宽约3.0~3.2、深约7.7米；洞室位于墓道西部，进深约2.5、洞高1.5米，洞室底部发现板灰和褐色骨渣。墓葬开口于陵园垫土层下，距地表深2.8米。

QM627　位于帝陵封土南侧西半部分，平面呈甲字形，为南北向，墓室居北，墓道向南。墓道大部分伸出陵园外，墓室位于陵园内。帝陵南门阙西半部分压在墓道北端之上。该墓通长181.0米，其中墓道上口长109.0、宽5.8~41.5、深0.5~27.0米。墓室上口平面呈正方形，边长约70.0米，中部深30.4米，除去延陵陵园垫土7.0米，该墓原深约23.0米。该墓墓道南端西侧，有一长方形遗迹，疑为该墓外藏坑，东西长7.8、宽约5.7、深9.0米，底部发现有一层板灰。该遗迹开口于黑垆土层，距现地表深7.0米。

根据QM627形制初步判断为战国秦墓，可能为严家沟战国秦陵的陪葬墓。

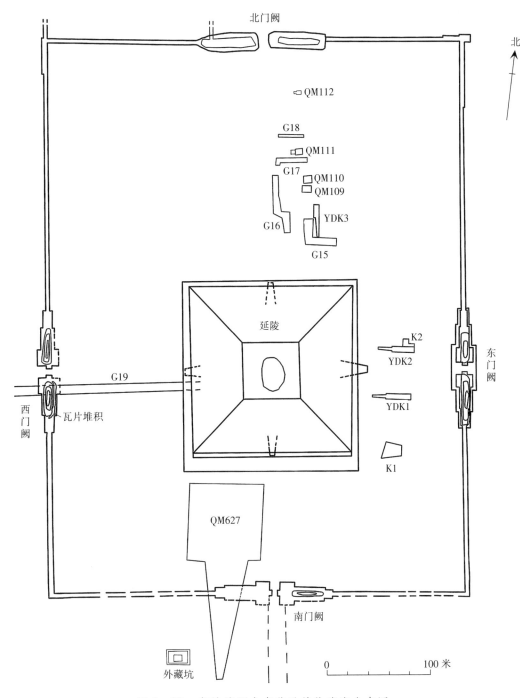

图 4 - 10　帝陵陵园内秦墓及其他遗迹分布图

二、早期沟

帝陵陵园内共发现早期沟 5 条，其中 4 条位于帝陵封土北侧，分布在战国秦墓附近，另一条位于帝陵封土西侧，东端压在帝陵封土下，向西穿过帝陵陵园西门阙。此 5 条沟编号分别为 G15、G16、G17、G18、G19。

G15　位于 QM109、QM110 南侧，平面呈曲尺形，东西 29.6、南北 23.5、宽 7.1～8.9、深约 10.0～11.5 米。沟内填土呈灰褐色，土质松软，包含大量灰屑、红烧土屑和少量瓦砾等。该沟开口于黑垆土层，距地表深约 8.0 米。

G16　位于 QM109、QM110 西侧，平面形状不规则，总长 53.3、宽 5.3～8.0、深约 8.0～10.0 米。沟内填土呈灰褐色，土质松软，包含大量灰屑、红烧土屑和少量瓦砾等。该沟开口于黑垆土层，距地表深约 5.0～7.0 米。

G17　位于 QM110 与 QM111 之间，平面形状呈东西向长方形，西端向南折出，长 29.4.0、宽 4.0～4.4、深约 5.0～6.0 米。沟内填土呈灰褐色，土质松软，土中包含大量灰屑、红烧土屑和少量瓦砾等。该沟开口于黑垆土层，距地表深约 3.8～4.0 米。

G18　位于 QM111 北侧，平面形状为东西向长方形，长 24.4、宽 2.6～2.8、深约 5.0～7.0 米，沟内填土呈灰褐色，土质松软，土中包含大量灰屑、红烧土屑和少量瓦砾等。该沟开口于黑垆土层，距地表深约 4.0 米。

G19　位于帝陵封土西侧，北临帝陵西墓道。东端压在帝陵封土下，向西穿过帝陵陵园西门阙，东西 271.3 米（帝陵封土外部分），西端向南折出 160.9 米，再向西折出 69.9 米，后折角处与向南的一条自然沟相连（见图 2－2）。沟宽 7.6～8.7、深约 5.0～7.5 米。开口于黑垆土层，除去修陵时垫土及晚期堆积层厚度，原沟开挖深度约 3.0 米。沟内填土上部为黄褐色五花土，土质较松软，包含少量瓦片；底部为黑褐色淤土（G19②层），土质较密实，包含有草木灰、红烧土屑及少量陶片、瓦砾等。

根据 G19 的走向、地层关系及沟内填土等情况分析，该沟可能为修陵初期开挖的一条排水沟，曾使用过一段时间，后随着陵园建设的不断进展，该沟也失去了原本的排水作用，随之被填平废弃。

下面以 G19 的勘探剖面为例，对该沟的地层关系加以说明，勘探点位于帝陵陵园西门阙西侧 20.0 米处（图 4－11）。

地层关系：

第①层，耕土层，厚 0.3～0.5 米，土色灰褐，土质松软，包含有大量植物根系等。

第②层，晚期堆积层，距地表深 0.3～0.5、厚 0.3～0.4 米，土色浅黄褐，土质较软，包含有少量草木灰及瓦片等。

第③层，踩踏层，距地表深 0.7～0.9、厚约 0.1～0.2 米，土色黑褐，土质坚硬，呈层状。该层为陵园建成后踩踏形成。

第④层，垫土层，距地表深约 0.8～1.1、厚约 2.0～2.3 米，土色黄褐，土质较硬，较为纯净。该层是修建陵园时为了提高陵园外高度从别处取土形成。

第⑤层，踩踏层，距地表深 3、厚约 0.05～0.1 米，土色灰褐，土质坚硬，有明显的黄褐色水锈遗迹，包含有沙粒、草木灰、瓦砾等。该层为陵园初建时踩踏形成。

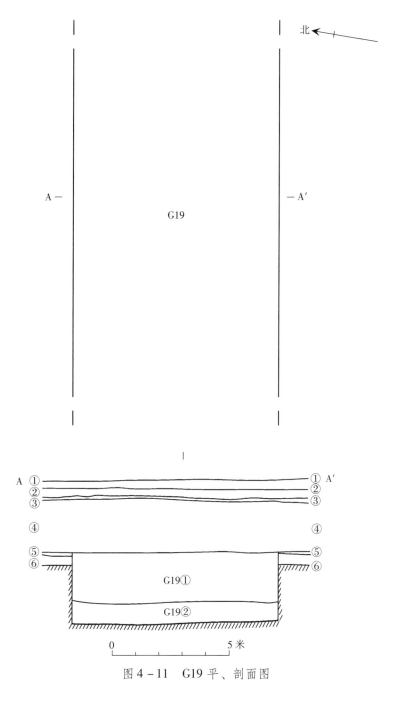

图 4 - 11　G19 平、剖面图

第⑥层，黑垆土层，距地表深约 3.1～3.2、厚 0.4～0.5 米，土色黑褐，土质较硬，包含物较少。⑥层下为浅黄色生土。

G19 开口于④层下，打破⑤、⑥层及生土，开口距地表深 3.0 米。沟内堆积分为上下两层，上层为五花土，厚约 2.0 米，土色黄褐，土质较软，包含有少量瓦砾，该层为陵园修建后期集中回填的土层，稍加夯打；下层为淤土，厚约 1.0 米，土色黑褐，土质较为密实，包含有草木灰、红烧土屑、陶片等，该层是沟使用过程中逐渐淤积而成。

三、早期坑

帝陵陵园内探出早期坑两座，均在封土东侧，编号 K1、K2。

K1　位于 YDK1 南侧约 40.0 米处，平面为不规则四边形，边长分别为：南 19.8、西 15.7、北 15.9、东 9.6、深 1.0～2.0 米。距地表深 7.3（东）～9.5（西）米。坑内填土为五花土，土质较硬，包含物较少。此坑开口于垫土层下，应当是建陵之前就存在，建陵平整地面时将坑填平。

K2　位于 YDK2 北侧，平面呈曲尺形，东西长约 11.3、南北宽 3.0～7.0、深 8.0～9.5 米。坑内填土为五花土，土质较硬。该坑被 YDK2 打破，早于 YDK2。与 K1 相同，也开口于垫土层下，属于建陵园之前就存在的坑，修建陵园平整地面时将其填埋。

第六节　帝陵陵园地层

帝陵陵园内现地表均为缓坡状，近封土处高，陵园园墙处低，高差约 6.0～7.0 米。封土四面底部各有 1.5～2.0 米高的断坎，系现代平整陵园内土地形成。推测原地貌为连续缓坡状。

通过对陵园西部、东部的勘探，我们对帝陵陵园内地层情况有所了解。

1. 帝陵陵园西部地层关系

帝陵封土西侧地貌呈东高西低缓坡状，地层堆积如下（图 4-12）。

第①层，耕土层，厚 0.2～0.4 米，土色灰褐，土质松软，包含有大量植物根系等。

第②层，晚期堆积层，距地表深 0.2～0.4、厚 0.4～1.2 米，土色浅黄褐色，土质较软，包含有少量草木灰及瓦片等。

第③层，垫土层，距地表深约 0.3（封土底部）～1.2（西门阙东侧）、厚 3.2～17.6 米，土色呈黄褐，土质较硬，较为纯净。该层是修建陵园时为了提高陵园内地面垫土形成。

第④层，踩踏层，距地表深 3.9（门阙内侧）～17.9（封土西侧）、厚 0.2～0.5 米，呈深褐色层状，土质坚硬。该层为陵园初建时踩踏形成。

第⑤层，黑垆土层，距地表深约 4.1（西）～18.4（东）、厚 0.5～0.8 米，土色深褐，土质较硬，包含物较少。

⑤层下为浅黄色生土。

帝陵西墓道开口于③层下，打破④、⑤层及生土。

2. 帝陵陵园东部地层关系

帝陵封土东部现地表呈西高东低缓坡状，封土底部地表高于东门阙内侧地表 7.2 米，地层堆积如下（图 4-13）。

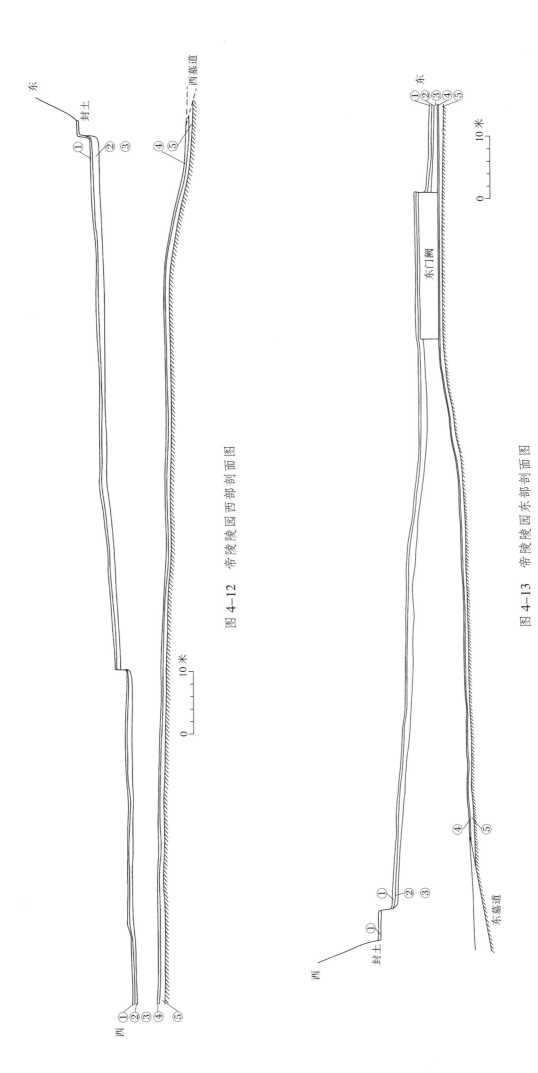

图 4-12 帝陵陵园西部剖面图

图 4-13 帝陵陵园东部剖面图

第①层，耕土层，厚0.3～0.4米，土色灰褐，土质松软，包含有大量植物根系等。

第②层，晚期堆积层，距地表深0.3～0.4、厚0.4（封土东侧断坎下）～0.7（门阙西侧）米，土色浅黄褐色，土质较软，包含有少量草木灰及瓦片等。

第③层，垫土层，距地表深约0（封土底部）～1.0（东门阙西侧）、厚0.6～15.7米，土色呈黄褐色，土质较硬，较纯净。该层是修建陵园时为了提高陵园内地面垫土形成。

第④层，踩踏层，距地表深3.9（东门阙西侧）～12.4（封土东侧坎下）、厚0.1～0.25米，土色灰褐色，土质坚硬，包含大量沙粒。该层为修建陵园时活动形成。

第⑤层，黑垆土层，距地表深约3.7（东门阙西侧）～12.6（封土东侧坎下）、厚0.4～0.6米，土色黑褐色，土质较硬，包含物少。

⑤层下为浅黄色生土。

东墓道开口于黑垆土层，打破黑垆土及生土。

第五章　皇后陵园

　　皇后陵园位于延陵陵园西部，西距西园墙35.0米，东距汉成帝陵园886.0米。陵园平面呈南北向长方形，长232.2、宽163.2米。陵园四周有夯墙围绕，东、南墙筑有门阙，北、西墙留有缺口，应为门道。陵园南部有一道东西向隔墙将陵园分隔为南、北两个院落，隔墙中部偏东辟有一门，并夯筑门阙，作为南、北院通道。南院东西长163.2、南北宽50.2～66.0米，在其西北和东南分别发现有建筑基址。北院南北长166.2～182.0、东西宽约163.2米。后陵封土坐落在北院正中位置（图5-1）。

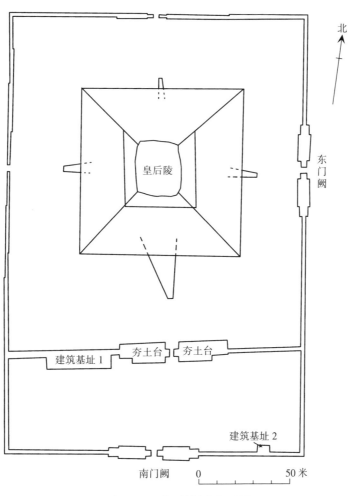

图5-1　皇后陵园平面图

第一节　园墙与门阙

一、园墙

皇后陵四周夯筑园墙，东、西墙长均为 232.2、南、北墙长均为 163.2、墙宽 1.3～2.6、残高 0.8～1.2 米。墙体夯土呈黄褐色，土质坚硬，夯层清晰，厚约 0.08 米。墙体距地表深 1.0～1.1 米，下有基槽，开口于黑垆土层，深 0.5 米。园墙两侧散落有瓦片堆积，沿墙呈带状分布，距地表深 0.6～1.0、宽约 1.0～1.5 米。

二、隔墙

隔墙位于后陵封土南侧 47.0 米处，宽约 2.2～3.4 米。隔墙中部略偏东辟有一门，并夯筑"两出"门阙。门阙通长 58.6、宽约 7.4～10.3 米，门道宽约 2.3 米。阙台夯土距地表深 0.5、残高约 1.0 米。夯土呈黄褐色，土质坚硬，夯层清晰，厚约 0.08 米。隔墙及门阙均开挖基槽，深约 0.5 米。

三、门阙

皇后陵四面园墙正对封土中部各辟一门，其中东门和南门均夯筑"两出"门阙；西门、北门未发现门阙遗址，仅留有门道。现将皇后陵四门的勘探情况介绍如下：

1. 南门阙

南门阙距后陵封土 100.0 米，现地表已无遗存。皇后陵南门阙为"两出"结构，由副阙、主阙、隔墙、门道、内外隧组成。南门阙东、西两部分以门道为中轴线对称分布，通长约 60.0、宽约 6.0～9.2 米。副阙长约 6.2～6.4、宽 6.0 米，主阙长约 18.4、宽 9.2 米，隔墙长 3.4～3.6、宽 4.6～4.8 米，门道宽约 4.4 米，门道内距地表深 0.5 米出现踩踏面。内外隧面阔 9.4、进深约 1.7 米。门阙周边及门道内距地表深 0.5～1.0 米有大量瓦片堆积（图 5-2）。

2. 东门阙

东门阙距后陵封土 34.0 米，现地表已无遗存。与南门阙形制相同，亦为"两出"结构。通长 48.0、宽约 4.6～7.0 米。门道位于门阙中间，宽约 3.3 米，南、北两部分以门道为中轴线对称构筑。门道内距地表深约 0.8 米出现瓦片堆积，其下 0.2 米为踩踏面。阙台夯土距地表深约 1.0、残高 1.0 米。

3. 北门

北门距后陵封土 37.0 米，未发现阙台，仅为一门道，宽 3.0 米。距地表深约 1.2 米有一层较薄的踩踏面。门道及两侧园墙内、外均有较多瓦片堆积。

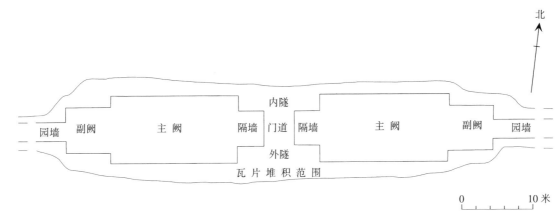

图 5 - 2　皇后陵园南门阙基址平面图

4. 西门

西门距后陵封土 38.0 米，未发现阙台，门道宽 3.3 米，距地表深约 1.2 米有一层较薄的踩踏面，门道及两侧园墙内、外均有较多瓦片堆积。

第二节　后陵封土与墓葬形制

一、封土

皇后陵封土呈覆斗形，底部边长约 87.0、顶部边长 23.0 ~ 29.0、残高约 21.5 米。封土东、南、西三面距顶部 2.5 米处内收成台，台面宽约 6.0 ~ 8.0 米（见图 5 - 1）。封土顶部散落瓦片，中心点 GPS 坐标：北纬 34°22′30″，东经 108°41′05″，海拔 494.0 米（图版一二）。

二、形制

皇后陵墓形制呈亚字形。四条墓道封土外暴露部分长短不一，其中南墓道最长。

1. 南墓道

南墓道封土外部分平面呈直角梯形，其东侧为直边，西侧为斜边。勘探长度 23.0、南端宽 2.7、与封土相交处宽 15.0、距地表深 1.5 ~ 10.0 米。墓道内填红褐色五花夯土，土质坚硬，夯层厚约 0.2 米，夯土内含大量礓石粒。墓道开口于陵园垫土层下的黑垆土层（地层部分详细介绍见第四节），南端开口距地表深 1.5 米，与封土相交处开口距地表深 3.8 米（图 5 - 3）。

2. 东墓道

东墓道封土外部分平面呈梯形，长 8.3、东端宽 2.0、与封土相交处宽 3.4、距地表深

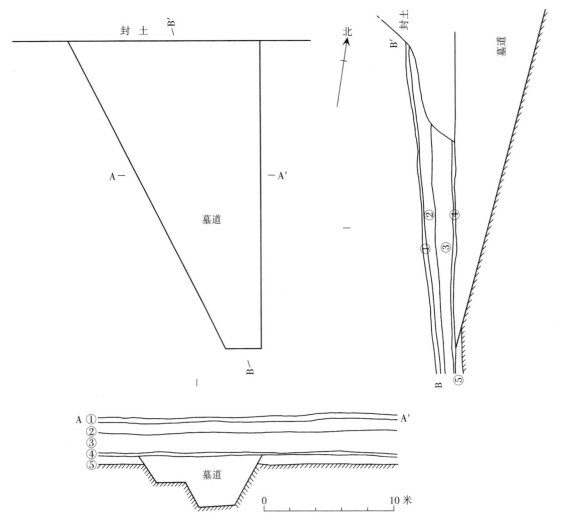

图 5 - 3　皇后陵南墓道（封土外部分）平、剖面图

3.5～7.8 米。墓道内填红褐色五花夯土，土质坚硬，夯层厚约 0.2 米，夯土内包含大量礓石颗粒。墓道开口于陵园垫土下的黑垆土层，东端开口距地表深 3.5 米，与封土相交处距地表深 5.6 米。

3. 北墓道

北墓道封土外部分平面呈梯形，长 5.3、北端宽 1.8、与封土相交处宽 2.4、距地表深 4.5～6.0 米。墓道内填红褐色五花夯土，土质坚硬，夯层厚约 0.2 米，夯土内包含大量礓石粒。墓道开口于陵园垫土层下的黑垆土层，北端开口距地表深 4.5 米，与封土相交处距地表深 5.6 米。

4. 西墓道

西墓道封土外部分平面呈梯形，长 9.4、西端宽 2.6、与封土相交处宽 4.5、距地表深 4.5～8.3 米。墓道内填红褐色五花夯土，土质坚硬，夯层厚约 0.2 米，夯土内包含大量礓石粒。墓道开口于陵园垫土层下的黑垆土层，西端开口层距地表深 4.5 米，与封土相交处距地表深 6.3 米。

第三节　陵园内建筑

皇后陵园内共发现 2 处夯土基址，编号为 1 号基址、2 号基址，现分述如下。

1 号基址　位于皇后陵园南院西北部，与隔墙相连。平面呈长方形，东西长 35.0、南北宽 9.8、距地表深 0.5 ~ 0.9、残高约 1.0 米。夯土呈黄褐色，土质坚硬，夯层清晰，厚约 0.08 ~ 0.1 米。该基址叠压于 K10 之上，其西部有大量瓦片堆积，范围东西约 10.0、南北约 13.0、距地表深约 0.8 ~ 1.2 米（图 5 - 4）。

地层堆积情况：

第①层，耕土层，厚 0.3 ~ 0.5 米，土色灰褐，土质松软，包含植物根系等。

第②层，晚期堆积层，距地表深 0.3 ~ 0.5、厚 0.2 ~ 0.9 米，土色浅黄褐，土质较软，包含少量灰屑及瓦片等。

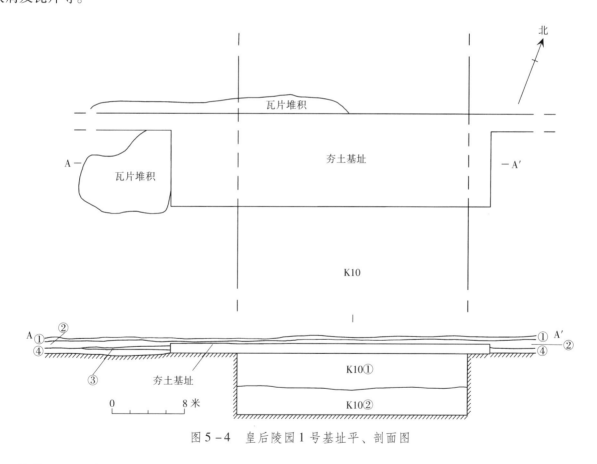

图 5 - 4　皇后陵园 1 号基址平、剖面图

第③层，瓦片堆积层，距地表深 0.9 ~ 1.2、厚约 0 ~ 0.4 米，该层分布于夯土基址西部。

第④层，黑垆土层，距地表深约 1.2 ~ 1.3、厚 0.3 ~ 0.7 米，土色黑褐，土质较硬。黑垆土层下为黄生土。

2 号基址　位于皇后陵南院东南部,与南墙相连,距皇后陵园东南角约 17.0 米。平面呈长方形,东西长 6.5、宽 3.5 米。该基址距地表深 0.6、残高 1.0 米。夯土呈黄褐色,土质坚硬,夯层清晰,厚约 0.1 米左右,其周围有少量瓦片和红烧土块等。

第四节　后陵陵园地层与其他遗迹

一、地层关系

考古勘探确定,皇后陵园修建时地形经过大范围平整,在汉代地面上统一夯筑了一层垫土,薄厚不均。四周垣墙处最薄,约 0.2 米,接近封土处最厚,达 2.9~4.2 米。现以皇后陵南墓道剖面为例介绍如下(见图 5-3):

第①层,耕土层,厚度 0.3~0.5 米,土色灰褐,土质松软,包含植物根系等。

第②层,晚期堆积层,距地表深 0.3~0.5、厚 0.3~1.0 米,土色浅黄褐,土质较软,包含少量灰屑及瓦片等。

第③层,垫土层,距地表深 0.7~1.3、厚 0.7~1.6 米,土色黄褐,土质较硬,较为纯净。该层为修建陵园时,为了提高陵园内地面铺垫形成。

第④层,踩踏层,距地表深 1.3~2.7、厚 0.1~0.3 米,呈黄褐色层状,土质坚硬,该层为陵园建成后使用过程中形成。

第⑤层,黑垆土层,距地表深 1.5~3.8、厚 0.5~0.8 米,土色黑褐,土质较硬。黑垆土之下为生土。

二、其他遗迹

皇后陵西南部发现一处早期坑,编号为 K10。该坑大部分位于皇后陵园内,还有部分伸出皇后陵南垣墙,其中陵园的南垣墙、隔墙及建筑基址叠压于该坑上。

K10 平面呈南北向长方形,长约 61.0、宽约 25.0 米,坑深约 8.0 米。坑的上部填以五花粗夯土(见图 5-4 K10①层),底部为淤土及水渍土(K10②层)。根据该坑与皇后陵夯墙的叠压关系,初步判断该坑的形成早于延陵的修建。

第六章 祔葬墓

延陵祔葬墓①分布于延陵陵园西北部，行政区划属咸阳市渭城区周陵街道办西石村、东石村地域。该区域共有墓葬 19 座，现存封土的 13 座。这批墓葬东西向排列，共有 4 排，其中由南向北第一排 4 座，均有封土和夯筑的墓园园墙；第二排 3 座，均有封土，东侧 2 座有夯筑的墓园园墙，西端 1 座以围沟环绕，形成墓园；第三排 5 座，现存封土 3 座，东侧 4 座有夯筑墓园园墙，西端 1 座以围沟环绕，形成墓园；第四排墓葬分布在延陵北园墙附近，从陵园西北角一直延伸到帝陵北神道附近，共 7 座，其中有夯筑墓园园墙的 3 座，其余皆以围沟形成墓园。所有夯筑墓园园墙者，均坐北面南，门道辟于南墙中部。在 4 排祔葬墓园之间，彼此均有道路相连。其中第一排墓园与第二排墓园之间道路宽约 20.0 米；第二排墓园与第三排墓园之间道路宽 25.0 米；第三排墓园与第四批墓园之间道路宽 73.0 米（图版四、一三、一四）。

19 座祔葬墓按其所处位置分为两个区域，皇后陵北侧为一个区域，墓葬分布排列较整齐，编号为祔葬墓 M1 ~ M12；另一个是靠近陵园北墙的区域，排列不太规律，编号为祔葬墓 M13 ~ M19。

第一节 皇后陵北侧祔葬墓

一、祔葬墓 M1

位于 11 号建筑遗址西南侧，为祔葬墓中墓园面积最大者。

1. 围墙与门阙

墓葬周围以夯墙形成墓园（图 6 - 1），平面呈南北长方形，长 263.5、宽 159.8 ~ 161.0、墙宽 2.0 ~ 2.4 米。墓园南墙和东墙正对封土位置各辟一门，并夯筑门阙。南门阙为两出阙，通长 76.4、

---

① 本报告所称"祔葬墓"是指西汉帝陵外陵园以内除帝、后陵墓之外的墓葬，详见焦南峰《西汉帝陵形制要素的分析与推定》注释 81，《考古与文物》2013 年第 5 期。

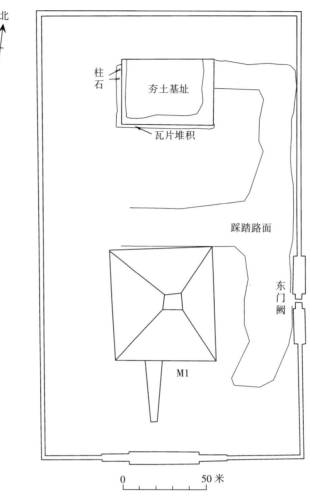

图 6-1　祔葬墓 M1 墓园平面图

宽 3.7~7.5 米，门阙夯土台基连为一体，门道宽度不详。东门阙通长 51.8、宽 7.2~7.6 米，门阙夯土台基中部断开，形成门道，宽 2 米。墓园园墙及门阙在修建时均开挖基槽，深度 0.2~0.5 米。园墙、门阙两侧部分区域有带状瓦片堆积。

2. 封土与墓葬形制

墓葬位于墓园南部，现存封土呈覆斗形，底部边长 62.0~67.0、顶部边长 9.0~12.0、高 17.9 米。顶部中心点 GPS 坐标：北纬 34°22′38″，东经 108°41′16″，海拔 485.0 米（图版一四；图版一五，1）。

墓道位于封土南侧偏西位置，方向 176°。封土外暴露部分平面呈梯形，长 36.0、南端宽 4.0、与封土相交处宽 10.5 米。墓道底部呈斜坡状，距地表深 1.0~11.2 米。墓道内填五花夯土，土质坚硬，夯层厚度约 0.2~0.3 米，填土内包含大量红土及礓石。墓道底部有一层坚硬的踩踏面，厚度约 0.1 米。墓道开口于黑垆土层，距地表深 1.0 米。由于封土堆积太厚，无法勘探，墓室结构不详。

现以墓道剖面为例（图 6-2），介绍地层如下：

第①层，耕土层，厚 0.2~0.4 米，土色灰褐，土质松软，包含植物根系等。

第②层，晚期堆积层，距地表深 0.2~0.4、厚 0.4~0.6 米，土色浅黄褐，土质较软，包含少量

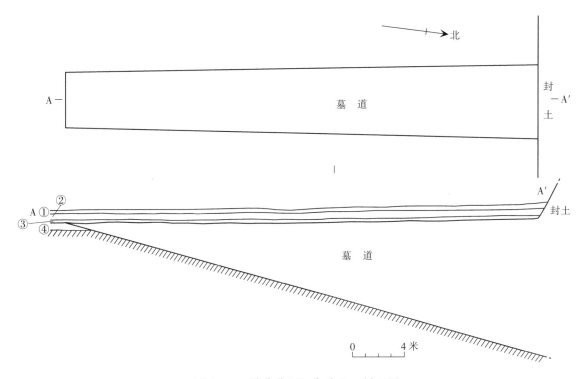

图 6 - 2　袝葬墓 M1 墓道平、剖面图

灰屑及瓦片等。

第③层，踩踏层，距地表深 0.6 ~ 1.0、厚 0.2 ~ 0.3 米，呈黄褐色层状，土质坚硬。该层为陵园建成后使用过程中形成的。

第④层，黑垆土层，距地表深 0.8 ~ 1.3、厚 0.5 ~ 0.6 米，土层黑褐，土质较硬。

黑垆土之下为生土。

3. 陵园内建筑

墓葬北侧有一处建筑遗址，该区域高出现地表约 0.6 ~ 0.8 米，周边散布大量汉代板瓦、筒瓦残片及鹅卵石等。经勘探，该遗址中心为一座夯土基址，平面呈东西长方形，长 56.4、宽 38.8，夯土距地表深 0.5 ~ 1.2、残高 0.9 ~ 2.0 米，夯层厚 0.08 ~ 0.1 米。夯土基址西侧、南侧均发现大量瓦片堆积，呈带状分布，宽度约 1.0 ~ 1.5 米。另外，基址西侧还发现柱石两处，柱石平面呈方形，边长 0.4 ~ 0.5 米。瓦片堆积和柱石距地表深约 1.0 米。夯土基址在修建时开挖有基槽，深度约 1.0 米。现以夯土基址剖面为例（图 6 - 3），介绍地层如下：

第①层，耕土层，厚 0.2 ~ 0.3 米，土色灰褐，土质松软，包含植物根系等。

第②层，晚期堆积层，距地表深 0.2 ~ 0.3、厚 0.4 ~ 0.8 米，土色浅黄褐，土质较软，包含少量灰屑、瓦片等。

第③层，瓦片堆积层，厚约 0.4 米。

第④层，黑垆土层，距地表深 0.6 ~ 1.1、厚 0.5 ~ 0.6 米，土色黑褐，土质较硬。黑垆之下为生土。

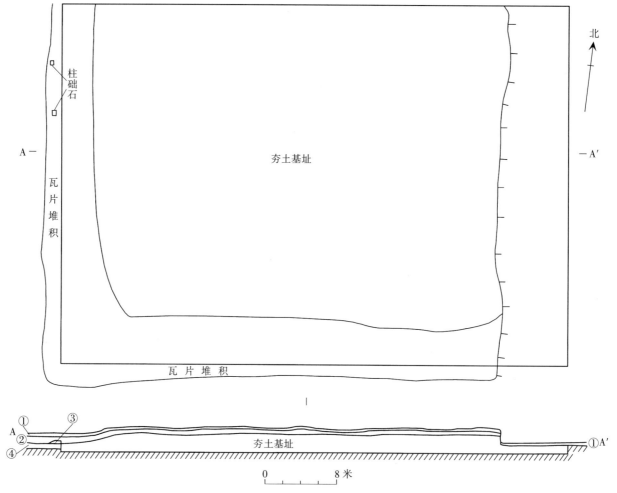

图 6-3 祔葬墓 M1 北部夯土基址平、剖面图

在 M1 墓葬东侧、北侧发现有大片踩踏路面，向北延伸约 80.0 米西折通往建筑遗址。踩踏路面宽度 15.0 ~ 25.0、厚 0.1 米。

二、祔葬墓 M2

位于祔葬墓 M1 西南侧，与其西侧的 M3、M4 东西排列为一组，南距皇后陵园 51.0 米。该组墓葬均以夯墙围成墓园，且彼此相连，有部分园墙共用，墓园形制、规模亦基本相同（图 6-4）。

1. 园墙与门阙

M2 墓园平面呈南北向长方形，长 139.7、宽 95.0 米，外夯筑园墙，宽约 2.0 米。封土南侧有一道隔墙，将墓园分为南、北两部分。南部东西长 95.0、南北宽 39.5 米；北部南北长 100.2、东西宽 95.0 米。隔墙中部夯土明显加宽，向南侧凸出。加宽部分长 36.5、宽 4.5 米，似为门址。

墓园南墙正中设门，并有门阙建筑。门阙呈"两出"结构，通长 52.3、宽 4.5 ~ 7.3 米，门道位于门阙中部，宽 1.9 米。门阙基址夯土距地表深 0.5、夯土残高 0.4 ~ 0.6 米。夯土呈黄褐色，土质坚硬，夯层清晰，厚约 0.08 米。门阙在修建时开挖有基槽，深度约 0.4 米。

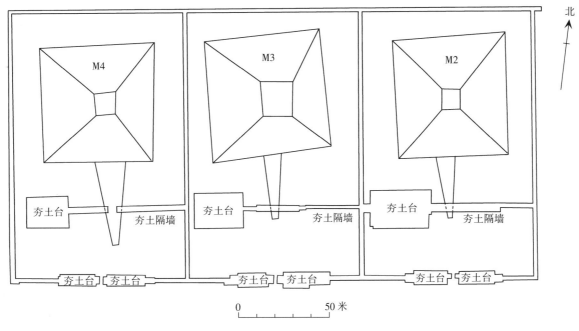

图 6 - 4　祔葬墓 M2 ~ M4 墓园平面分布图

2. 封土与墓葬形制

M2 位于墓园北部，为甲字形墓。封土呈覆斗形，底部边长 58.0 ~ 62.0、顶部边长 10.0、高 17.5 米。顶部中心点 GPS 坐标：北纬 34°22′37″，东经 108°41′09″，海拔 487.0 米（图版一四；图版一五，2）。

墓道位于封土南侧偏西位置，方向 177°。封土外暴露部分平面呈梯形，长约 32.8、南端宽 2.3、与封土相交处宽 10.3 米。墓道底部呈斜坡状，南端距地表深 1.0 米，与封土相交处深 10.3 米。墓道内填五花夯土，土质坚硬，夯层厚度约 0.2 ~ 0.3 米，填土内包含大量红土及礓石。墓道底部有一层坚硬的踩踏面，厚度约 0.1 米。墓道开口于黑垆土层，距地表深 1.0 米。由于封土堆积太厚，墓室无法勘探，结构不详。

3. 园内建筑

墓园隔墙西部连有一座夯土基址，呈东西长方形，长 32.6、宽 19.2 ~ 19.7 米。夯土距地表深 0.5 ~ 0.8、残高约 0.6、夯层厚度 0.08 ~ 0.1 米。其周围有大量瓦片堆积，距地表深 0.8 ~ 0.9、堆积厚度约 0.1 ~ 0.2 米。

三、祔葬墓 M3

1. 围墙与门阙

M3 位于祔葬墓 M2 西侧，墓葬周围以夯墙围成墓园。墓园平面呈南北长方形，长 139.7、宽 94.4、夯墙宽 2.0 米。封土南侧筑有一道东西向隔墙，将墓园分为南、北两部分。南半部东西长 94.4、南北宽 38.0 米；北半部南北长 101.7、东西宽 94.4 米（见图 6 - 4）。墓园隔墙中部夯土向两侧加宽。加宽部分长 22.2、宽 3.2 米，应为门址。

墓园南墙正中辟有一门，并夯筑"两出"门阙，通长 55.8、宽约 3.5～8.2 米，门道位于门阙中部，宽约 1.9 米。门阙基址夯土距地表深 0.6、夯土残高 0.5～0.7 米。夯土呈黄褐色，土质坚硬，夯层清晰，厚约 0.08～0.1 米。门阙在修建时开挖有基槽，深度约 0.4 米。

2. 封土与墓葬形制

M3 封土位于墓园北部，呈覆斗形，底部边长 60.0～62.0、顶部边长 17.0～17.6、高约 17.2 米；顶部中心点 GPS 坐标为：北纬 34°22′37″，东经 108°41′05″，海拔 485.0 米（图版一四；图版一五，3）。

墓葬形制为甲字形，墓道位于封土南侧正中位置，方向 176°。墓道开口于黑垆土层，距地表深 1.0 米，封土外暴露部分平面呈梯形，长 33.0、南端宽 3.3、与封土相交处宽 9.5 米。墓道底部呈斜坡状，南端距地表深 1.1 米，与封土相交处深 10.5 米。墓道内填五花夯土，土质坚硬，夯层厚约 0.2～0.3 米，填土内包含大量红土及礓石。墓道底部有一层坚硬的踩踏面，厚度约 0.1 米。由于封土堆积太厚，墓室无法勘探，结构不详。

3. 园内建筑

隔墙西部连有一座东西向长方形夯土基址，长 25.7、宽 18.3 米。夯土距地表深 0.5～0.8、残高约 0.6、夯层厚 0.08～0.1 米。夯土基址周围散布有大量瓦片堆积。

四、袝葬墓 M4

1. 园墙与门阙

位于袝葬墓 M3 西侧，为袝葬墓区南排西端第一座墓，墓葬周围以夯墙围成墓园（见图 6-4）。墓园平面呈南北长方形，长 139.7、宽 94.2、夯墙宽约 2.0 米。封土南侧有一道东西向夯土隔墙将墓园分为南、北两部分。南部东西长 94.2、南北宽 36.7 米；北部南北长 101.0、东西宽 94.2 米。隔墙的中部正对墓道位置留有缺口，宽 4.7 米，或为门道。

墓园南墙正中辟有一门，夯筑"两出"门阙，通长 51.0、宽约 3.0～5.6 米，门道位于门阙中部，宽约 1.9 米。门阙基址夯土距地表深 0.5、夯土残高 0.4～0.6 米。夯土呈黄褐色，土质坚硬，夯层清晰，厚约 0.08 米。门阙在修建时开挖有基槽，深度约 0.4 米。

2. 封土与墓葬形制

封土位于墓园北部，呈覆斗形，底部边长约 60.0、顶部边长 10.0～11.4、高约 17.2 米。顶部中心点 GPS 坐标为：北纬 34°22′36″，东经 108°41′02″，海拔 485.0 米（图版一四；图版一六，1）。

墓葬形制为甲字形，墓道位于封土南侧偏东位置，方向 176°。墓道开口于黑垆土层，距地表深 1.0～1.6 米，封土外暴露部分平面呈梯形，长 42.5、南端宽 3.2、与封土相交处宽 16.4 米。墓道底部呈斜坡状，南端距地表深 1.0 米，与封土相交处深 12.8 米。墓道内填五花夯土，土质坚硬，夯层厚约 0.2～0.3 米，填土内包含大量红土及礓石。墓道底部有一层坚硬的踩踏面，厚约 0.1 米。由于封土堆积太厚，墓室无法勘探，结构不详。

3. 园内建筑

墓园隔墙西部连接有一座东西向长方形夯土基址，长 22.0、宽约 16.0 米。夯土距地表深 0.6、残存高度 0.5 米。夯土呈黄褐色，土质坚硬，夯层清晰，厚约 0.08 米。夯土基址周围分布有大量瓦片堆积，距地表深约 0.8 ~ 1.0 米。另外，墓园围墙两侧大部分区域也分布有瓦片堆积。

五、袝葬墓 M5

是袝葬墓区由南向北第二排东端的第一座墓葬，位于袝葬墓 M1 西侧偏北、袝葬墓 M2 正北位置，M5 西墙与 M6 东墙共用（图 6 - 5）。

1. 围墙与门阙

M5 四周筑有夯土围墙，形成墓园，形制为南北长方形，长 139.7、宽 94.3、墙宽 2.0 米。围墙修建时下挖基槽，深约 0.2 米左右，再在基槽内筑夯墙。墓园南部，即墓葬南侧有一道东西向夯土隔墙，将墓园分为南、北两部分。南部东西长 94.3、南北宽 36.5 米；北部南北长 101.5、东西宽 94.3 米。隔墙中部正对墓道的位置辟有一门，门两侧保存有夯筑的建筑基址，通长 15.8、宽 3.5、门道宽 1.6 米，门道内距地表深约 1.0 米处发现有踩踏面。

墓园南墙正中辟有一门，并夯筑"两出"门阙，现存门阙夯土台基通长 43.3、宽约 4.0 ~ 7.2 米。门阙基址夯土距地表深 0.7、夯土残高 0.4 ~ 0.6 米。夯土呈黄褐色，土质坚硬，夯层清晰，厚约 0.08 米。门阙在修建时开挖有基槽，深度约 0.4 米。门道位于门阙中部，宽约 4.4 米。

2. 封土与墓葬形制

墓葬位于墓园北部，封土遭到严重破坏，残存部分底部边长 23.0 ~ 25.0 米，顶部不规则，残高 2.0 米（图版一六，2）。其中心点 GPS 坐标为：北纬 34°22′42″，东经 108°41′08″，海拔 475.0 米。

墓葬形制呈甲字形，墓道位于封土南侧，方向 177°。墓道在封土外暴露部分平面呈梯形，长约 38.3、宽 2.1 ~ 9.0、墓道深 1.0 ~ 12.3 米。墓道内填五花夯土，土质坚硬，夯层厚约 0.2 ~ 0.3 米，填土内包含大量红土及礓石。墓道底部有一层坚硬的踩踏面，厚约 0.1 米。墓道开口于黑垆土层，距地表深 1.0 米。封土虽遭破坏，但残留的封土有一定厚度且较硬，墓室无法勘探，结构不详。

3. 园内建筑

墓园隔墙西端连接一座建筑遗址，隔墙北部为一处夯土基址，南部有居室建筑。北部夯土基址呈东西长方形，长 11.9、宽 5.3、距地表深 0.8、残高 0.4 米。南部居室建筑坐北面南，面阔 11.3、进深 6.2 米。其西墙即墓园西墙，北墙即墓园隔墙，墙宽均为 2.0 米；东墙长 6.4、宽约 2.8 米；南墙长约 6.0、宽约 1.5 米。门道位于建筑的东南角，宽约 2.3 米。勘探发现，在居室建筑东侧有一柱石，呈方形，边长约 0.45、距地表深约 0.8 米，厚度不详。夯土基址及居室建筑周围分布有大量瓦片堆积。

六、祔葬墓 M6

该墓是祔葬墓区南起第二排中间的一座墓葬，在 M5 的西边。

1. 园墙与门阙

墓葬四周以夯墙围成墓园（见图 6－5）。墓园平面呈南北长方形，长 140.0、宽 94.3、夯墙宽 2.0 米。墓园南部有一道东西向隔墙，将墓园分为南、北两部分。南部东西长 94.3、南北宽 36.5 米；北部南北长 101.3、东西宽 94.3 米。

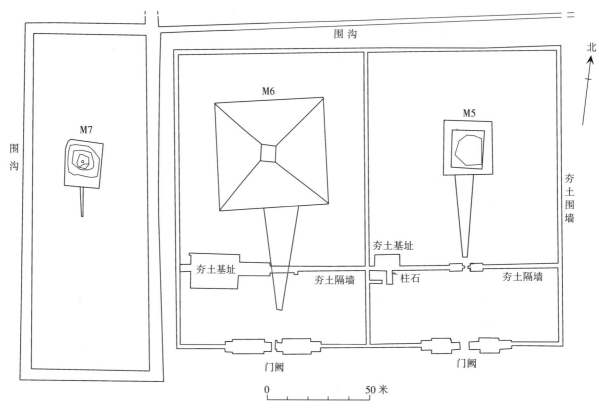

图 6－5　祔葬墓 M5～M7 墓园平面分布图

墓园南墙正中辟有一门，并夯筑"两出"门阙，现存阙台基址通长 46.5、宽约 4.2～7.3 米。门阙基址夯土距地表深 0.7、夯土残高 0.4～0.6 米。夯土呈黄褐色，土质坚硬，夯层清晰，厚约 0.08 米。门阙在修建时开挖有基槽，深度约 0.4 米。门道位于门阙中部，宽约 1.8 米。

2. 封土与墓葬形制

封土位于墓园北部，呈覆斗形，底部边长 50.0～53.0、顶部边长 7.5、高 15.0 米（图版一七，1）。顶部中心点 GPS 坐标为：北纬 34°22′42″，东经 108°41′04″，海拔 487.0 米。

墓葬形制为甲字形，墓道位于墓葬南侧，方向 176°。墓道开口于黑垆土层，距地表深 1.0 米，封土外暴露部分平面呈梯形，长 49.0、南端宽 2.7、与封土相交处宽 17.0 米。墓道底部呈斜坡状，南端距地表深 1.0、与封土相交处深 14.8 米。墓道内填五花夯土，土质坚硬，夯层厚约 0.2～0.3 米，填土内包含大量红土及礓石。墓道底部有一层坚硬的踩踏面，厚约 0.1 米。由于封土堆积太厚，墓室无法勘探，结构不详。

3. 园内建筑

墓园南部夯筑一道隔墙，其中部正对墓道位置夯土加宽，其西侧连接有一座夯土基址，平面形制呈凸字形，东西长 38.6、宽 6.4～16.0 米，夯土距地表深 0.8、残存厚 0.4 米。夯土呈黄褐色，土质坚硬，夯层清晰，夯层厚 0.08～0.1 米。夯土基址周边分布大量瓦片堆积。

七、祔葬墓 M7

1. 围沟

墓葬周围以围沟环绕，形成墓园（见图 6－5）。围沟平面呈南北长方形，长 166.0、宽 64.7～69.3、沟宽 4.0～7.0、深 4.5～5.5 米，围沟内填土呈黑褐色，土质较松软，土中包含灰屑、红烧土屑及少量瓦片，沟底有明显的淤土层。

2. 封土与墓葬形制

墓葬位于墓园偏北部，现存封土呈圆丘状，底部略呈南北长方形，长 21.4、宽 18.0、高约 7.0 米（图版一七，2）。顶部中心点 GPS 坐标为：北纬 34°22′41″，东经 108°41′00″，海拔 480.0 米。

M7 为甲字形墓，墓道位于墓葬南侧，方向 178°。墓道开口于黑垆土层，距地表深 1.0 米。墓道暴露在封土外部分平面呈梯形，长 13.8、南端宽 0.8、与封土相交处宽 1.6 米。墓道底部呈斜坡状，南端距地表深 1.0、与封土相交处深 8.5 米。墓道内填五花土，土质较松软，墓道底部有一层较硬的踩踏面，厚约 0.02 米。由于封土堆积太厚，墓室无法勘探，结构不详。

八、祔葬墓 M8

祔葬墓区南起第三排有东西向并列的四座墓葬，M8 是东端第一座墓葬。

1. 园墙与门阙

M8 四周围绕夯墙形成墓园，平面呈南北长方形，南北长 92.3、东西宽 57.8、夯墙厚 2.0 米（图 6－6）。

园墙南墙正中与墓道相对的位置发现有门阙建筑，从现存基址来看，其形制为两出阙，东西长 28.0、南北宽 4.0～5.6 米，门阙夯基址距地表深 0.6、夯土残高 0.45 米。夯土呈黄褐色，土质坚硬，夯层清晰，厚约 0.08 米。门阙修建时开挖基槽，深约 0.4 米。门道在门阙中部，宽约 1.9 米。

2. 封土与墓葬形制

墓葬位于墓园偏北位置。封土基本被平毁，残存范围约 35.0 米见方，为红褐色五花夯土，距地表深 0.8～1.0、残存高度 0.4～0.6 米。

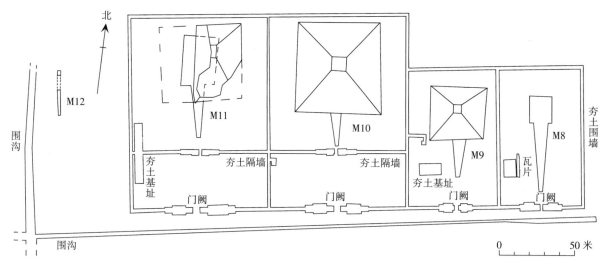

图 6 - 6　祔葬墓 M8 ~ M12 墓园平面分布图

墓葬形制为甲字形，墓室平面呈南北长方形，长 17.3、宽 14.6、深 7.7 米。墓室填土为红褐色五花夯土，土质坚硬，夯层清晰，厚 0.2 ~ 0.3 米。墓室底部勘探发现有灰砖（图 6 - 7）。

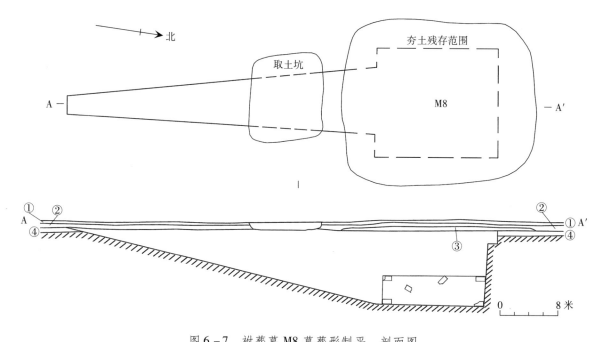

图 6 - 7　祔葬墓 M8 墓葬形制平、剖面图

墓室中心点 GPS 坐标：北纬 34°22′42″，东经 108°41′16″，海拔 487.0 米。

墓道位于墓葬南侧，方向 173°，墓道开口于黑垆土层，距地表深 1.0 ~ 1.5 米。墓道平面呈梯形，长 44.2、宽 2.3 ~ 9.5 米。其底部呈斜坡状，深 1.0 ~ 11.3 米。墓道内填五花夯土，土质坚硬，包含大量红土及礓石，夯层厚度 0.2 ~ 0.3 米。墓道底部有一层坚硬的踩踏面，厚约 0.1 米。

3. 园内建筑

在墓园偏西南处发现一座夯土基址，平面呈南北向长方形，南北长约 11.4、东西宽约 8.2、夯土距地表深 0.8、残高 0.2 米。该基址没有下挖基槽，直接夯筑在黑垆土上。夯土呈黄褐色，土质坚硬，夯层厚约 0.08 米。夯土台基东侧发现有南北长条状的瓦片堆积，距地表深 1.0 米左右。

九、祔葬墓 M9

M9 是祔葬墓区南起第三排东起第二座墓葬，位于 M8 之西。

1. 园墙与门阙

墓葬四周以夯墙围成墓园，平面呈南北长方形，南北长 92、东西宽 62.2、夯墙厚 2.0 米（见图 6-6）。

墓园南墙正中与墓道相对位置发现有门阙建筑，从现存阙台基址来看，形制为两出阙，通长 22.3、宽 4.2~5.5 米。门阙基址夯土距地表深 0.6、夯土残高 0.4 米。夯土呈黄褐色，土质坚硬，夯层清晰，厚约 0.08 米。门阙在修建时开挖基槽，深度约 0.4 米。门道位于门阙中部，宽约 2.7 米。

2. 封土与墓葬形制

墓葬位于墓园偏北位置，封土呈覆斗形，底部边长 33~36、顶部边长 5.4、高 8 米（图版一八；图版一九，1）。顶部中心点坐标为：北纬 34°22′47″，东经 108°41′12″，海拔 481.0 米。

墓葬形制为甲字形，墓道位于封土南侧，方向 173°。墓道开口于黑垆土层，距地表深 1 米。墓道封土外暴露部分平面呈梯形，长约 24.1、南端宽 2.6、与封土相交处宽 9.0 米。墓道底部呈斜坡状，南端距地表深 1.0、与封土相交处深 8.5 米。墓道内填五花夯土，土质坚硬，夯层厚度约 0.2~0.3 米，填土内包含大量红土及礓石。墓道底部有一层坚硬的踩踏面，厚度约 0.1 米。由于封土堆积太厚，墓室无法勘探，结构不详。

3. 园内建筑

墓道南端西侧发现夯土基址一处，平面呈东西长方形，长 14.7、宽 7.3、夯土距地表深 0.8、残高 0.2 米。该基址夯筑于黑垆土之上，未开挖基槽。夯土呈黄褐色，土质坚硬，夯层厚约 0.08 米。其周边有少量瓦片堆积，距地表深约 1.0 米。

另外，在夯土基址北侧发现一处夯墙，从西墙向东延伸，至封土西南角附近向南拐，其东西向墙体长 11.6、南北向墙体长 5.0、墙厚 1.9 米。墙体夯土距地表深 1.0 米，土色黄褐，土质坚硬。根据勘探，夯墙下挖基槽，深度 0.1~0.2 米。夯墙附近现地表散落有大量汉代瓦片，地表下 1.0 米深处也发现有瓦片堆积。

十、祔葬墓 M10

该墓为祔葬墓区南起第三排东起第三座墓葬，在 M9 之西。

1. 园墙与门阙

封土四周以夯墙围成墓园（见图 6-6）。墓园平面呈南北长方形，长 126.5、宽 94.3、夯墙厚 2.0 米。墓园南部有一道东西向隔墙，将墓园分为南、北两部分。南部东西长 94.3、南北宽 37.2 米；

北部东西长 94.3、南北宽 89.2 米。隔墙中部正对墓道处设置有门，并有门阙遗址。从现存的门阙夯土基址来看，其形制应为两出阙，通长 27.4、宽 3.2～4.2 米。门道位于门阙中部，宽约 2.2 米。门道内距地表深 1.0 米处发现踩踏面，其下为黑垆土。

墓园南墙正中辟有一门，并筑有门阙，形制为两出阙。现存阙台基址通长 42.0、宽 3.5～6.4 米。该基址距地表深 0.6、夯土残高 0.5 米。夯土呈黄褐色，土质坚硬，夯层清晰，厚约 0.08 米。门道位于门阙中部，宽 4.4 米。

2. 封土与墓葬形制

墓葬位于墓园北部，现存封土呈覆斗形，底部边长 54.0～59.0、顶部边长 8.8～10.0、高 13.5 米（图版一八；图版一九，2）。顶部中心点坐标为：北纬 34°22′48″，东经 108°41′09″，海拔 488.0 米。

M10 为甲字形墓，墓道位于墓葬南侧，方向 171°，墓道开口于黑垆土层，距地表深 1.0 米，墓道暴露在封土外部分平面呈梯形，长 21.2、南端宽 2.0、与封土相交处宽 7.2 米。墓道底部呈斜坡状，南端距地表深 1.0、与封土相交处深 7.5 米。墓道内填五花夯土，土质坚硬，夯层厚约 0.2～0.3 米，填土内包含大量红土及礓石。墓道底部有一层坚硬的踩踏面，厚度约 0.1 米。由于封土堆积太厚，墓室无法勘探，结构不详。

3. 园内建筑

在墓园南半部西北角有一处夯土基址，平面呈曲尺形，西端与墓园西墙相连。该基址南北长 4.7、东西宽 3.0～3.9 米。基址夯土距地表深 0.8、残存厚度 0.2 米。夯土呈黄褐色，土质坚硬。夯土基址周边有瓦片堆积，距地表深约 1.0 米。

十一、祔葬墓 M11

该墓为祔葬墓区南起第三排自东向西第四座墓葬，在 M10 的西侧。

1. 园墙与门阙

封土四周以夯墙围成墓园（见图 6-6）。墓园平面呈南北长方形，南北长 127.3、宽 94.3、夯墙厚 2.0 米。墓园南部有一道东西向夯墙，将墓园分隔为南、北两部分。南部东西长 94.3、南北宽 38.0、北部东西长 94.3、南北宽 89.3 米。隔墙中部与墓道相对位置有门阙遗址，根据残存的夯土阙台基址来看，其形制应为两出阙。阙台基址通长 25.8、宽 3.2～3.7 米。门道位于门阙中部，宽 2.0 米。门道内距地表 1.0 米处发现踩踏面，其下为黑垆土。

墓园南墙正中辟有一门，并夯筑"两出"门阙。现存阙台基址通长 47.5、宽 3.7～6.5 米。该基址距地表深 0.7、夯土残高 0.4 米。夯土呈黄褐色，土质坚硬，夯层清晰，厚约 0.08 米。门道位于门阙中部，宽约 4.6 米。

2. 封土与墓葬形制

墓葬位于墓园北半部，封土近年遭到人为破坏，西半部已被削平，仅余东半部。封土残存部分底部南北长 50.0、东西宽 31.0、高 12.0 米（图版一八；图版一九，3）。顶部中心点 GPS 坐标为：北纬 34°22′48″，东经 108°41′05″，海拔 488.0 米。

M11 为甲字形墓。封土西部被削平，因而得以钻探。墓室西部南北长 32.4、东西宽 8.7、深 9.0 米。墓室长度、深度基本可以确定，但墓室应该更宽一些。

墓道位于墓室南侧，方向 171°，平面呈梯形。墓道开口于黑垆土层，距地表深 1.0 米。墓道长 33.5、南端宽 2.5、与墓室相交处宽 9.4 米。墓道底部呈斜坡状，南端距地表深 1.0、与墓室相交处深 13.2 米。墓道内填五花夯土，土质坚硬，夯层厚约 0.2 ~ 0.3 米，填土内包含大量红土及礓石。墓道底部有一层坚硬的踩踏面，厚约 0.1 米。

3. 园内建筑

隔墙西端连接一座夯土基址，其平面为南北长方形，南北长 38.7、东西宽 5.7 米。该基址距地表深 0.7、残存厚度 0.3 米。夯土呈黄褐色，土质坚硬。根据勘探情况来看，该基址夯筑于黑垆土上，未开挖基槽。在其周围距地表深 1.0 米处有瓦片堆积。

十二、袝葬墓 M12

位于袝葬墓区南起第三排最西端，东邻袝葬墓 M11（见图 6 - 6）。

1. 围沟

该墓葬西侧、南侧有围沟。西侧围沟为袝葬墓 M7 东围沟向北延伸形成，东距墓葬 14.0 米，呈南北向，勘探长度 100.0、宽 4.0 ~ 6.0、深 2.0 ~ 3.0 米。沟内填土呈黑褐色，土质较软，土中包含灰屑及少量瓦片。南侧围沟为 M7 北围沟向东延伸形成，经过 M8 ~ M11 墓园南侧，一直延伸至 11 号建筑西侧。

2. 封土与墓葬形制

M12 现地表已无封土遗迹。墓葬形制呈甲字形，墓葬由墓道、过洞、天井、墓室组成。墓道位于过洞南侧，平面呈梯形，方向 171°，南北长 16.2、宽 1.5 ~ 2.1、深 0.6 ~ 5.4 米。墓道底部呈斜坡状，其内填五花土，土质较硬。过洞位于墓道与天井之间，水平长度为 10.0 米，底部呈斜坡状，洞高约 1.6 米。洞内填土为五花土、淤土。天井南北长 3.0、东西宽 2.0 米，勘探至地下 7.2 米处发现有灰砖。墓室因村民干扰，未勘探，情况不详。

第二节　陵园北部袝葬墓

一、袝葬墓 M13

位于袝葬墓区南起第四排最东端（图 6 - 8），东距帝陵北神道 70.0、北距延陵陵园北墙 105.0

米。墓葬四周没有发现园墙或围沟。

墓葬封土呈圆丘形（图版二〇；图版二一，1），底部东西31.0、南北26.8、高5.0米。顶部中心点GPS坐标：北纬34°22′59″，东经108°41′42″，海拔477.0米。

墓葬形制为甲字形，墓道位于封土南侧，方向173°，开口于黑垆土层，距地表深1.0米。墓道封土外暴露部分平面呈梯形，南北长15.0、宽2.5~4.0、深约1.0~4.8米。墓道内填五花粗夯土，土质较硬。由于封土堆积太厚，墓室无法勘探，结构不详。

二、祔葬墓 M14

该墓为祔葬墓区南起第四排东起第二座墓葬，东距M13约50.0米。墓葬四周没有发现园墙或围沟（见图6-8）。

墓葬封土呈覆斗形（图版二〇；图版二一，2），底部东西21.0~23.8、南北24.6、顶部东西11.0、南北10.0、高5.1米。封土顶部中心点GPS坐标：北纬34°22′59″，东经108°41′39″，海拔477.0米。

墓葬形制为甲字形，墓道位于封土南侧，方向172°，开口于黑垆土层，距地表深1.0米。墓道封土外暴露部分平面呈梯形，长18.7、宽约1.2~2.0、深1~7.5.0米。墓道内填土为黄褐色五花土，土质较软。由于封土堆积太厚，墓室勘探困难，结构不明。

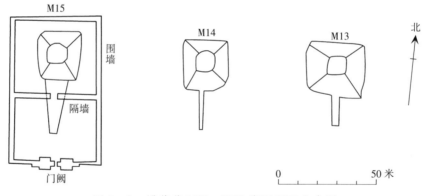

图6-8　祔葬墓 M13~M15 墓园平面分布图

三、祔葬墓 M15

该墓为祔葬墓区南起第四排东起第三座墓葬，东距M14约75.0米（见图6-8）。

1. 围墙与门阙

墓葬周围筑夯土园墙，形成墓园。其平面呈南北长方形，长72.6、宽46.7~47.1、夯墙厚2.0米。墓园中部有一道东西向夯墙，将墓园分隔为南、北两部分。南半部东西长47.1、南北宽34.8米；北半部东西长46.7、南北宽37.8米。隔墙夯筑，墙厚2.0米。其正中位置设有一门，门道宽3.3米。门道两侧隔墙向南加宽0.6米，或为门址，通长16.7、宽约2.6米。

墓园南墙中部发现有夯筑的门阙建筑遗址，形制为两出阙，通长23.8、宽2.5～5.3、门道宽1.7米。

根据勘探情况来看，墓园围墙及门阙基址距地表深0.7～1.0、夯土残高0.3～0.6米，夯土呈黄褐色。土质细密坚硬，夯层清晰，厚约0.1米。墓园夯墙及门阙基址均在开挖的基槽上修建，深0.2～0.3米。

2. 封土与墓葬形制

M15封土呈圆形，顶部浑圆，底部直径约23.0、高约6.0米。

墓葬为甲字形墓，墓道位于封土南侧，方向176°，开口于黑垆土层，距地表深1.0米。墓道暴露在封土外的部分平面呈梯形，长26.3、南端宽2.9、与封土相交处宽11.0、深1.0～8.3米。墓道内填土为五花粗夯土，土质较硬，土中包含有礓石粒（图版二〇；图版二一，3）。

四、祔葬墓 M16

该墓（图6－9）为祔葬墓区南起第四排东起第四座墓葬，位于11、12号遗址东北。

1. 围沟

墓葬东、北、西三面有围沟，南侧未发现。围沟开口于黑垆土层，距地表深约1.0米。东围沟长164.7、北围沟长47.5、西围沟长155.2米，围沟宽1.7～4.0、深2.0～3.0米。围沟内填土呈红褐色，土质较硬，土中包含礓石颗粒。

2. 封土与墓葬形制

该墓无封土，墓葬形制呈甲字形，墓道位于墓室南侧，方向172°，由墓道、墓室两部分组成，通长41.0米。

墓室平面呈南北长方形，长24.8、宽14.3米，墓室中部勘探深度为13.0米（未到底）。墓室北侧发现坑穴1座，平面呈东西长方形，东西长约15.0、宽约3.0、深3.2米。坑内填以五花土，土质较松软，纯净，底部无包含物。

墓道平面呈梯形，开口于黑垆土层，距地表深1.0米。墓道长16.8、南端宽3.0、与墓室相交处宽3.9、深1.0～6.5米。墓道内填土为五花粗夯土，土质较硬。

五、祔葬墓 M17

该墓（见图6－9）为祔葬墓区南起第四排东起第五座墓葬，在M8正北。

1. 围沟

该墓葬周围有围沟环绕，形成墓园。围沟开口于黑垆土层，距地表深0.6～1.0米。围沟平面呈南北向长方形，长156.0、宽82.0～92.6米。西侧围沟南部留有缺口，宽17.0米。围沟宽2.0～4.4、深2.0～3.0米。沟内填土呈黑褐色，土质松软，土中包含灰屑、红烧土屑及少量瓦砾。

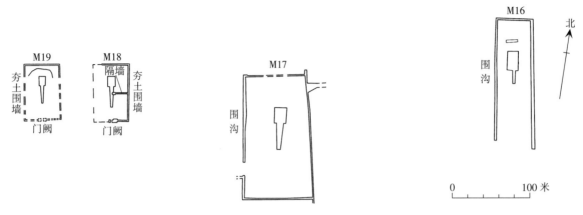

图 6-9　袝葬墓 M16~M19 墓园平面分布图

2. 墓葬形制

墓葬位于墓园中部偏北，现地表已无封土。

墓葬形制为甲字形，由墓道、墓室组成，通长 53.0 米。墓室平面呈南北长方形，长 20.0、宽 15.0~16.3、深 10.5 米，底部发现有灰砖。据当地村民介绍，20 世纪 70 年代，咸阳市的文物机构曾发掘过该墓，是一座大型积沙砖室墓。

墓道位于墓室南侧，方向 174°，平面呈梯形，南北长 33.6、宽 4.7~9.5 米，墓道底部呈斜坡状，深 1.0~11.0 米。墓道内填五花粗夯土，土色黄褐，土质较硬。

六、袝葬墓 M18

该墓（见图 6-9）是袝葬墓区南起第四排东起第六座墓葬。

1. 园墙与门阙

墓葬周围以夯墙围成墓园。由于遭到现代人为破坏，墓园西墙和南墙西半部已消失，其余夯墙基础尚存。墓园平面呈南北长方形，长 73.3、残宽 25.0~35.0 米，复原宽度 47.0 米，夯墙厚 1.5~2.0 米。墓园中部有一道东西向隔墙（西半部因破坏无存），将墓园分为南、北两部分。南半部东西（复原）长 47.0、南北宽 34.5 米；北半部东西（复原）长 47.0、南北宽 36.5 米。隔墙因遭破坏，现仅存东半部，残长 21.7、墙宽 1.5 米。隔墙在接近墓道位置明显加宽，加宽部分长 4.0、宽 3.2 米，应为门址的东半部分。由于门址西半部分被完全破坏，门道宽度不详（图 6-10）。

墓园南墙中部设有一门，门道两侧现存夯土阙台基址，原来应有门阙建筑。该基址残长 10.5、宽 3.3~4.3、门道宽 2.1 米。

根据勘探情况来看，墓园围墙、隔墙及门阙修建时均挖有基槽，深度 0.1~0.2 米。基槽开口于黑垆土层，距地表深 0.8~1.0 米。

2. 封土与墓葬形制

墓葬位于墓园北半部，封土在现代平整土地时遭破坏，地面已无任何遗迹。

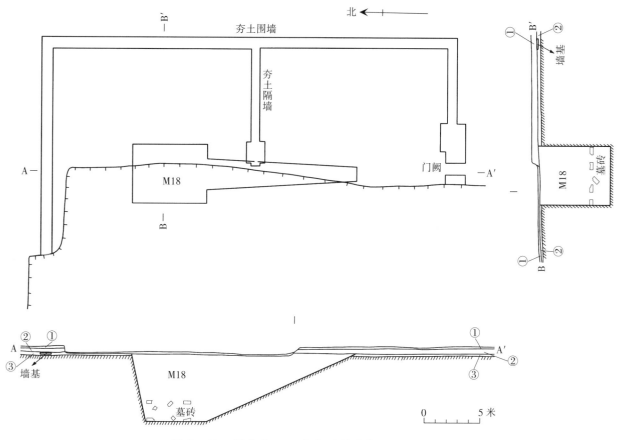

图 6 - 10　祔葬墓 M18 墓葬形制及墓园平、剖面图

墓葬形制为甲字形，坐北面南，墓道位于墓室南侧，方向 170°。墓葬全长 38.9 米。墓室平面南北长方形，长 12.9、宽 9.5～10.0、深 11.4 米。勘探至 8.0 米深处发现灰砖，据此分析墓室高度可能为 3.5 米。墓室中心点 GPS 坐标：北纬 34°22′48″，东经 108°41′05″，海拔 475.0 米。

墓道平面呈梯形，底部呈斜坡状，南北长 26.0、宽 2.3～5.4、深 1.2～12.6 米。墓道内填土为五花粗夯土，土质较硬，包含少量礓石。

七、祔葬墓 M19

位于祔葬墓区南起第四排最西端（见图 6 - 9）。

1. 园墙

墓葬北及东北、西北侧现存夯土墙基，南部遭到破坏已无任何遗迹。推测该墓原应有夯土墙围成的墓园。墓园残存部分南北 13.8～17.0、东西 46.0、夯墙厚 1.4～1.8 米。根据 M18 墓园的长度推测，其长度应为 70.0～73.0 米左右。墓园墙基夯土距地表深 1.0、残高 0.5 米。夯土呈黑褐色，土质坚硬，夯层清晰，厚度 0.08 米左右。墙基下挖有基槽，深度约 0.5 米。基槽开口于黑垆土层，距地表深 1.0 米。

2. 封土与墓葬形制

墓葬封土因遭到破坏，已基本无存。现墓室北部地形略高于周围地表，推断可能为该墓葬的封土残存。

墓葬形制呈甲字形，由墓道、墓室组成。墓室居北，墓道位南，方向169°。墓室平面呈南北长方形，长11.8、宽7.7~8.3、深11.2米。其中部探至9.0米深处发现灰砖，据此判断，墓室高度应为2.2米左右。墓室中心点位置GPS坐标：北纬34°22′48″，东经108°41′10″，海拔475.0米。

墓道平面呈梯形，底部为斜坡状，南北长22.0、宽1.6~4.5、距地表深1.0~11.2米。墓道内填土为五花粗夯土，土质较硬，包含少量礓石。

第七章　外藏坑

延陵陵园内共发现外藏坑和疑似外藏坑23座，其中帝陵陵园分布3座，延陵陵园分布17座，1号建筑遗址内分布1座，3号建筑遗址内分布2座。遗址内的外藏坑均在各自章节中介绍，此不赘述。现将帝陵陵园、延陵陵园分布的外藏坑介绍如下。

第一节　帝陵陵园外藏坑

帝陵园内共发现外藏坑3座，其中2座分布在封土东侧，1座分布在封土北侧，编号为YDK1~YDK3。

1. YDK1

位于帝陵东墓道与东门阙中轴线南约24米处，由斜坡道和坑体两部分组成，方向264°。通长37.5、宽1.5~5.0、距地表深约11.2~12.6米（图7-1）。斜坡道位于坑体西端，平面为梯形，长12.8、宽1.5（西）~3.5（东）、深约0~9.2米。坡道内填土为五花夯土，土质较硬，包含红褐色土块和礓石。坑体平面呈长方形，东西长约24.7、宽约5.0、深7.7~9.2米，坑内距地表约5.0~5.6米发现淤土层（YDK1②层），内夹杂木炭和红烧土。该坑开口于晚期堆积层下，打破陵园垫土层、黑垆土层和生土，开口距地表深1.2~1.5米。由此分析，外藏坑应为陵园建成后修建的。以YDK1剖面为例介绍地层情况：

第①层，耕土层，厚0.4~0.6米，土色灰褐，土质松软，包含有大量植物根系等。

第②层，晚期堆积层，距地表深0.4~0.6、厚0.6~1米，土色浅黄褐，土质较软，包含有少量草木灰及瓦片等。

第③层，垫土层，距地表深约1~1.6、厚8.4~10.2米，土色黄褐，土质较硬，较为纯净。该层是修建陵园时为了提高陵园内垫土形成。

第④层，黑垆土层，距地表深约9.5~11、厚0.6~0.9米，土色黑褐，土质较硬，包含物较少。

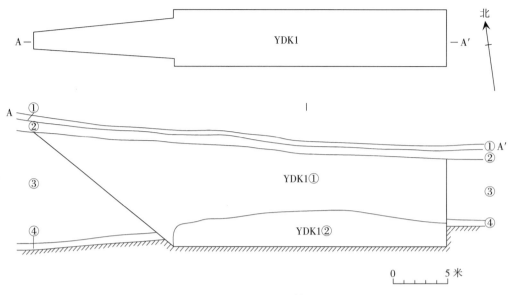

图 7 - 1　YDK1 平、剖面图

④层以下为浅黄色生土。YDK1 开口于②层下，打破③、④层及生土层。距地表深约 0.8～1.2 米。此坑应是在陵园地面平整完成后修建的。

2. YDK2

位于帝陵东墓道与东门阙中轴线北约 15.0 米处，由斜坡道和坑体两部分组成，方向 265°。该坑通长 35.4、宽 2.2～5.3、距地表深 11.2～12.3 米（图 7 - 2）。斜坡道位于坑体西端，平面为梯形，长 13.2、宽 2.2（西）～3.8（东）、深约 0～4.4 米。坡道内填土为五花夯土，土质较硬，包含红褐色土块和礓石。坑体平面呈长方形，东西长约 22.2、宽约 5.3、深 4.4 米，坑内深约 3.0 米处发现板灰和淤土（YDK2②层），土样中有少量红色漆皮。该坑开口于陵园垫土层下，打破早期坑 K2、黑垆土层及生土，开口距地表深 6.4（东）～10.4（西）米。由此分析，其修建时间较早。该坑地层关系如下：

第①层，耕土层，厚 0.2～0.3 米，土色灰褐，土质松软，包含有大量植物根系等。

第②层，晚期堆积层，距地表深 0.2～0.3、厚 0.3～0.5 米，土色浅黄褐，土质较软，包含有少量草木灰及瓦片等。

第③层，垫土层，距地表深约 0.5～0.8、厚 5～7.5 米，土色黄褐，土质较硬，较为纯净。该层是修建陵园时为了提高陵园内地面高度垫土形成的。

第④层，踩踏层，距地表深 5.5～8.5、厚 0.1～0.2 米，土色黑褐，土质坚硬，包含有沙粒、草木灰、瓦砾等。该层为陵园初建时踩踏形成。

第⑤层，黑垆土层，距地表深约 5.6～8.8、厚 0.9～1.0 米，土色黑褐，土质较硬，包含物较少。

⑤层下为浅黄色生土。YDK2 开口于④层下，打破⑤层及生土，开口在垫土层之下，距地表深 5.8～8.7 米，由此分析，该坑应为陵园垫土前修建的。

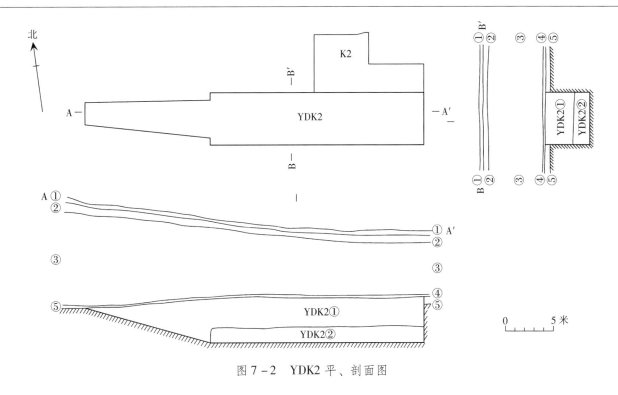

图 7 - 2　YDK2 平、剖面图

3. YDK3

位于帝陵北墓道与北门阙中轴线东约 38.0 米处，由斜坡道和坑体两部分组成，通长约 30.0、宽约 1.6~5.0、深 1.2~9.5 米（图 7 - 3）。整体形状呈刀形，方向 172°。斜坡道位于坑体南端，平面为梯形，长 17.4、宽约 1.5（南）~3.4（北）、深约 0~8.9 米。坡道内填土为五花夯土，土质较硬，包含有较多踩踏块。坑体平面呈长方形，南北长约 12.6、宽约 5.0、深 8.2~8.9 米。坑内约 7.5~7.9 米深出现板灰、红色漆皮，下为淤土（YDK3②层），8.1~8.8 米再次出现板灰，8.2~8.9 米为浅黄色生土。该坑开口于②层下，打破③、④、⑤层和生土，开口距地表深 1.1~1.2 米。由此分析，外藏坑应为陵园建成后修建的。

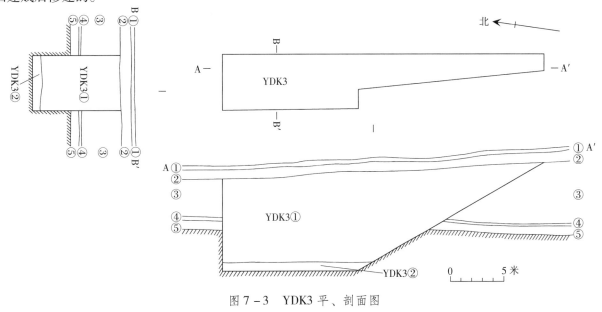

图 7 - 3　YDK3 平、剖面图

YDK3 地层关系:

第①层,耕土层,厚 0.3 ~ 0.5 米,土色灰褐,土质松软,包含有大量植物根系等。

第②层,晚期堆积层,距地表深 0.3 ~ 0.5、厚 0.7 ~ 0.9 米,土色浅黄褐,土质较软,包含有少量草木灰及瓦片等。

第③层,垫土层,距地表深约 1.1 ~ 1.3、厚约 3.3 ~ 5.6 米,土色黄褐,土质较硬,较为纯净。该层是修建陵园时为了提高陵园内地面高度垫土形成的。

第④层,踩踏层,距地表深 4.5 ~ 6.8、厚约 0.2 ~ 0.3 米,土色黑褐,土质坚硬,包含有沙粒、草木灰、瓦砾等。该层为陵园初建时踩踏形成。

第⑤层,黑垆土层,距地表深约 4.5 ~ 7.1、厚 0.5 ~ 0.9 米,土色黑褐,土质较硬,包含物较少。⑤层下为浅黄色生土。

YDK3 开口于②层下,打破③、④、⑤层及生土,开口距地表深 1.1 米,由此分析,应为陵园建成后修建的。

第二节　延陵陵园外藏坑

延陵陵园外藏坑主要分布于帝陵陵园周围,其中南侧 1 座,西侧 5 座,东侧 11 座,编号 YWK 1 ~ 17。南侧外藏坑为南北向,西侧、东侧外藏坑为东西向。除 YWK8 外,其余外藏坑均由斜坡道和坑体两部分组成,斜坡道全部位于靠近帝陵陵园一端(见图 2 - 3)。斜坡道长 11.0 ~ 27.9、宽 1.0 ~ 3.9、距地表深 1.0 ~ 8.4 米;坑体长 3.4 ~ 65.5、宽 2.6 ~ 7.0、深 7.0 ~ 8.4 米。

1. YWK1

位于帝陵南神道东侧,北距帝陵南门阙遗址 31.0 米。平面呈刀形,由斜坡道和坑体两部分组成,坡道朝向帝陵陵园(图 7 - 4)。通长 41.7、宽约 1.2 ~ 4.6、距地表深约 1.2 ~ 7.0 米。坑内填土为黄褐色五花土,土质较硬,略经夯打,夯层厚约 0.3 米。

坡道　位于坑体北端,平面呈直角梯形,西壁与坑体西壁连为一条直线,底部为斜坡状。长 12.7、宽约 1.2(北)~ 3.2(南)、距地表深 1.2 ~ 7.0 米。

坑体　平面呈南北向长方形,竖穴状,长约 29.0、宽约 4.6、距地表深约 7.0 米。距地表深约 6.0 米处出现板灰,下为淤土,6.4 米处发现有红漆皮和板灰(YWK1②层),7.0 米处出现生土。

地层关系:

该坑所处位置地貌呈北高南低台地状,坡道北半部分位于北部较高台地上,坑体位于南部较低台地,台地高差约 1.3 米。根据勘探后地层分析,北部台地保持了原有地貌,南部原始地表则被破坏。

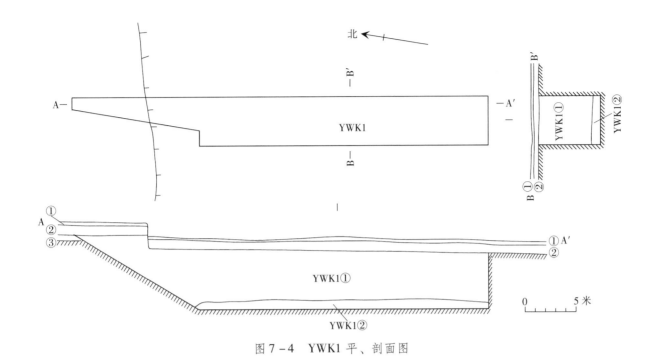

图 7-4 YWK1 平、剖面图

第①层，耕土层，厚0.2~0.4米，土色灰褐，土质松软，包含有大量植物根系及少量瓦砾等。

第②层，晚期堆积层，距地表深0.2~0.4、厚0.7~1.0米，土色浅黄褐，土质较软，包含有少量草木灰、红烧土及瓦片等。

第③层，黑垆土层，距地表深约1.2、厚0.5~0.7米，土色深褐，土质较硬，包含物较少。该层在 YWK1 坡道处有所保存，坑体处已被破坏。

第③层，层下为浅黄色生土。

YWK1 开口于②层下，打破③层和生土。开口距地表深1.2米。

2. YWK2

位于帝陵西神道南侧，东距帝陵陵园西墙39.0米。平面呈甲字形，由斜坡道和坑体两部分组成，坡道朝向帝陵陵园。通长29.5、宽约1.4~5.2、距地表深约1.2~8.0米。坑内填土为黄褐色五花土，土质较硬，略经夯打，夯层厚约0.3米。

坡道 位于坑体东端，平面呈梯形，底部为斜坡状。长13.0、宽约1.3（东）~2.2（西）、距地表深约1.2~8.0米。

坑体 平面呈东西向长方形，竖穴状，长约16.5、宽约5.2、距地表深约8.0米。深约7.5米处出现板灰，下为淤土，8.0米深处再次出现板灰，其下为生土。

地层关系：

第①层，耕土层，厚0.3米，土色灰褐，土质松软，包含有大量植物根系及瓦砾等。

第②层，晚期堆积层，距地表深0.3、厚1.1米，土色浅黄，土质较软，包含有少量草木灰、红烧土屑及瓦片等。

第③层，踩踏层，距地表深约1.4、厚0.1米，土色灰褐，土质坚硬，呈层状，踩踏面上有一层沙石粒。该层为陵园建成后的活动地面。

第④层，垫土层，距地表深1.5、厚1.2～1.5米，土色黄褐，土质较硬，略经夯打，包含物较少。该层由西向东逐渐变厚，直至陵园西墙。

第⑤层，黑垆土层，距地表深2.7～3.0、厚0.5米，土色黑褐，土质较硬，包含物较少。

⑤层下为浅黄色生土。

YWK2开口于②层下，打破③、④、⑤层和生土。

3. YWK3

位于帝陵西神道南侧，南邻YWK2，东距帝陵陵园西墙38.0米。平面呈甲字形，由斜坡道和坑体两部分组成，坡道朝向帝陵陵园（图7-5）。通长20.7、宽约1.1～5.0、距地表深约1.0～8.4米。坑内填土为黄褐色五花土，土质较硬，略经夯打，夯层厚约0.3米。

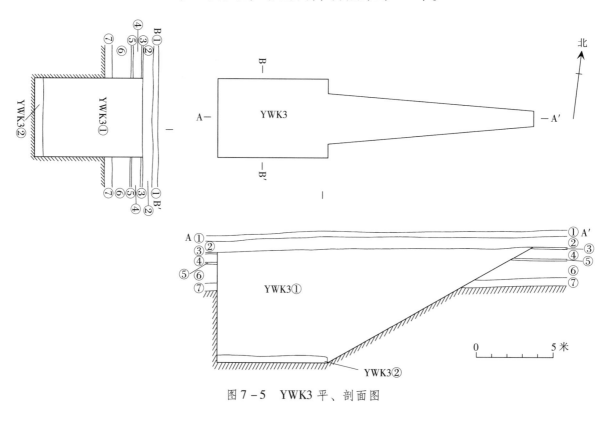

图7-5　YWK3平、剖面图

坡道　位于坑体东端，平面呈梯形，底部为斜坡状。长13.4、宽约1.1（东）～3.2（西）、距地表深约1.0～8.4米。

坑体　平面呈东西向长方形，竖穴状，长约7.3、宽5.0、距地表深约8.4米。深约7.6～7.9米发现上层板灰，下为淤土，8.2米出现红漆皮和下层板灰（YWK3②层），8.4米下为生土。

地层关系：

第①层，耕土层，厚0.3～0.4米，土色灰褐，土质松软，包含有大量植物根系及零星瓦砾等。

第②层，晚期堆积层，距地表深0.3~0.4、厚0.7~0.8米，土色浅黄，土质较软，包含有少量草木灰、红烧土屑及瓦片等。

第③层，踩踏层，距地表深约1.0~1.1、厚0.1米，土色黄褐，土质坚硬，呈层状。该层为陵园建成后的活动地面。

第④层，垫土层，距地表深1.1~1.2、厚0.5~0.7米，土色黄褐，土质较硬，略经夯打，包含物较少。该层由西向东逐渐变厚，直至陵园西墙。

第⑤层，踩踏层，距地表深1.7、厚0.1~1.5米，土色灰褐，土质坚硬，包含大量沙粒。该层为修建陵园时形成。

第⑥层，垫土层，距地表深1.8~2.0、厚1.0~1.2米，土色黄褐，土质较硬，略经夯打，夯层不清晰，包含物较少。

第⑦层，黑垆土层，距地表深3.0、厚约0.5米，土色黑褐，土质较硬，包含物较少。

⑦层下为浅黄色生土。

YDK3开口于②层下，打破③、④、⑤、⑥、⑦层及生土。开口距地表深1.0~1.1米。

4. YWK4

位于帝陵西神道南侧，南邻YWK3，东距帝陵陵园西门阙遗址36.0米。平面呈甲字形，由斜坡道和坑体两部分组成，坡道朝向帝陵陵园。通长19.6、宽约1.2~4.0、距地表深约1.0~8.0米。坑内填土为黄褐色五花土，土质较硬，略经夯打，夯层厚约0.3米。

坡道　位于坑体东端，平面呈梯形，底部为斜坡状。长12.6、宽约1.0（东）~2.0（西）、距地表深约1.2~8.0米。

坑体　平面呈东西向长方形，竖穴状，长约7.0、宽约4.0、距地表深约8.0米。深约7.5米处见板灰，下为淤土，8.0米再次出现板灰，下为生土。

地层关系：

第①层，耕土层，厚0.3米，土色灰褐，土质松软，包含有大量植物根系及瓦砾等。

第②层，晚期堆积层，距地表深0.3、厚0.4~1.1米，土色浅黄，土质较软，包含有少量草木灰、红烧土屑及瓦片等。

第③层，踩踏层，距地表深约0.7~1.4、厚0.1米，土色灰褐色，土质坚硬，呈层状，踩踏面上有一层沙石粒。该层为陵园建成后的活动地面。

第④层，垫土层，距地表深0.8~1.5、厚0.7~1.1米，土色黄褐，土质较硬，略经夯打，包含物少。该层由西向东逐渐变厚，直至陵园西门阙遗址。

第⑤层，黑垆土层，距地表深2.6~3.0、厚约0.5米，土色黑褐，土质较硬，包含物较少。

⑤层下为浅黄色生土。

YWK4开口于②层下，打破③、④、⑤层及生土。

5. YWK5

位于帝陵西神道南侧，南邻 YWK4，东距帝陵陵园西门阙遗址 38.0 米。平面为东西向长方形，竖穴状。通长 27.0、宽 6.0、距地表深约 0.9～8.6 米。坑内上部填土为五花粗夯土，土质较硬，土中包含少量踩踏块，底部见淤土（YWK5⑤层）。该坑北部打破早期沟 G19（图 7-6）。

地层关系：

第①层，耕土层，厚 0.2～0.4 米，土色灰褐，土质松软，包含有大量植物根系及零星瓦砾等。

第②层，晚期堆积层，距地表深 0.2～0.4、厚 0.5～1.1 米，土色浅黄，土质较软，包含有少量草木灰、红烧土屑及瓦片等。

第③层，踩踏层，距地表深约 0.9～1.2、厚 0.1～0.5 米，土色灰褐，土质坚硬，呈片层状，踩踏面上有一层沙石粒。该层为陵园建成后的活动地面。

第④层，垫土层，距地表深 1.0～1.4、厚 0.4～0.6 米，土色黄褐色，土质较硬，略经夯打，包含物较少。

第⑤层，踩踏层，距地表深 1.6～1.7、厚 0.1 米，土色灰褐，土质坚硬，包含大量沙粒。

第⑥层，垫土层，距地表深 1.8～2.0、厚 1.1～1.6 米，土色黄褐，土质较硬，略经夯打，夯层不清晰，包含物较少。该层由西向东逐渐变厚，直至陵园西门阙遗址。

第⑦层，黑垆土层，距地表深 3.0～3.4、厚约 0.5～0.6 米，土色黑褐，土质较硬，包含物较少。

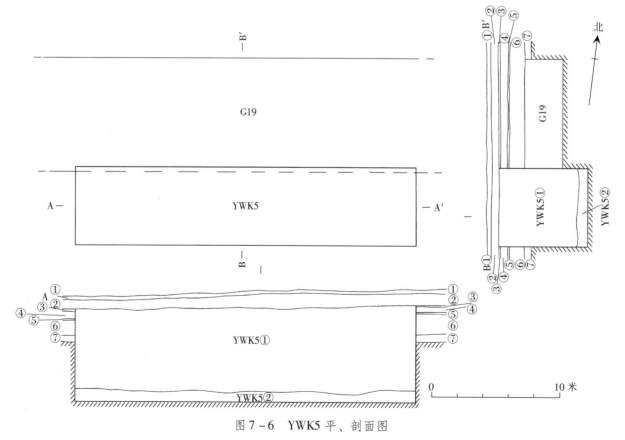

图 7-6　YWK5 平、剖面图

⑦层下为浅黄色生土。

YWK5 开口于②层下，打破③、④、⑤、⑥、⑦层及生土。开口距地表深 0.9 ~ 1.2 米。

6. YWK6

位于帝陵西神道北侧，东距帝陵陵园西门阙遗址 36.0 米。平面呈刀形，由斜坡道和坑体两部分组成，坡道朝向帝陵陵园。通长 14.2、宽约 0.9 ~ 2.6、深约 1.0 ~ 8.0 米。坑内填土为黄褐色五花土，土质较硬，略经夯打，夯层厚约 0.3 米。

坡道 位于坑体东端，平面呈直角梯形，底部为斜坡状。长 9.2、宽约 1.0（东）~ 1.8（西）、距地表深约 1.0 ~ 8.0 米。

坑体 平面呈东西向长方形，竖穴状，长 5.0、宽 2.5、距地表深 8.0 米。深约 7.5 米处发现上层板灰，下为淤土，8.0 米处发现下层板灰，下为生土。

地层关系：

第①层，耕土层，厚 0.3 米，土色灰褐，土质松软，包含有大量植物根系及瓦砾等。

第②层，晚期堆积层，距地表深 0.3、厚 0.7 米，土色浅黄，土质较软，包含有少量草木灰、红烧土屑及瓦片等。

第③层，踩踏层，距地表深 1.0、厚 0.1 米，土色灰褐，土质坚硬，呈层状，踩踏面上有一层沙石粒。该层为陵园建成后的活动地面。

第④层，垫土层，距地表深 0.8 ~ 1.1、厚 0.7 ~ 1.1 米，土色黄褐，土质较硬，略经夯打，包含物较少。该层由西向东逐渐变厚，直至陵园西门阙遗址。

第⑤层，踩踏层，距地表深 1.7、厚 0.1 米，土色灰褐，土质坚硬，包含大量沙粒。

⑥垫土层，距地表深 1.8、厚 1.2 米，土色黄褐，土质较硬，略经夯打，夯层不清晰，包含物较少。

第⑦层，黑垆土层，距地表深 3.0、厚约 0.5 米，土色黑褐，土质较硬，包含物较少。

⑦层下为浅黄色生土。

YWK6 开口于②层下，打破③、④、⑤、⑥、⑦层及生土。

7. YWK7

位于帝陵东神道南侧，西距帝陵陵园东墙 64.0 米。平面呈甲字形，由斜坡道和坑体两部分组成，坡道朝向帝陵陵园。通长 30.2、宽约 2.1 ~ 5.0、深约 1.3 ~ 7.0 米。坑内填土为黄褐色五花土，土质较硬，略经夯打，夯层厚约 0.3 米。

坡道 位于坑体西端，平面呈梯形，底部为斜坡状。长 16.5、宽约 2.2（西）~ 2.8（东）、深约 0 ~ 5.7 米。

坑体 平面呈东西向长方形，竖穴状，长约 13.7、宽约 5.0、深约 5.7 米。底部见淤土、板灰和红色漆皮遗迹。坑体西部有一条现代农灌渠穿过，对其上部造成一定程度的破坏。

地层关系：

第①层，耕土层，厚度0.3米，土色灰褐，土质松软，包含植物根系及瓦砾等。

第②层，晚期堆积层，距地表深0.3、厚度0.7（南端）~1.0（北端）米，土色浅黄，土质较软，包含草木灰、红烧土屑及少量瓦砾。

②层下为黄生土。

YWK7开口于②层下，打破黄生土层。

8. YWK8

位于帝陵东神道南侧，西距帝陵陵园东墙57.0米。平面呈甲字形，由斜坡道和坑体两部分组成，坡道朝向帝陵陵园。通长38.5、宽约1.4~6.3、深约1.3~8.0米。坑内填土为黄褐色五花土，土质较硬，略经夯打，夯层厚约0.3米。

坡道　位于坑体西端，平面呈梯形，底部为斜坡状。长27.7、宽约1.4（西）~3.8（东）、距地表深约1.3~8.0米。

坑体　平面呈东西向长方形，竖穴状，长约10.8、宽约6.3、深约7.0（东）~8.0（西）米。底部见淤土、板灰和红色漆皮等。

坑体全部被覆压在一条现代农灌渠下。

YWK8坡道处地层：

第①层，耕土层，厚度0.3米，土色灰褐，土质松软，包含植物根系及瓦砾等。

第②层，晚期堆积层，距地表深0.3、厚1.0米，土色浅黄，土质较软，包含草木灰、红烧土屑及少量瓦砾。

第②层下为黄生土。

通过地层对比分析，该坑开口于②层下，打破黄生土层，开口层距地表深1.3米。该坑周边黑垆土层早期即遭到破坏。

9. YWK9

位于帝陵东神道南侧，西距帝陵东园墙约91.0米。平面呈中字形，由2条斜坡道和坑体组成，坡道位于坑体东、西两端。通长30.4、宽约2.2~7.0、距地表深约0.8~8.8米（图7-7）。坑内填土为黄褐色五花土，土质较硬，略经夯打，夯层厚约0.3米。坑体被覆压在现代水渠下。

西坡道　位于坑体西端，平面为长方形，底部为斜坡状。长11.0、宽约2.7、深约0~8.0米。

东坡道　位于坑体东端，平面为长方形，底部为斜坡状。长4.2、宽约2.2、深约0~3.4米。东通道未通到坑底。

坑体　平面呈东西向长方形，竖穴状，长约15.2、宽约7.0、深约8.0米。底部见淤土（YWK9②层），夹杂板灰、木炭等。

YWK9地层关系：

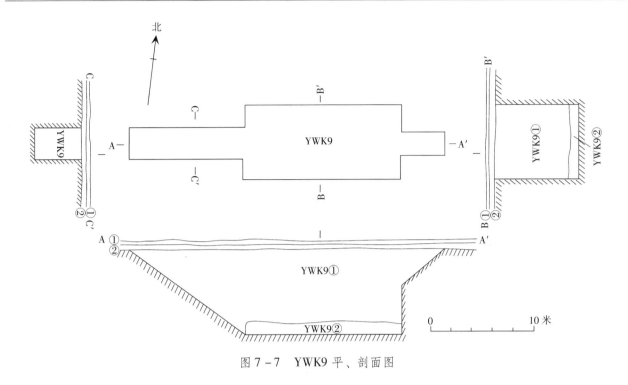

图 7 - 7　YWK9 平、剖面图

第①层，耕土层，厚 0.3 ~ 0.5 米，土色灰褐，土质松软，包含植物根系及瓦砾等。

第②层，晚期堆积层，距地表深 0.3 ~ 0.5、厚 0.3 ~ 0.7 米，土色浅黄，土质较软，土中包含草木灰、红烧土屑及少量瓦砾。

②层下为生土。

通过地层对比分析，该坑开口于②层下，打破黄生土层，开口层距地表深 0.8 米。

10. YWK10

位于帝陵东神道南侧，南邻 YWK8，西距帝陵陵园东墙 50.0 米。平面呈甲字形，由斜坡道和坑体两部分组成，坡道位于坑体西端（图 7 - 8）。通长 28.9、宽约 1.6 ~ 6.7、距地表深约 1.2 ~ 8.0 米。坑内填土为黄褐色五花土，土质较硬，略经夯打，夯层厚约 0.3 米。

坡道　位于坑体西端，平面呈梯形，底部为斜坡状。长 17.5、宽约 1.6（西）~ 2.9（东）、深约 0 ~ 6.4 米。

坑体　平面呈东西向长方形，竖穴状，长约 11.4、宽约 6.7、深约 6.5 米。底部见淤土（YWK10②层），夹杂板灰和红色漆皮等。

地层关系：

第①层，耕土层，厚 0.3 ~ 0.4 米，土色灰褐，土质松软，包含有大量植物根系及瓦砾等。

第②层，晚期堆积层，距地表深 0.2 ~ 0.4、厚 0.9 ~ 1.1 米，土色浅黄，土质较软，包含有少量草木灰、红烧土屑及瓦片等。

②层下为浅黄色生土。

根据地层关系分析，YWK10 开口于②层下，距地表深 1.2 ~ 1.4 米，打破生土。

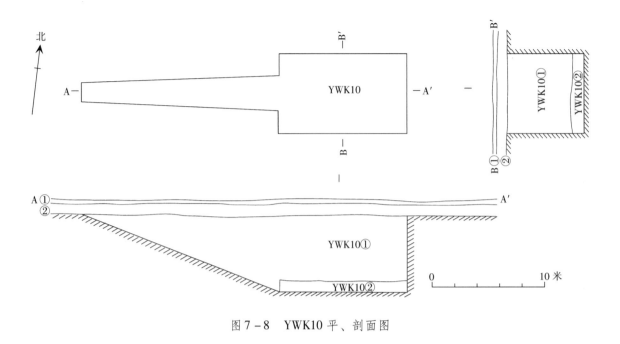

图 7－8　YWK10 平、剖面图

11. YWK11

位于帝陵东神道南侧，YWK10 东侧，与 YWK10 间距 4.6 米，南邻 YWK9。平面呈甲字形，由斜坡道和坑体两部分组成，坡道位于坑体西端。通长 38.9、宽 1.2～7.3、深约 1.2～8.3 米。坑内填土为黄褐色五花土，土质较硬，略经夯打，夯层厚约 0.3 米。坡道大部和坑体西端覆压在现代农灌渠下。

坡道　位于坑体西端，平面呈梯形，底部为斜坡状。长 11.0、宽约 1.2（西）～3.8（东）、深约 1.2（西）～8.2（东）米。

坑体　平面呈东西向长方形，竖穴状，长 27.9、宽 7.3、深约 8.5 米。底部见淤土、板灰和红色漆皮等。

地层关系：

第①层，耕土层，厚 0.3 米，土色灰褐，土质松软，包含有大量植物根系及瓦砾等。

第②层，晚期堆积层，距地表深 0.3、厚 0.8 米，土色浅黄，土质较软，包含有少量草木灰、红烧土屑及瓦片等。

②层下为浅黄色生土。

根据地层关系分析，YWK11 坑体开口于②层下，打破黄生土，开口层距地表深 1.1 米。

12. YWK12

位于帝陵东神道南侧，YWK10、YWK11 北侧，西距帝陵陵园东墙 48.0 米。由斜坡道和坑体两部分组成，坡道位于坑体西端。通长 83.2、宽 1.3～5.6、距地表深约 0.8～8.0 米。坑内填土为黄褐色五花土，土质较硬，略经夯打，夯层厚约 0.3 米。坑体中部有一现代农灌渠（名为"一支渠"）穿过，对其上部造成破坏（图 7－9）。

坡道　位于坑体西端，平面呈梯形，底部为斜坡状。长约 19.7、宽约 1.3（西）～3.4（东）、深

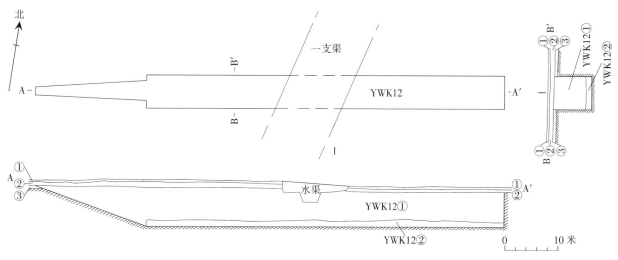

图 7 - 9　YWK12 平、剖面图

约 0.8（西）~6.7（东）米。

　　坑体　平面呈东西向长方形，竖穴状，长约 63.5、宽约 5.6、深约 6.0（东）~6.7（西）米。底部见淤土（YWK12②层），夹杂板灰和红色漆皮等。

　　地层关系：

　　第①层，耕土层，厚 0.3 ~0.4 米，土色灰褐，土质松软，包含有大量植物根系及少量瓦砾等。

　　第②层，晚期堆积层，距地表深 0.3 ~0.4、厚 0.6 ~1.0 米，土色浅黄褐，土质较软，包含有少量草木灰、红烧土及瓦片等。

　　第③层，黑垆土层，距地表深 0.9、厚约 0.5 米，土色黑褐，土质较硬，包含物较少。该层在农灌渠西侧有所分布，渠东侧已被破坏。

　　③层下为浅黄色生土。

　　YWK12 开口于②层下，打破③层及生土。开口距地表深 0.9 米。

　　13. YWK13

　　位于帝陵东神道南侧，YWK12 北侧，西距帝陵陵园东门阙遗址 45.0 米。平面呈刀形，由斜坡道和坑体两部分组成，坡道位于坑体西端（图 7 - 10）。通长 23.2、宽约 1.7 ~4.8、距地表深约 0.9 ~8.4 米。坑内填土为黄褐色五花土，土质较硬，略经夯打，夯层厚约 0.3 米。

　　坡道　位于坑体西端，平面呈直角梯形，坡道南壁与坑体南壁连为一条直线，底部为斜坡状。长约 16.2、宽约 1.7（西）~2.6（东）、深约 0（西）~7.2（东）米。

　　坑体　平面呈东西向长方形，竖穴状，长约 7.0、宽约 4.8、深约 7.2 米。底部见淤土（YWK13②层），夹杂板灰等。

　　地层关系：

　　第①层，耕土层，厚 0.2 ~0.4 米，土色灰褐，土质松软，包含有大量植物根系及少量瓦砾等。

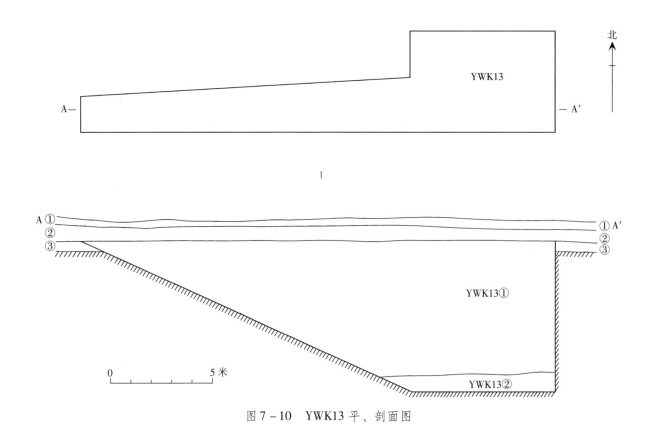

图 7 - 10　YWK13 平、剖面图

第②层，晚期堆积层，距地表深 0.2 ~ 0.4、厚 0.5 ~ 0.8 米，土色浅黄褐，土质较软，包含有少量草木灰、红烧土屑及瓦片等。

第③层，黑垆土层，距地表深 0.9 ~ 1.1、厚 0.5 米，土色黑褐，土质较硬，包含物较少。

③层下为浅黄色生土。

YWK13 开口于②层下，打破③层和生土。开口距地表深 0.9 ~ 1.1 米。

14. YWK14

位于帝陵东神道南侧，YWK12 北侧，西距 YWK13 约 32.0 米。平面呈甲字形，由斜坡道和坑体两部分组成，坡道位于坑体西端。通长 13.8、宽约 0.9 ~ 4.2、深约 1.2 ~ 8.0 米。坑内填土为黄褐色五花土，土质较硬，略经夯打，夯层厚约 0.3 米。坡道及坑体西端覆压在现代水渠下。

坡道　位于坑体西端，上部被现代水渠破坏，平面呈梯形，底部为斜坡状。残长 7.4、宽约 0.9（西）~ 2.3（东）、距地表深约 0.3（西）~ 6.0（东）米。

坑体　平面呈东西向长方形，竖穴状，长 6.4、宽约 4.2、深约 8.0 米。底部见淤土、板灰等。

坑体周边地层关系：

第①层，耕土层，厚 0.3 米，土色灰褐，土质松软，包含有大量植物根系及少量瓦砾等。

第②层，晚期堆积层，距地表深 0.3、厚 0.5 米，土色浅黄褐，土质较软，包含有少量草木灰、红烧土屑及瓦片等。

②层下为浅黄色生土。

坑体开口于②层下，打破黄生土层，开口层距地表深 0.8 米。

15. YWK15

位于帝陵东神道北侧，西距帝陵陵园东门阙遗址 86.0 米。平面呈刀形，由斜坡道和坑体两部分组成，坡道位于坑体西端。通长 15.2、宽约 2.0～3.7、深约 1.2～8.0 米。坑内填土为黄褐色五花土，土质较硬，略经夯打，夯层厚约 0.3 米。

坡道　位于坑体西端，平面呈直角梯形，坡道北壁与坑体北壁为一条直线，底部为斜坡状。长 11.6、宽约 2.0（西）～3.2（东）、距地表深约 1.2（西）～8.0（东）米。

坑体　平面呈东西向长方形，竖穴状，长 3.6、宽约 3.7、距地表深约 8.0 米。底部见淤土、板灰等。

地层关系：

第①层，耕土层，厚 0.3 米，土色灰褐，土质松软，包含有大量植物根系及瓦砾等。

第②层，晚期堆积层，距地表深 0.3、厚 0.7 米，土色浅黄，土质较软，包含有少量草木灰、红烧土屑及瓦片等。

第③层，垫土层，距地表深 1.0、厚 0.2（西端）～0.6 米（东端），土色黄褐，土质较硬，经夯打，包含物较少。该层由西向东逐渐变厚。

第④层，黑垆土层，距地表深 1.2～1.6、厚约 0.4 米，土色黑褐，土质较软，较为纯净。

④层下为浅黄色生土。

根据地层判断，YWK15 开口于③层下，打破④层和生土层。

16. YWK16

位于帝陵东神道北侧，YWK15 南侧，西距帝陵陵园东墙 84.0 米。平面呈刀形，由斜坡道和坑体两部分组成，坡道位于坑体西端。通长 18.4、宽约 1.3～4.5、距地表深约 1.2～8.3 米。坑内填土为黄褐色五花土，土质较硬，略经夯打，夯层厚约 0.3 米。

坡道　位于坑体西端，平面呈直角梯形，坡道南壁与坑体南壁为一条直线，底部为斜坡状。长 11.2、宽约 1.3（西）～3.4（东）、距地表深约 1.2（西）～8.2（东）米。

坑体　平面呈东西向长方形，竖穴状，长约 7.2、宽约 4.5、距地表深约 8.5 米。底部见淤土、板灰、红色漆皮等。

17. YWK17

位于帝陵东神道北侧，YWK16 南侧，西距帝陵陵园东墙约 71.0 米。平面呈刀形，由坡道和坑体两部分组成，坡道位于坑体西端（图 7－11）。通长 28.2、宽 2.3～6.2、距地表深约 1.2～8.0 米。坑内填土为黄褐色五花土，土质较硬，略经夯打，夯层厚约 0.3 米。

坡道　位于坑体西端，平面呈直角梯形，坡道北壁与坑体北壁为一条直线，底部为斜坡状。长

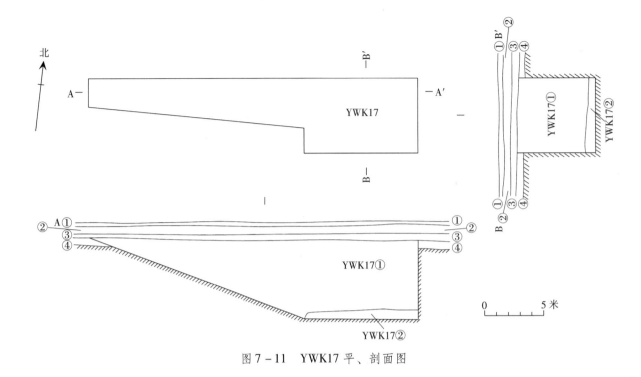

图 7 - 11　YWK17 平、剖面图

18.8、宽约 2.3（西）~4.1（东）、深约 0（西）~6.5（东）米。

坑体　平面呈东西向长方形，竖穴状，长 9.4、宽 6.2 米、深约 6.5 米。底部见淤土（YWK17②层），夹杂板灰和红色漆皮等。

地层关系：

第①层，耕土层，厚 0.2 ~ 0.4 米，土色灰褐，土质松软，包含有大量植物根系及瓦砾等。

第②层，晚期堆积层，距地表深 0.2 ~ 0.4、厚 0.7 米，土色浅黄，土质较软，包含有少量草木灰、红烧土及瓦片等。

第③层，垫土层，距地表深 1.0 ~ 1.2、厚 0.2 ~ 0.8 米，土色黄褐，土质较硬，略经夯打，包含物较少。该层由西向东逐渐变厚。

第④层，黑垆土层，距地表深 1.2 ~ 1.7、厚约 0.6 ~ 0.7 米，土色黑褐，土质较硬，包含物较少。

④层下为浅黄色生土。

YWK17 开口于③层下，距地表深 1.2 ~ 1.7 米，打破④层及生土。根据地层关系分析，该坑所处位置修建前地形西高东低，坑建成后，对地面进行了垫土加高，垫土厚度与原地形有关，高处较薄，低处较厚。

第八章 建筑遗址

延陵陵区的建筑遗址，除延陵陵园、帝陵陵园、后陵陵园、祔葬墓园的园墙和门阙等之外，还发现有 14 处建筑遗址，其中延陵陵园内分布 12 处，陵园外分布 2 处。延陵陵园内 12 处建筑遗址均为院落型结构，编号为 1~12 号建筑遗址，其中 1~3 号遗址分布于延陵陵园东南部，4~8 号遗址分布于帝陵陵园北侧，9~10 号遗址分布于延陵陵园东北部，11、12 号遗址分布于延陵陵园西北部。延陵陵园外的 2 处建筑遗址均分布于东墙外，编号 13、14 号建筑遗址。

第一节 延陵陵园东南部建筑遗址

延陵陵园东南部建筑遗址主要分布于陵园东南外凸区域内，编号 1~3 号建筑遗址。

一、1 号建筑遗址

1 号建筑遗址位于延陵陵园东南部，西北距帝陵封土 517.0 米，遗址西墙西距严家沟村东侧南北向生产路约 60.0 米。遗址平面呈南北向长方形，为独立院落结构，南北长 175.0、东西宽 122.0~146.6 米。遗址有墙垣环绕，墙外有围沟，两者之间有道路遗迹。遗址内建筑可分北、中、南三部分，中部建筑将其分隔为南、北两个院落。北院宽约 19.0 米，南院宽约 33.0 米。在遗址西北、东北部，分布有大量排列整齐的战国秦墓，叠压在遗址之下。另外，遗址内还发现外藏坑 1 座、扰坑 4 座、灰坑 5 座、瓦片堆积 1 处、冲沟 2 条等遗迹（图 8-1）。

1. 地形地貌

1 号遗址现地貌呈北高南低的台地状，由北向南共有五级台地逐次递降，每级高差约 1.0~1.5 米。根据勘探情况判断，应是汉代修建陵园时将北高南低的缓坡状地貌修整为五级台地。遗址北墙处于最高一级台地上，北部建筑处于第二级台地上，北院跨第二、三级台地。中部建筑处于第三级台地上。南院处于第四级台地上，南部建筑跨第四、五级台地。遗址南部因近现代平整土地而遭到破坏。

2. 地层堆积

1 号遗址的地层可分为 4 层。第一级台地缺失③、④层。

第①层，耕土层，厚 0.3 米，土色灰褐，土质松软，含植物根茎等。

第②层，晚期堆积层，距地表深 0.3、厚 0.2~1.0 米，土色浅黄褐，土质较软，含少量灰渣及残瓦片等。

第③层，瓦片堆积层，距地表深 0.5~1、厚 0.1~0.2 米，含大量汉代瓦片、灰土。该层应为建筑废弃的堆积。

第④层，踩踏层，距地表深 1.0~1.3、厚 0.01~0.03 米。该层分布于夯墙周围，应是当时日常活动所形成。北部发现的战国秦墓叠压在该层之下。

踩踏层之下为黑垆土层，之下为生土。

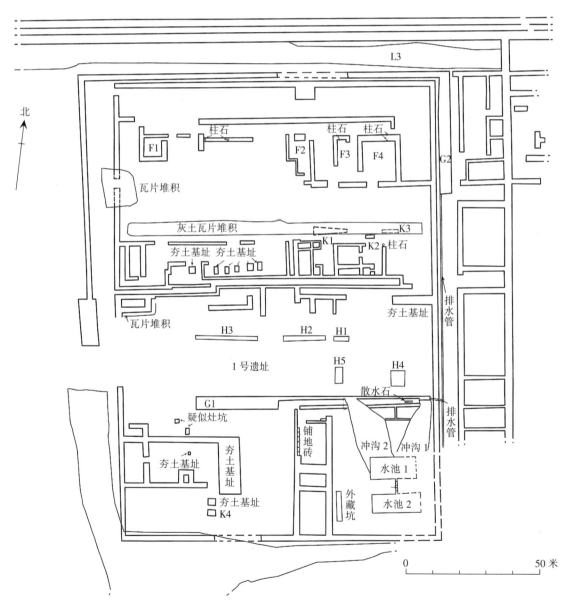

图 8-1　1 号建筑遗址平面图

3. 遗址结构

遗址平面呈南北向长方形，为院落型结构，长175.0、宽122.0～146.6米。遗址外围有墙垣环绕，墙宽2.0米。墙外有围沟半包围状围绕，间距1.2～11.7米，东、北两侧间距较小，西侧间距较大。

（1）围沟

围沟位于遗址东、北、西墙外，开口距地表深0.3～0.6米。北沟与北墙间距1.2～1.5、长146.6、宽约2.0～2.3、深1.2～2.0米，东浅西深，部分沟底经夯打，夯层厚0.2～0.3米。西沟残存北半部分，与西墙间距8.2～11.7、残长82.0、宽约2.0、深1.2～1.5米，沟底经夯打，夯层（围沟②层）与北沟基本相同（图8－2）。西沟南端与一座大坑相连。东沟与东墙间距1.2～1.5、长45.0、宽约4.0～5.0、深1.5～2.0米，北浅南深，东沟的南端与排水道相连。

排水道西距东墙1.2～1.9米，呈南北向，残长93.0、宽0.7米，北高南低，底部铺设有陶水管（图8－3）。遗址南部建筑的东北角也发现一处排水道，呈东西向，长5.0、宽0.7米，西接遗址内水沟，从东墙下穿过，东与南北向排水道相通。底部也铺设陶水管。陶水管距地表深1.0～1.5米，断崖处可见，为五棱陶水管，宽、高均为0.5、壁厚0.02米。

（2）院墙

院墙地面已无任何遗迹，墙基除东南角外基本保存完整，宽约2.0米。院墙的建筑方式应为：先开挖深约0.5～1.0米的基槽，在基槽内开始夯筑基础，最终形成墙垣。

北墙长122.0、宽1.8～2.0、距地表深0.5～1.0米。北墙未发现门道或缺口，但在其中部向南凸出一长方形夯土台，东西长7.5、南北宽4.5米。

西墙长168.1、宽1.7～2.0、距地表深0.5～1.0米。西墙北部设有三处门道，由北向南依次编为1～3号。1号门道：西墙北端与北墙未连接，形成宽2.7米的缺口，应为一处门道。2号门道：位于北院西侧，宽3.4米，周围有瓦片堆积。3号门道：位于中部建筑群西侧，宽1.6米。1号与2号门道间距30.4米；2号与3号门道间距37.5米。西墙中部偏南约29.0米遭到破坏，门道情况不详。西墙南段未发现门道。

南墙长122.0、宽2.0～2.1米。其中部遭到破坏，现存东、西两段，未发现门道。东段长51.5、西段长35.8米。西段未开挖基槽，直接夯筑于踩踏面上，踩踏面距地表深1.0米。

东墙现存长度141.8米，未发现门道。墙垣距地表深0.3～0.7、残高0.2～1.0米，土色黄褐，土质坚硬，夯层清晰，厚度0.08米。中部有下穿墙体的东西向排水道，前文已述。

（3）建筑布局

1号遗址院落内有三组建筑，分布于遗址的北部、中部和南部，中部建筑将遗址分隔为南、北两个小的院落。

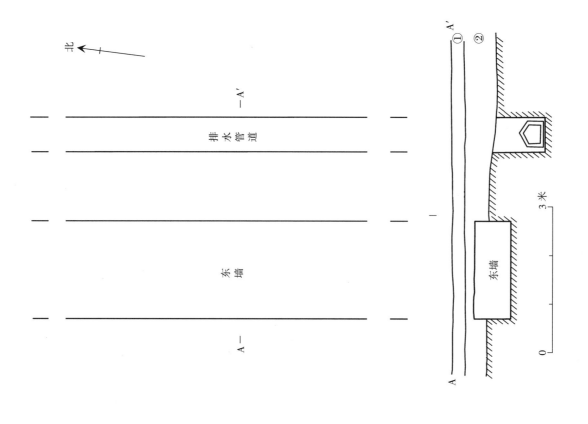

图 8-3　1 号遗址东围墙及排水管道平、剖面图

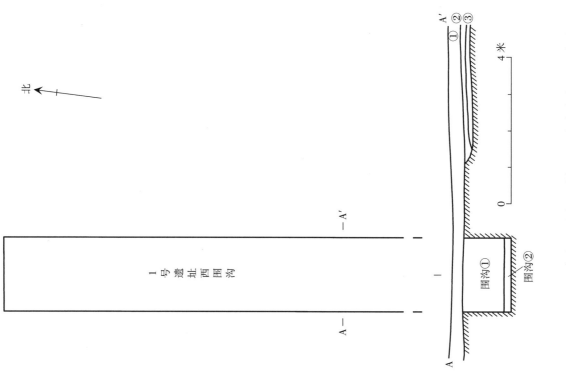

图 8-2　1 号遗址西围沟平、剖面图（从北向南 10.0 米处）

北部建筑距北墙11.2米，东西向分布，通长100.0米，分为东、西两部分，东部宽25.8、西部宽16.6米。该组建筑北部有东西向夯墙，长74.6米，南部以夯墙区隔成多个房间。西部发现房址1座，编号F1，东部有房址3座，自西向东编号为F2～F4。

F1平面近方形，坐西向东，面阔、进深均为6.9米。西墙长12.7、宽1.8米；南墙长10.5、宽1.8米；北墙长11.1、宽1.0米；东墙长7.4、宽2.0米。东墙与北墙相接处有宽1.3米的缺口，应为门道。

F2平面呈南北向刀形，长18.7、宽7.5（南）～10.5（北）米，南墙有宽2.0米的缺口；北墙东、西两端也有两处缺口，宽分别为2.2、1.6米。这三处缺口应为门道。

F3平面呈南北向长方形，长19.0、宽9.1米。东墙与F4共用。其东、西、北墙有三处缺口，或为门道。东墙南部缺口与F4相通，宽3.8米，西墙南部缺口宽6.1米，北墙东部缺口宽3.0米。

F4平面呈南北向长方形，长19.0、宽16.1米。其西墙、南墙各有一处缺口，西墙南部缺口宽3.8米，南墙缺口宽4.5米。这两处缺口可能为门道。F4还发现柱础石5处，为长方形或方形，方形边长0.2～0.4米，长方形最大者长0.9、宽0.3米，均分布在夯墙两侧。另外，还探明大量夯土墙基残段，以及瓦片堆积等。

中部建筑呈东西向分布，通长113.4、宽26.0～27.5米。其中部偏南位置有三道东西向夯土墙形成一条巷道，长109.2、宽2.0～2.5米，巷道正对西墙上的3号门道。巷道两侧分布有多个房间，北侧保存相对较好，南侧则破坏严重。北侧东部、西部分布有较大的房间4～6座，面积约90.0～110.0平方米，个别房间还带有配房。中部分布一排面积较小的房间，30余平方米。距地表深约0.6米处有大量瓦片堆积，厚0.1～0.2米，包含板瓦、筒瓦、几何纹铺地砖、素面铺地砖、瓦当残块等。巷道南侧，由于破坏严重，房间的形制不详。西北角依巷道夯墙有一座房间，呈东西向长方形，面阔8.9米、进深3.0米，未发现门道，东、南墙外侧有瓦片堆积。

在中部建筑北侧，距地表深0.8～1.0米处，发现呈东西向条带状分布的瓦片堆积一处，长约112.4、宽约4.0～5.0、厚0.2～0.4米，瓦片堆积之下为踩踏层。该堆积底部低于建筑遗址0.2～0.4米。在对该遗迹勘探时，探孔内提取残封泥一枚，识别为隶书"□库"字样。

南部建筑也呈东西向分布，通长122.3、宽50.4米，可分为东、西两部分。东部建筑依遗址东、南墙又形成一座独立的小院落，平面近方形，东西54.5、南北49.5米，西北角有宽1.0米的缺口，或为门道。

小院落西部有一组居室，通长45.8、进深12.2米。南北各有一个房间，中间有廊道连接。北侧房间呈南北向长方形，面阔16.1、进深13.1米。北墙偏西处有宽3.2米的缺口，或为门道。室内近西墙处有铺地砖，距地表深1.0、残长10、宽0.7米。北墙外侧偏东有鹅卵石散水，残长2.0、宽约0.7米。南侧房间面阔17.7、进深12.2米，未发现门道。

小院落北部为冲沟破坏，残长9.5～19.5、宽约6.0、距地表深1.0米有夯墙，墙宽0.7～1.0米，夯墙均开挖有深 1.0 米的基槽。根据残存的墙基判断，北部建筑至少有两个房间。房间平面呈东西向长方形，东室北墙外侧残存鹅卵石散水一段，与北墙间距 0.5、长 2.8、宽 0.7、距地表深 0.7 米。勘探发现在北部建筑东西两侧各有一条冲沟。

小院落西南部靠近西侧建筑处发现外藏坑 1 座（图 8-4），平面呈南北向长方形，长 11.0、宽 1.8、开口距地表深 1.0 米。由斜坡道、坑体两部分组成，斜坡道位于北部，长 3.0、宽 1.8、深 2.8 米。坑体长 8.0、宽 1.8、深 3.0 米，填土为五花土，土质较软，底部有白色板灰（外藏坑②层），探铲提取有动物蹄骨等。

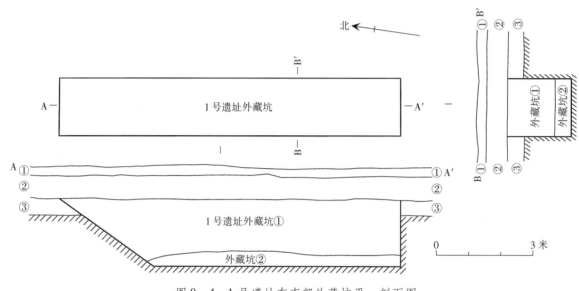

图 8-4　1 号遗址东南部外藏坑平、剖面图

小院落东南位置有水池遗迹两处，东西向平行排列，间距 5.6 米。水池东部被砖厂取土破坏，可见遗迹断面，两水池之间有五棱形陶水管连接，长 5.6 米（图 8-5）。北水池残长 10.0、宽 8.0 米，距地表深 2.5 米处出现大量砖块，断面测量水池深 3.5 米，底部有厚约 0.5~0.8 米的红胶泥层，青砖铺底，南北两壁青砖砌筑。南水池残长 9.3、宽 6.8、深 3.5 米，形制及堆积情况同于北水池。由于水池上部被冲沟破坏，残存仅 0.5~1.0 米。

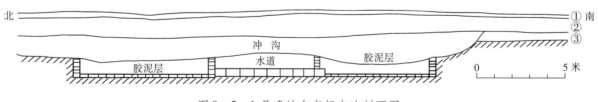

图 8-5　1 号遗址东南部水池剖面图

1 号遗址南部建筑的西半部分是以中部厅室为主体的建筑，呈东西向分布，长 44.5、宽 23.4 米。依遗址西墙建有一室，平面呈南北向长方形，面阔 16.6、进深 9.3 米，东墙正中有宽 2.2 米的缺口，与中部的厅室连通，应为门道。中部为厅室，平面呈东西向长方形，面阔 26.9、

进深15.0米。厅室中部偏北有一方形夯土基址，边长0.8、距地表深0.3、残高0.5米，推测可能为柱础。厅室南部与夯土基址相对位置有一处封闭的夯墙遗址，南北长5.8、东西宽4.8米。厅室西部、东南部各有一处门道，西部门道与西室连通，东南部门道开在南墙东端，宽4.5米。该门道外侧有一夯土台基，平面呈方形，边长2.5～2.7、距地表深0.3、残高0.7、基槽深0.7米。厅室东侧为南北向夯土基址，平面呈长方形，长21.0、宽8.2、距地表深0.5、残高1.0米，土色黄褐，土质坚硬，夯层清晰，夯层厚约0.08米。在该基址东、北侧发现大量瓦片堆积，距地表深0.6米。

二、2号建筑遗址

2号建筑遗址位于延陵陵园的东南部，西距1号建筑遗址8.0米，东距陵园东墙5.0米。遗址平面呈南北向长方形，是以居室为主的院落型结构，南部被严家沟砖厂取土破坏，残长297.6、北部宽147.0、南部残宽约25.0米。居室建筑环绕四周，中部为院落（图8-6）。地表散布大量汉代板瓦、筒瓦、陶水管残块和柱础石等建筑材料，这些建筑材料均为村民在耕种或平整土地时弃置于田间地头。

1. 地形地貌

遗址现地貌呈西北高东南低的台地状，中部有纵贯南北的冲沟，深约2.5～3.0米，将遗址分为东、西两部分。西部为四级台地，与1号遗址对应，每级台地间高差约1.0～1.2米，东部为三级台地，每级台地间高差约1.2～1.3米。

2. 地层堆积

以东部地层堆积为例：

第①层，耕土层，厚约0.3米，土色灰褐，土质松软，含植物根茎等。

第②层，晚期堆积层，厚度0.1～0.5米，北部较薄，南部较厚，土色浅黄褐，土质较软，含少量灰渣及残瓦片等。

第③层，瓦片堆积层，分布于北部的夯墙及夯土基址周围，距地表深0.5～0.6、厚0.1～0.2米。

第④层，踩踏层，分布于夯土基址及夯墙的周边，距地表深0.6～0.8、厚0.02米，呈青褐色片层状，土质坚硬，夹杂灰渣和瓦砾，为汉代活动地面。

踩踏层下为生土。

3. 遗址结构

遗址平面呈南北向长方形，是以居室为主的院落型结构，南部被严家沟砖厂取土破坏，残长297.6、北宽147.0、南部残宽约25.0米。遗址北部，居室建筑沿四周院墙而建，其中部为庭院；南部破坏严重，勘探仅发现夯土墙基数段。地表散布大量汉代板瓦、筒瓦残片以及陶水管残块、柱础石等建筑材料。

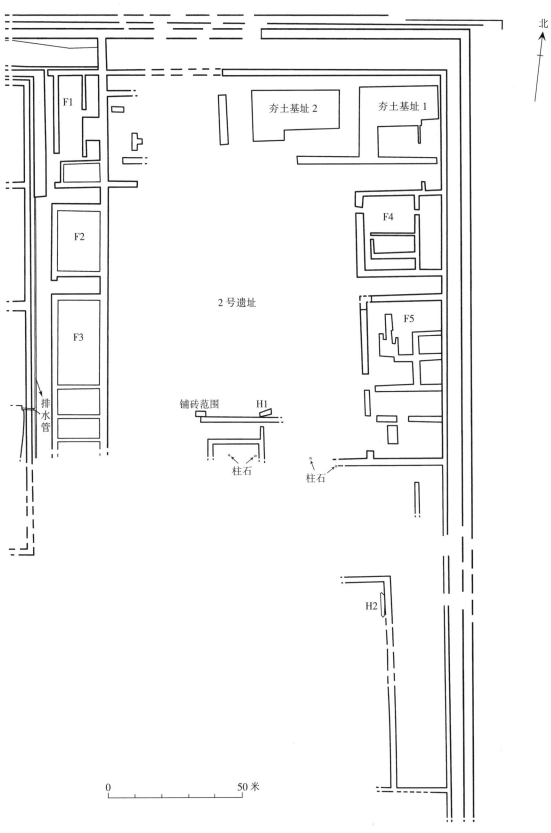

图 8－6　2 号建筑遗址平面图

（1）院墙

遗址外围有院墙，南墙被破坏。东墙残长 297.6、北墙长 147.0、西墙残长 147.6 米，西墙外侧分布有居室建筑。墙宽 1.6～3.0 米，未发现门道。

（2）建筑布局

2 号遗址北部建筑平面基本呈方形，边长 147.0 米，居室建筑沿院墙分布于四周，中部为庭院，东西 105.0、南北 90.0 米。

西墙残长 147.6、宽 3.0、距地表深 0.3～1.0、残高 0.5～1.0 米，土色黄褐，土质坚硬，夯层清晰，厚约 0.08 米，墙基基槽深 0.5～1.0 米。西墙北端接延陵陵园北园墙，南端被砖厂取土破坏。在西墙两侧均发现有居室建筑，依院墙排列。西墙东侧房址保存较少，仅于北部发现数道夯土墙基，结构不清；西侧有居室建筑三座，由北向南分别编号 F1～F3。

F1 为坐东面西的院落建筑，平面呈南北向长方形，由庭院、南室、东室组成，南北 42.0、东西 18.5、夯土墙基宽 1.6～1.9 米。庭院位于院落的西北部，南北长 30.5、东西宽 8.6 米，其西墙南端与南室连接处有宽 2.8 米的缺口，应为门道。东室位于庭院东侧，坐东面西，面阔 32.1、进深 5.9、夯土墙基宽 1.2～1.5 米。两道东西向隔墙将居室分为三间，由北向南面阔分别为 16.7、8.3、7.1 米，南、北两端居室在西南角分别有宽 2.7、1.4 米的缺口，应为门道。中间居室未发现门道。南居室位于庭院南侧，坐南面北，面阔 14.4、进深 7.5 米，未发现门道。夯土墙基宽 1.1、距地表深 0.8、残高 0.5 米。墙基两侧分布大量瓦片堆积，距地表深 0.8、厚 0.1 米，瓦片堆积下发现踩踏面，应为汉代活动地面。南居室北墙外侧发现柱础石两处，平面呈方形，距地表深 0.8、边长 0.3 米，厚度不详。

F2 北距 F1 为 5.0～6.1 米，平面呈南北向长方形，坐东面西，长 25.9、宽 17.9 米，未发现门道。夯土墙基宽 1.7～2.5、距地表深 0.6～0.8、残高 0.2～0.4 米，土色黄褐，土质坚硬，夯层清晰，夯层厚 0.08～0.1 米。基槽深度 0.2～0.5 米。F2 南部，距地表深 0.6 米处见大量瓦片堆积，厚约 0.1 米。

F3 北距 F2 为 5.4～6.0 米，平面呈南北向长方形，坐东面西，残长 57.6、宽 17.5～18.0 米。建筑内有三道东西向隔墙，将其分为 4 间居室，隔墙宽 1.0～1.3 米，从北向南面阔依次为 32.2、10.6、8.3 米，第四间残宽 5.2 米。

遗址东北部，依 2 号遗址北墙东段、东墙北段有一处厅室建筑，平面呈东西向长方形，坐北面南，面阔 82.0、进深 31.6 米。西墙残长 17.8、宽 2.9 米，南墙残长 50.8、宽 2.2～2.5 米。其内东、西各分布有一座夯土基址，平面呈曲尺形，间距 7.5 米。西侧基址长 32.5、宽 13.7～18 米，东侧基址长 29.2、宽 11.8～14.0 米。东侧基址与南墙之间有夯土连接，该夯土长 11.0、宽 7.0、距地表深 0.3～0.5、残高 0.6～0.8 米，土色黄褐，土质坚硬，夯层清晰，夯层厚 0.1 米。在两处夯土基址之上及周边，发现有大量灰土、红烧土及瓦片等堆积，距地表深 0.3～0.8、厚 0.1～0.2 米。该处汉代地貌北高南低，夯土基址南、北两侧，汉代活动地面高差 0.5 米。现地表散布大量汉代板瓦、筒瓦残片（图 8－7）。

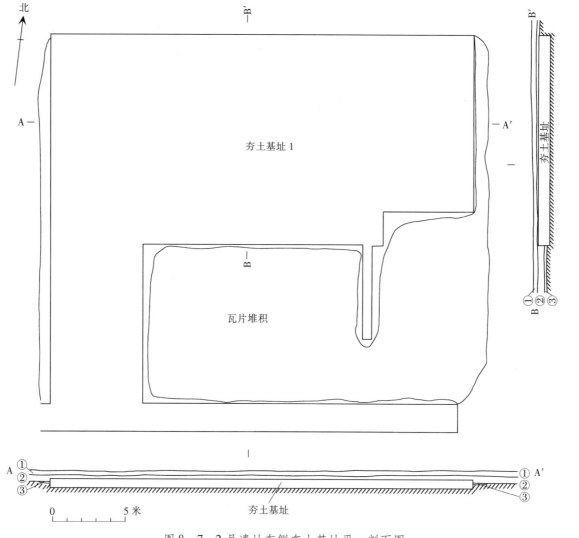

图 8-7　2 号遗址东侧夯土基址平、剖面图

　　遗址东部，依 2 号建筑遗址东墙，在其西侧有两座居室建筑，编号分别为 F4、F5，间距为 6.6 米。

　　F4 平面近方形，坐东面西，面阔 28.9、进深 31.5、墙宽 1.6～2.8 米。遗址内偏东位置有一南北向隔墙，墙东应为居室，墙西或为庭院。居室平面呈南北向长方形，面阔 28.9、进深 9.9 米，西墙中部有宽 1.8 米的缺口，应为门道。庭院平面呈南北向长方形，南北 26.7、东西 18.2 米，西墙北部有宽 2.2 米的缺口。庭院南部，依隔墙有一居室，平面呈东西向长方形，面阔 9.2、进深 16.0、墙宽 0.8～2.0 米，西墙北端有宽 1.3 米的缺口，应为门道。

　　F5 平面呈南北向长方形，坐东面西，面阔 58.2、进深 30.0、墙宽 1.8～2.0 米。其中部有一东西向隔墙将 F5 分为南、北两部分。北部面阔 31.9、进深 30.0 米，由多个居室组成；南部面阔 26.4、进深 27.5 米，由南、北两居室组成，面阔分别为 14.8、10.9、进深 27.5 米，两室之间有宽 4.3 米的门道。由于破坏较严重，夯墙残断较多。

　　2 号遗址中部建筑保存较差，形制不完整，结构不清，仅发现部分夯土墙基，宽 1.8～2.0 米。

其西北侧发现有铺地砖遗迹，较平整，距地表深0.6米，平面呈东西向长方形，长3.7、宽1.8米。此处在严家沟砖厂取土壕北侧，地表散布大量瓦片、柱础石等。

南部建筑被砖厂取土破坏，东墙向南延伸至高干渠北侧断崖处，残长159.3米，另发现少量夯土墙基，内部结构不清，推测南部也应有大量居室建筑。

三、3号建筑遗址

3号建筑遗址位于延陵陵园东南部，遗址北部叠压在严家沟村居民建筑之下，南部位于村南的台地上。遗址西北角距帝陵陵园东南角100.0米。

该遗址为一座以中心建筑为核心的大型院落遗址，由墙垣及中心建筑组成（图8-8）。墙垣围绕

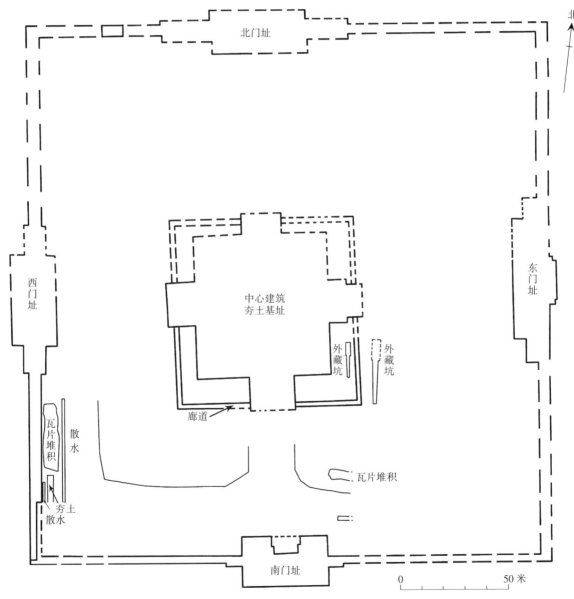

图8-8　3号建筑遗址平面图

在遗址周围，平面呈正方形，边长 238.0～239.0、墙宽 3.4～5.2 米，四墙正中各有一座门址。中心建筑位于遗址中部，平面基本呈正方形，边长 60.8～62.9 米，四面正中向外凸出长方形夯土基址，长 12.0～15.0、宽 18.0～20.0 米，推测其应为中心建筑的四面台阶。

1. 墙垣与门址

（1）东墙垣与门址

东墙垣位于严家沟村东南角，东临取土壕，几近全部破坏，仅保留部分门址夯土遗迹（图 8-9）。

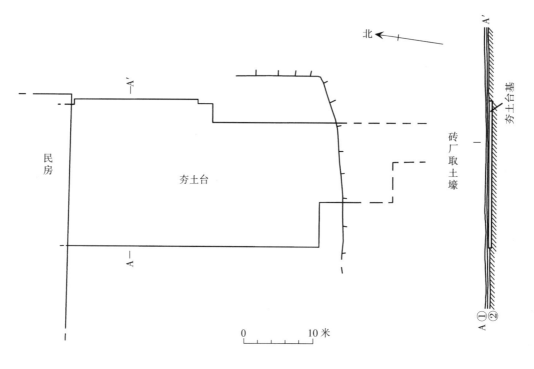

图 8-9　3 号建筑遗址东门址平、剖面图

门址平面呈两出结构，南北残长约 46.0、东西宽约 10.8～19.6 米，门阙两侧外出部位不对称，外出尺寸不等。根据残存门阙夯土形制判断，残存部分为门阙的南半部，门阙现处位置地势平坦，夯土距地表深 0.2～0.3 米，夯土保存厚度为 0.4～0.5 米，夯土呈黄褐色，土质纯净坚硬，夯层清晰，夯层厚约 0.1 米。现存夯土遗迹低于汉代地面，应为门址的基础部分，汉代地面之上的门址夯土已遭破坏。

据当地村民介绍，东门址及其南部，20 世纪 70 年代以前为南北向鱼脊状地貌，后经平整，形成现地貌。在平整土地时，门址位置及向南延伸的墙垣夯土极其坚硬，后用推土机方才平毁。当时，该门址及其南部的夯墙两侧瓦片堆积十分丰富，出土瓦当较多，均为文字瓦当。经向当地群众调查，瓦当文字应为"长生无极"等。

（2）南墙垣与门址

位于中心夯土基址南侧的第三级台地上，现存门址及东、西两侧部分墙垣遗迹。

门址西侧墙垣，仅保留夯土墙基，残长 54.2、宽 3.4、距地表深 0.3、残高 0.2~0.3 米，土色黄褐，土质坚硬，夯层清晰，夯层厚 0.1 米。墙基外侧距地表深 0.2~0.3 米为生土。东侧园墙，残长 7.2、宽 3.2、距地表深 0.6、残高 1.5 米、层厚 0.08~0.1 米。墙垣东端在严家沟砖厂取土壕断面清晰可见。

南门址通长 53.6、宽 22.3 米，以门道为中轴，两侧置内、外塾及外配廊，两塾与门道通长 39.5、塾宽 22.3 米，外配廊长 7.2、宽约 1.8 米，门道情况不清。夯土距地表深 0.4~0.5、残高 1.0 米，土色黄褐，土质坚硬，夯层清晰，夯层厚 0.08~0.1 米。门址北部正中被村民开挖地窖破坏。

（3）西墙垣与门址

西墙垣北段破坏无存，南段残长 56.7、宽 5.2~5.5 米，断面清晰，距地表深 0.5~0.6、残高 2.0~2.2米，土质坚硬，夯层清晰，厚 0.06~0.08 米。夯墙内侧，距地表深 2.0~2.2 米处出现踩踏面、石散水等遗迹。墙体残高 1.5~2.0 米，基槽部分深 0.5~1.5 米（图 8-10）。

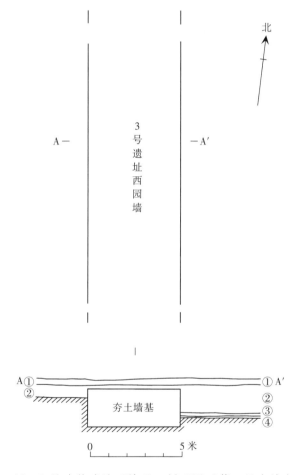

图 8-10　3 号建筑遗址西墙平、剖面图（第二级台地上中部）

地层堆积情况：

第①层，耕土层，厚度 0.2~0.4 米，土色灰褐，土质松软，包含植物根系等。

第②层，晚期堆积层，距地表深 0.2~0.4、厚 0.7~1.4 米，土色浅黄褐，土质较软，包含少量灰屑及瓦片等。该层在墙外堆积较薄，墙内较厚。

第③层，瓦片堆积层，距地表深1.8、厚0.1~0.2米，该层土色灰褐，土质松软，包含大量灰渣、红烧土块。该层仅分布于西墙内侧。

第④层，踩踏层，距地表深2.0、厚0.1米，呈青褐色层状，土质坚硬，其中夹杂灰屑和瓦砾。该层为遗址内的汉代活动面，踩踏面下为黄生土。

西门址所处位置高出现地表约1.0米。北部叠压在民房建筑之下，仅南半部可做勘探。门址勘探长度33.0、宽20.5米。门址以门道为中轴，两侧置内、外塾及内、外配廊，两塾与门道勘探长度20.1、宽20.5米，配廊长12.0、宽10.1米，门道情况不清。夯土距地表深0.2~0.3、残高1.0米，土色黄褐，土质坚硬，夯层清晰，厚0.08米。据当地群众介绍，在建房挖地基时，曾发现"石头路"，南北向，宽约0.7米，均以细长形的鹅卵石竖立铺设，应为西门址内侧的鹅卵石散水。

（4）北墙垣与门址

北墙垣与门址叠压在严家沟村民房之下，无法详细勘探，其大致情况如下：

北门址西侧墙垣宽约4.8、地表深0.4、残高1.4米，土色黄褐，土质坚硬，夯层清晰，厚0.08米。夯墙外侧，距地表深0.6米出现生土，园墙基槽开挖深度约1.2米。

门址宽13.0米，夯土距地表深0.7~0.8、残存高度0.8米，土色黄褐，土质坚硬，夯层清晰，厚0.1米。

2. 廊道

围绕中心建筑的夯土基址有一周廊道，平面呈正方形，边长83.0~84.0米。廊道外侧有墙垣，宽2.0~2.2米。夯土基址四面中部向外凸出，将廊道分为两段。

东廊道北段叠压在民居建筑之下，南段被砖厂取土破坏，仅残存一小部分，残长25.6、宽2.0米，夯土距地表深0.4、残高0.4米，土质较硬，夯层清晰，厚0.1米。夯墙外侧，距地表深0.4米出现生土，基槽深度0.4米。

南廊道位于村南一级台地断崖处，和断崖东西向并行，大部分已破坏，断面清晰可见。外凸夯土将廊道分为东、西两段，东段残存22.6米，复原长度30.3米，西段长33.0、宽2.2米。夯土距地表深0.5、残高0.6米，土质坚硬，夯层清晰，厚0.08米，下部有厚1.3~1.5米的夯土，夯层厚0.2米，为粗夯，应是南部地势较低，垫土所致。

西廊道北段叠压在民居建筑之下，南段保存完整，长36.3、宽2.2米，夯土距地表深0.4、残高0.6、夯层厚0.1米。南段廊道北部夯筑于黑褐土层之上，南部夯筑于粗夯的垫土层之上。

北廊道因大部分被民居所压，无法勘探。勘探长度6.0、宽2.0米，夯土距地表深0.6、残高0.7米，土色黄褐，土质坚硬，夯层清晰，厚0.08~0.1米。廊道外侧，距地表深0.6米出现生土。

3. 中心建筑

中心建筑位于遗址中部略偏西南,高出现地表约1.0～1.5米。建筑基址上建有民居。据村民介绍,此处原来高出现地表约2.5米。以四面外凸夯土边缘测量,距东门址70.4、距南门址56.0、距西门址50.5、距北门址约70.7米。

中心建筑的夯土基址平面略呈正方形,边长约60.8～62.9米,夯土距地表深0.3～0.5、残高1.0～2.0米,土色黄褐,土质坚硬,夯层清晰,厚0.08～0.1米。四面正中向外凸出长方形夯土基址,可能为台阶,长12.0～15.0、宽18.0～19.0、均超出廊道1.4～2.6米。东侧夯土台阶呈凸字形。在中心夯土基址西南部,采集有草拌泥3块,厚约5.0厘米,有明显火烧痕迹。

4. 其他遗迹

在遗址的西南角墙内,发现有夯土基址、瓦片堆积、鹅卵石散水遗迹。遗址南部偏东,有一处瓦片堆积。廊道外墙东南段内、外两侧,分别发现外藏坑一座。

(1) 西墙内侧的夯土基址平面呈南北向长方形,残长11.8、宽2.6、夯土距地表深1.8～2.0、基址残高0.5～0.7米,土色黄褐,土质坚硬,夯层清晰,厚约0.08米。夯土下有基槽,深0.5米。夯土基址外侧,距地表深2.0米处出现踩踏面。

夯土基址东、西两侧有长条状鹅卵石散水,西侧散水距西墙0.8、东距夯土基址1.2米,距地表深2.0、残长9.0、宽0.9米;东侧散水西距夯土基址4.1米,距地表深2.0～2.2、残长45.8、宽1.0米,根据南部断面观察,散水均以鹅卵石铺设而成。

夯土基址北侧有一处瓦片堆积,平面呈南北向长条状,长约30.0、宽约4.5～8.5、厚0.1～0.2、距地表深1.8～2.0米。堆积中含有大量灰渣、红烧土块。堆积之下为踩踏面,厚0.05米,呈青褐色层状,土质坚硬,夹杂灰屑和瓦砾。

(2) 遗址南部偏东的瓦片堆积,平面呈东西向长条状,残长10.0、宽4.0～4.5、厚0.1、距地表深1.5米。

(3) 廊道东墙南段内、外侧,发现甲字形外藏坑2座。外侧外藏坑,其北部为民居建筑所压,南部被砖厂取土壕破坏,可勘探部分为坡道,平面呈南北向梯形,底部呈斜坡状,勘探长度15.7、宽1.7(南)～2.7(北)、底部距地表深7.0米,填土为五花粗夯土,土质较硬。

内侧外藏坑,平面呈南北向甲字形,由斜坡道和坑体组成。长方形坡道位于坑体南侧,方向171°,底部呈斜坡状,长9.4、宽1.1、底部距地表深8.4米,填土为五花粗夯土,土质较硬。坑体平面呈南北向长方形,长5.7、宽2.1、深8.4米,底部见红漆皮、朽木灰等(外藏坑②层)。开口距地表深0.3～0.4米(图8-11)。

遗址西、北门址外侧,均有道路与帝陵南、东神道相接,东、南门址外侧因遭破坏,情况不明。

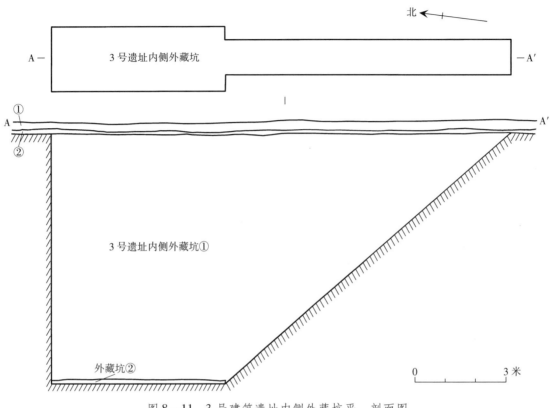

图 8 - 11　3 号建筑遗址内侧外藏坑平、剖面图

第二节　帝陵陵园北侧建筑遗址

帝陵陵园北侧分布有 5 座建筑遗址，其中帝陵北神道东侧，由南向北分布有 4、5、6、7 号建筑遗址，8 号建筑遗址分布在北神道西侧。

一、4 号建筑遗址

4 号建筑遗址是帝陵北神道东侧 4 座遗址中最南端的一座，南距帝陵陵园北墙 106.0 米，由围墙及居室建筑组成。遗址范围内距地表深 0.6～0.7 米有丰富的瓦片堆积，厚度约 0.2 米，瓦片大多堆积在夯墙两侧、夯土基址周围。汉代地面距地表深 0.6～0.8 米。遗址中有夯墙及夯土基址，部分残存的夯墙及夯土基址高出汉代地面 0.1～0.2 米。围墙与夯墙墙基均有基槽，深 0.1～0.2 米，围墙基槽略深。

1. 地层堆积

第①层，耕土层，厚度 0.3 米，土色灰褐，土质松软，包含植物根茎等。

第②层，晚期堆积层，距地表深 0.3、厚 0.3～0.4 米，土色浅黄褐，土质较软，含少量灰渣及残瓦片等。

第③层，瓦片堆积层，距地表深0.6～0.7、厚0.1～0.2米，土色灰褐，土质松软，含大量瓦片、红烧土块。多分布于围墙两侧及居室建筑周围。

第④层，踩踏层，距地表深0.7、厚0.05米，呈青褐色层状，土质坚硬，夹杂灰屑和瓦砾。为汉代活动面，分布于遗址南部大部分区域及周边。

第⑤层，垫土层，距地表深0.8、厚度0.1～0.2不等。土色黄褐，土质较硬，建筑完成后的地表整修。分布于遗址的部分区域。

第⑥层，黑垆土层，距地表深0.8～1.0、厚0.4～0.5米，土色黑褐，土质较软。该层之下为生土。

2. 遗址结构

4号建筑遗址为院落型结构，平面呈南北向的长方形，长87.0、宽78.4米，由围墙及居室建筑组成（图8-12）。

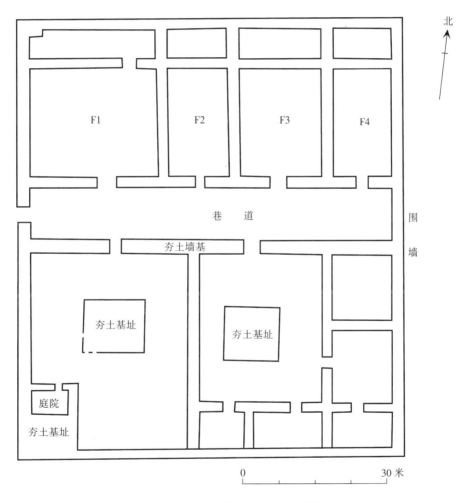

图8-12　4号建筑遗址平面图

（1）围墙

围墙南北长87.0、东西宽78.4、墙宽2.0～2.5、距地表深0.6～0.8、残高0.4～0.6米，土质坚硬，夯层清晰，厚0.08～0.1米。夯墙土质呈黄褐色，基槽内夯土呈黑褐色。

西墙中部偏北开有宽 3.0 米的门道，将西墙分割为南、北两段。北段长 37.1、南段长 46.7 米。

（2）建筑布局

4 号遗址中部正对门道有横贯东西的巷道，宽 10.3 米。巷道将遗址分为南、北两部分，两侧均有居室建筑。

Ⅰ. 南部建筑遗址

南部建筑遗址又可分为东、西两部分。

西部建筑遗址平面呈南北向长方形，坐南面北，依遗址的南、西墙而建。面阔 34.6、进深 41.5 米，北墙中部开有宽 2.3 米的门道。遗址中部偏北有一处夯土基址，平面呈东西向长方形，长 12.4、宽 10.4、距地表深 0.3～0.4、夯土残高 0.5、夯层厚 0.1～0.2 米，土色黄褐，土质较硬。夯土基址夯筑于黑垆土层（即汉代地表）之上，周围存有大量瓦片堆积，距地表深 0.6、厚 0.1～0.2 米。在遗址的西南角有一处房址，平面呈南北向长方形，面阔 9.5、进深 13.1 米。北墙中部偏东开有门道，宽 1.5 米；房址南部为夯土基址，北部有一小庭院，面阔 7.5、进深 4.7 米。夯墙及夯土基址周围存有大量瓦片堆积。

东部建筑平面略呈方形，坐南面北，面阔 41.6、进深 40.6 米。遗址西北部或为一处庭院，呈南北长方形，面阔 25.0、进深 32.0 米。其中部有一处夯土基址，平面呈方形，边长 10.5～11.2、夯土距地表深 0.4、残高 0.6 米，土色黄褐，土质较硬，夯层不清。夯土筑于黑垆土层（即汉代地表）之上，周围存有大量瓦片堆积，距地表深 0.6、厚 0.1～0.2 米。依遗址的东、南墙，有一组房址面向庭院呈曲尺状分布。南侧西室面阔 11.0、进深 9.5 米，北墙偏东有门道，宽 2.3 米；南侧东室面阔 15.8、进深 8.8 米，北墙偏东有门道，宽 2.3 米。东侧北室面阔 15.0、进深 14.7 米，未发现门道；东侧南室面阔 16.0、进深 14.5 米，西墙偏北有门道，宽 2.1 米。其南墙有宽 2.4 米的门道与南端的套间相通，该套间面阔 14.5、进深 8.7 米。

Ⅱ. 北部建筑遗址

北部建筑遗址由 4 座带庭院的居室建筑组成，平面呈南北向长方形，坐北面南，自西向东分别编号为 F1～F4。

F1 面阔 28.1、进深 31.0 米，南墙偏东有宽 3.8 米的门道与南侧巷道相通。庭院进深 23.5 米，居室位于庭院北部，面阔 28.1、进深 7.5 米。居室建筑有宽 2.8 米的门道与庭院相通。该遗址距地表深 0.5～0.6 米有大量瓦片堆积，厚约 0.2 米。

F2 面阔 14.5、进深 31.0 米，南墙中部有宽 1.8 米的门道与南侧巷道相通。庭院进深 23.5、距地表深 0.8 米处出现踩踏面。居室位于庭院北部，进深 7.5 米，未发现门道。距地表深 0.5～0.6 米有大量瓦片堆积，厚约 0.2 米。

F3 面阔 18.6、进深 31.4 米，南墙中部有宽 3.3 米的门道与南侧巷道相通。庭院进深 23.5 米，距地表深 0.8 米出现踩踏面。居室位于庭院北部，进深 7.5 米，未发现门道。距地表深 0.6 米发现有大量瓦片堆积，厚约0.2米。

F4 面阔 14.5、进深 31.4 米，南墙中部有宽 2.4 米门道与南侧巷道相通。庭院进深 23.5 米，居室位于庭院北部，进深 8.0 米，未发现门道。距地表深 0.6～0.7 米处发现有大量瓦片堆积，厚约 0.1～0.2米。

二、5 号建筑遗址

5 号建筑遗址南距 4 号建筑遗址 18.0 米，遗址所在区域略高出周围地表。遗址为院落型结构，平面呈南北向长方形，坐南面北，长 74.7、宽 56.6 米，由围墙与居室建筑组成（图 8－13）。

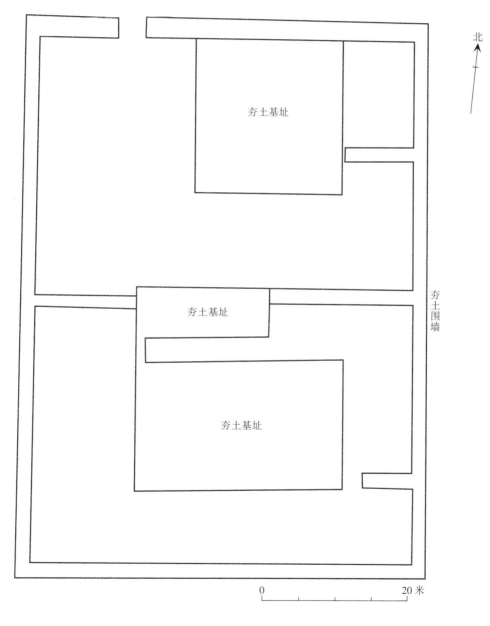

图 8－13　5 号建筑遗址平面图

1. 地层堆积

第①层，耕土层，厚0.3米，土色灰褐，土质松软，含植物根茎等。

第②层，晚期堆积层，厚0.3～0.4米，土色浅黄褐，土质较软，含少量灰渣及残瓦片等。

第③层，瓦片堆积层，距地表深0.6～0.7、厚0.1～0.2米，土色灰褐，土质松软，含大量瓦片、红烧土块。该层大多分布于遗址围墙两侧及居室建筑位置。

第④层，踩踏层，距地表深0.7、厚0.05米，呈青褐色层状，土质坚硬，夹杂灰屑和瓦砾。该层为遗址的汉代活动面，分布于遗址南部。

第⑤层，垫土层，距地表深0.8、厚0.2～0.3米。土色黄褐，土质较硬，修建完成后平整地表所形成。

第⑥层，黑垆土层，距地表深0.8～1.0、厚0.4～0.5米，土色黑褐，土质较软。该层之下为生土。

2. 遗址结构

（1）围墙

5号建筑遗址外有围墙，边长分别为：东74.0、南56.6、西74.7、北55.3米，除北墙宽2.7米外，其他三面墙宽2.0米。围墙距地表深0.6～0.8、残高0.4～0.6米，土质坚硬，夯层清晰，夯层厚0.08米。墙下开挖基槽，夯筑墙基。遗址北墙偏西位置开有门道，宽3.7米。

遗址距地表深0.6～0.7米处有大量瓦片堆积，厚约0.2米。瓦片堆积下为踩踏层，厚0.05～0.1米。（2）建筑布局

遗址为院落型结构，平面呈南北向长方形，中部有一道东西向的夯墙将遗址分为北、南两座庭院，夯墙长52.0、宽1.5～2.0米。

北院面阔53.4、进深35.4～37.1米，中部偏北有夯土基址一座，与北墙连接。夯土基址平面呈正方形，边长20.3、距地表深0.4、残高0.5～0.6米，土色黄褐，土质坚硬，夯层清晰，厚0.1米。该基址直接夯筑于黑垆层之上，未开挖基槽。夯土基址周边，距地表深0.8米处为汉代地面，夯土基址高出汉代地面约0.4米。在夯土基址东侧偏南，有一道东西向夯墙与东墙连接，长9.6、宽1.8、距地表深0.7、残高0.5米，夯层厚0.08米。遗址靠近西墙处，有大量瓦片堆积。

南院面阔54.0、进深36.7米，中、北部有夯土基址两座，西端有南北向夯墙将两者连接，夯墙长3.3、宽1.3米。北部夯土基址平面呈东西向长方形，长18.3、宽6.4～6.8米。两侧与东西向隔墙连接，东侧隔墙长20.0、西侧隔墙长13.7米。南部夯土基址平面呈东西向长方形，长29.0、宽17.1米，在其东南角有一道东西向夯墙与遗址东墙连接，长7.0、宽2.0、距地表深0.7、残高0.5米，土色黄褐，土质坚硬，夯层清晰，夯层厚0.08～0.1米，夯土基址与夯墙之间有宽2.6米的缺口。

遗址内夯土基址均未开挖基槽，直接夯筑于黑垆土层之上。夯墙则均有基槽，深度0.1～0.2米。

三、6号建筑遗址

6号建筑遗址南距5号建筑遗址10.0～11.0米，遗址所在区域略高出周围地表。遗址为院落型

结构，平面略呈正方形，边长 57.7 ~ 61.4 米，由围墙及夯土基址、夯墙组成。门道开于西园墙偏南。中部有一座"T"字形夯土基址，西北部分布一组居室建筑（图 8 - 14）。

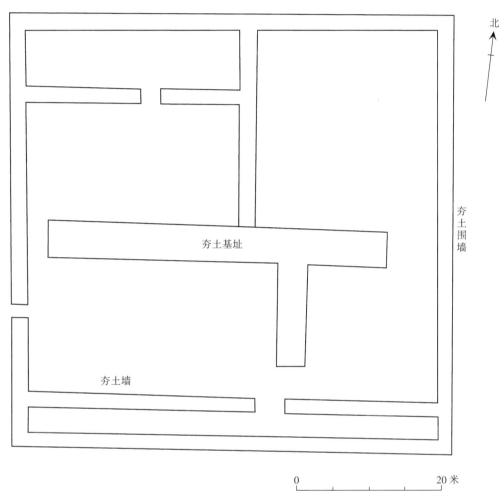

图 8 - 14　6 号建筑遗址平面图

1. 地层堆积

第①层，耕土层，厚 0.3 米，土色灰褐，土质松软，含植物根茎等。

第②层，晚期堆积层，厚 0.2 ~ 0.4 米，土色浅黄褐，土质较软，含少量灰渣及残瓦片等。

第③层，瓦片堆积层，距地表深 0.6 ~ 0.7、厚 0.1 ~ 0.2 米，土色灰褐，土质松软，含大量瓦片、红烧土块。分布于遗址围墙两侧及居室建筑位置。

第④层，踩踏层，距地表深 0.7、厚 0.1 米，呈青褐色层状，土质坚硬，夹杂灰屑和瓦砾。该层为汉代活动面。

第⑤层，垫土层，距地表深 0.8、厚 0.2 ~ 0.3 米，土色黄褐，土质较硬，修建完成后平整地表所形成。

第⑥层，黑垆土层，距地表深 0.8 ~ 1.0、厚 0.4 ~ 0.5 米，土色黑褐，土质较软。该层之下为生土。

2. 遗址结构

（1）围墙

遗址外围有围墙环绕，四墙边长：东 58.6、南 60.8、西 57.7、北 61.4 米，墙宽 2.0、距地表深 0.8、残高约 0.4 米。墙下开挖基槽，深约 0.2 米。围墙外侧距地表深 1.0 米处为黑垆土层。围墙两侧分布有带状瓦片堆积，距地表深 0.7~0.8、厚约 0.2 米。西墙偏南部，有宽 1.8 米的缺口，应为门道。

（2）建筑布局

遗址中部，有平面呈"T"字形的夯土基址，东西向部分长 47.0、宽 5.0 米；南北向部分长 13.8、宽 4.0、距地表深 0.5、残高 1.0 米，土质坚硬，夯层清晰，夯层厚 0.08 米。夯土基址周围堆积大量瓦片、红烧土、灰土等，距地表深约 0.7、厚约 0.3 米。

西北部分布有数道夯土墙，根据其形制来看，可能原来是居室建筑。该建筑面阔 31.7、进深 9.8、墙宽 2.0 米。南墙中部有宽 2.7 米门道，与南部庭院相通。房址所在区域，有大量红烧土、灰土及瓦片堆积。庭院位于居室建筑南侧，南接"T"形夯土基址，面阔 29.0、进深 15.6 米。夯土基址与西围墙之间有缺口，宽 2.8 米，或为门道。

在 6 号建筑遗址南部距南墙 5.5 米处，发现有一道东西向夯墙，长 58.6、宽 2.0 米。其偏东位置有宽 4.1 米的缺口。该范围距地表深 0.7 米处有大量瓦片堆积，厚度 0.2 米。

6 号遗址内夯土基址和夯墙均开挖有基槽。夯土基址的基槽深度约 0.5 米，夯墙基槽深度仅 0.2 米，基槽开口距地表深 1.0~1.1 米。

四、7 号建筑遗址

7 号建筑遗址南距 6 号建筑遗址 11.0~12.0 米，遗址所在区域较为平坦，西北角叠压在咸宋公路之下。遗址为院落型结构，平面呈南北向长方形，长 131.6、宽 60.7、夯墙宽 1.9~2.1 米（图 8-15）。遗址范围内，夯土基址、夯墙分布较为密集，建筑结构较为复杂，瓦片堆积十分丰富。

1. 地层堆积

第①层，耕土层，厚 0.3 米，土色灰褐，土质松软，含植物根茎等。

第②层，晚期堆积层，厚 0.2~0.4 米，土色浅黄

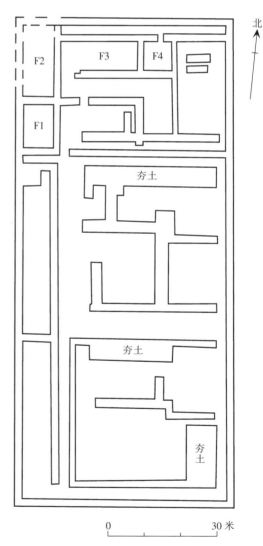

图 8-15　7 号建筑遗址平面图

褐，土质较软，含少量灰渣及残瓦片等。

第③层，瓦片堆积层，距地表深0.5~0.7、厚0.1~0.2米，土色灰褐，土质松软，含大量瓦片、红烧土块。分布于遗址围墙两侧及居室建筑位置。

第④层，踩踏层，距地表深0.8、厚0.05~0.1米，呈青褐色层状，土质坚硬，夹杂灰屑和瓦砾。该层为汉代活动面。

第⑤层，垫土层，距地表深0.8、厚0.2~0.3米，土色黄褐，土质较硬，修建完成后平整地表所形成。

第⑥层，黑垆土层，距地表深1.0、厚0.4~0.5米，土色黑褐，土质较软。该层之下为生土。

2. 遗址结构

（1）围墙

7号建筑遗址外围有夯墙环绕，四墙长度分别为：东墙131.6、南墙60.7、西墙131.5、北墙60.1、墙宽1.9~2.1、距地表深0.6~0.8、残高0.4米，夯层清晰，土质坚硬，夯层厚0.08米。围墙开挖有基槽，深0.2~0.3米，打破黑垆土上层。未发现门道。

（2）建筑布局

遗址为院落型结构，平面呈南北向长方形，北部有一道东西向的夯墙将遗址分为南、北两部分，墙宽1.9~2.0米。

北部遗址平面呈东西向长方形，面阔58.2、进深35.7米。西侧依西墙有居室建筑两间，由南向北编号为F1、F2。F1平面呈南北向长方形，面阔13.7、进深10.2米；F2平面呈南北向长方形，面阔21.5、进深10.3米。北侧依北墙有一排居室建筑，坐北面南，面阔47.6、进深4.3米，南墙中部偏东开有门道，宽1.5米。东侧依东墙有一座居室建筑，平面呈南北向长方形，坐北面南，面阔14.6、进深27.0米，东南角辟有门道，宽1.8米。中部北侧有居室建筑2座，由西向东编号为F3、F4。F3平面呈东西向长方形，坐北面南，面阔23.0、进深9.9米，西南角开有门道，宽3.7米；F4平面略呈方形，面阔9.4、进深9.8米，其北墙有门道与北侧居室建筑相通。中部西南角有一座居室建筑，平面呈东西向长方形，坐南面北，面阔23.0、进深12.0米，北墙西侧开有门道，宽2.6米。夯墙距地表深0.6~0.8米。

南部遗址平面呈南北向长方形，面阔约58.2、进深92.0米。其西侧依西墙有一排居室建筑，面阔90.3、进深10.0米。中间有东西向的隔墙，宽1.9米，东南角开有宽4.0米的门道。东侧为南、北两座庭院，庭院内发现有大量夯土基址、夯墙，分布不规则。

夯土基址、夯墙均开挖基槽，夯墙基槽深0.2~0.3米，夯土基址基槽深0.5米，基槽开口距地表深1.0~1.1米。

五、8号建筑遗址

8号建筑遗址位于帝陵北神道西侧，南依帝陵陵园北墙而建，东距4号建筑遗址104.0米。整个建筑呈由南向北递进结构，外有围墙，北部建筑有三道墙垣环绕。遗址平面呈南北向长方形，长389.2（西）~392.0（东）、宽161.8米（图8-16）。

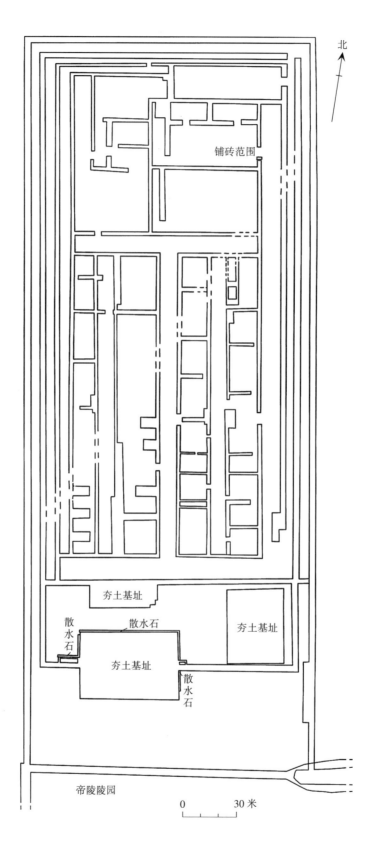

北

铺砖范围

夯土基址

散水石　　散水石

散水石

夯土基址

夯土基址

散水石

帝陵陵园

0　　　　30 米

图 8 - 16　8 号建筑遗址平面图

1. 地层堆积

8 号建筑遗址南半部有垫土层，应是修建前平整地形所致。地层堆积介绍如下：

第①层，耕土层，厚 0.3 米，土色灰褐，土质松软，含植物根茎等。

第②层，晚期堆积层，距地表深 0.3、厚 0.3 ~ 0.4 米，土色浅黄褐，土质较软，含少量灰渣及残瓦片等。

第③层，瓦片堆积层，距地表深 0.6 ~ 0.7、厚 0.1 ~ 0.3 米，土色灰褐，土质松软，含大量瓦片、红烧土块。大多分布于遗址围墙两侧及居室建筑位置。

第④层，踩踏层，距地表深 0.8 ~ 1.0、厚 0.05 ~ 0.1 米，呈青褐色层状，土质坚硬，夹杂灰屑和瓦砾等。为汉代活动面。

第⑤层，垫土层，距地表深 0.8、厚 0.2 ~ 1.0 米，土色黄褐，土质较硬，修建完成后平整地表所形成。分布于遗址南部。

第⑥层，黑垆土层，距地表深 1.0 ~ 2.0、厚 0.4 ~ 0.5 米，土色黑褐，土质较软。该层之下为生土。

2. 遗址结构

（1）围墙

8 号建筑遗址有三道围墙，分别介绍如下：

Ⅰ. 第一道围墙

第一道围墙位于遗址最外侧，长度分别为：东墙 392.0、西墙 389.2、北墙 161.8、墙宽 3.2 ~ 3.8 米。南墙与帝陵陵园北墙西段共用，长 162.0 米。东墙南部向内加宽 3.1 米，形成夯土基址，应为门址。该基址平面呈南北向长方形，通长 32.3、宽 6.5 米，门道宽 4.2 米。距地表深 0.4 米处有厚 0.2 米的红烧土、瓦片堆积，之下为踩踏层及垫土层。门道与延陵陵园北神道 L8 相通。第一道园墙之内，北部为第二道园墙，南部形成一处庭院，面阔 155.0、进深 52.5 米。

Ⅱ. 第二道围墙

第二道围墙位于第一道围墙之内，两者间距：东侧 5.1 ~ 5.7、南侧 52.5、西侧 4.8 ~ 5.3、北侧 5.1 ~ 5.5、围墙长度分别为：东墙 328.8、南墙 144.0、西墙 329.0、北墙 137.5、墙宽 2.8 ~ 3.4 米。围墙东北角有缺口，宽 4.3 米，或为门道。第一、二道园墙之间，在东、西、北三面分别形成巷道，宽 4.8 ~ 5.7 米，与南部庭院相连接，距地表深 1 米处出现踩踏层，厚 0.05 ~ 0.1 米。

第二道围墙之内偏南部有一道东西向的夯土隔墙，长 137.6、宽 2.5 ~ 2.7 米。隔墙以南部分东西长 144.0、南北宽 44.0 ~ 46.7 米。其内分布有 3 座夯土基址。南部基址在第二道围墙西半段，向南、北凸出。平面呈东西向长方形，长 56.0、宽 36.1 米。该夯土基址外侧北、西、东均分布有鹅卵石散水。西侧散水平面呈曲尺形，北段部分被破坏，残长 21.0、宽 0.9 ~ 1.0、距地表深 0.3 ~ 0.5 米；北侧散水保存较好，长 56.2、宽 0.9 米，距地表深 0.4 ~ 0.5 米；东侧散水被南墙分为南、北两段，北段长 15.9、宽 0.9 米，南段残长 10.8、宽 0.9、距地表深 0.6 米。夯土基址东西两侧依南墙各有一座房址，西侧房址平面呈东西向长方形，长 11.8、宽 2.9 米，其西、北侧有鹅卵石散水；东侧房址平面呈东西向长方形，长 4.5、宽 2.0 米，其东、北侧有散水。

北部夯土基址北依隔墙，南距南部基址 12.0 米，平面呈东西向长方形，长 38.1、宽 12.0、距地表深 0.3、残高 1.5 米，土色黄褐，土质坚硬，夯层清晰，厚 0.08 ~ 0.1 米，周围距地表深 0.6 ~ 0.7 米有大量瓦片堆积，厚 0.1 ~ 0.2 米。

东部夯土基址距东墙 4.6 ~ 5.7 米，平面呈南北向长方形，长 39.5 ~ 39.9、宽 30.5 ~ 31.3、距地表深 0.5 ~ 0.6、残高 2.5、夯层厚 0.1 米，土色黄褐，土质坚硬，周围距地表深 0.5 ~ 0.7 米有大量红烧土及瓦片堆积，厚 0.2 ~ 0.3 米。

Ⅲ. 第三道围墙

第三道围墙位于第二道园墙区域内北部，两者间距为：东侧 4.0 ~ 4.3、南侧 44 ~ 46.7、西侧 5 ~ 5.9、北侧 0.9 ~ 1.6 米。其南墙利用第二道围墙内偏南部的东西向隔墙。第三道围墙长度分别为：东墙 250.5、南墙 128.6、西墙 280.5、北墙 128.9、墙宽 2.3 ~ 3.2 米。东墙北部留有宽 4.8 米的门道，南部未与南墙相接，缺口宽 20.2 米。东墙南端内侧有夯土基址，呈南北向长方形，长 15.3、宽 3.9 米。北墙中部偏西留有宽 3.0 米的门道。第二、三道围墙之间，在东、西、北三面分别形成巷道，西宽 5.0 ~ 5.9、东宽 4.0 ~ 4.3、北宽 0.9 ~ 1.6 米。在第二道围墙的东北角留有缺口，与外围巷道相通。

（2）建筑布局

第三道园墙之内，分布着数十座夯墙区隔的小空间，应当是当时的居室建筑遗址。该区域的建筑遗址可分为南、北两部分，两者之间有东西向的巷道，长 101.0、宽 9.0 米。

南部建筑　中间有南北向巷道，将其分为基本对称的东、西两部分。该巷道南北长 163.5、东西宽 9.2 ~ 10.0 米，其南北两端分别与东西向巷道相接。

西部建筑南北长 163.5、宽 49.8 ~ 50.7 米。其中部又有南北向巷道，宽 7.9 ~ 9.5 米。巷道两侧分布有居室建筑遗址，西排居室进深 12.4 ~ 14.0、东排居室进深 24.0 ~ 24.8 米。居室遗址内的隔墙保存较差，最小者面阔 11.7 米。

东部建筑南北长 162.7 ~ 163.4、宽 46.4 ~ 47.8 米。其布局与西部建筑相仿，中间也有南北向巷道，宽 8.6 ~ 9.0 米。巷道两侧分布有居室建筑，西排进深 15.9 ~ 17.3、东排进深 17.0 米，隔墙保存较差，居室面阔为 10.3 ~ 18.6 米。部分有门道与巷道相通。

北部建筑　与南部建筑结构迥异，平面呈东西向长方形，长 106.2、宽 87.0 米。整个遗址由 4 座带庭院的独立院落组成，有门道与外侧巷道相通。由于当地村民干扰，北部建筑区域未能详探。

西侧院落平面呈南北向长方形，坐北面南，面阔 43.5、进深 85.4 米。南墙西侧留有宽 4.0 米的门道。中部有一座房址，平面呈东西向长方形，坐北面南，面阔 23.8、进深 13.8 米，西南角留有宽 3.7 米的门道。该房址西、南两侧有数段不规则的夯墙。

东侧南部院落，平面呈东西向长方形，长 60.5、宽 35.5 米。西部距西墙约 5.0 米有一道南北向夯墙。

东侧中部院落，平面呈东西向长方形，坐西面东，面阔 35.8、进深 60.6 米。东墙南部留有宽 7 米的门道，门道南侧发现残长 2.8、宽 1.3 米的砖铺地。院落西北角有夯土基址一座，呈南北向长方形，长 8.3、宽 5.5 米。庭院北、西两侧有居室建筑。北侧有居室两座，平面呈东西向长方形，坐北面南，西居室面阔 23.5、进深 12.0 米，南墙中部偏西留有宽 4 米的门道；东居室面阔 26.9、进深 10.9 米，南墙中部偏东留有宽 4 米的门道。西侧房址平面呈南北向长方形，长 25.5、宽 7 米，东南角留有宽 5.3 米的门道。

东侧北部院落，平面呈东西向长方形，坐西面东，面阔 20.1、进深 62.3 米，东侧正中留有宽 4.8 米的门道。

第三节 延陵陵园东北部建筑遗址

延陵陵园东北部建筑遗址主要包括编号为 9～10 号的两座建筑遗址。

一、9 号建筑遗址

9 号建筑遗址位于延陵陵园东北部，东距陵园东墙 20.0～27.0 米，西距 7 号建筑遗址 150.0 米，北距陵园北墙 208.0～210.0 米。遗址所在位置地势平坦，地表散见汉代板瓦、筒瓦残片。遗址为院落结构，由围墙、门址、巷道、居室建筑组成，平面略呈正方形，南北长 225.8、东西宽 218.2 米。北侧、东侧墙外有围沟（图 8－17）。

1. 地层堆积

遗址所处位置叠压在战国秦陵外陵园西园墙、围沟及陪葬墓之上，遗迹现象较为复杂。以遗址南部东侧巷道处的地层为例：

第①层，耕土层，厚 0.3 米，土色灰褐，土质松软，含植物根茎等。

第②层，晚期堆积层，距地表深 0.3、厚 0.2～0.3 米，土色浅黄褐，土质较软，含少量灰渣及残瓦片等。

第③层，踩踏层，距地表深 0.5～0.6、厚 0.05～0.1 米，呈青褐色层状，土质坚硬，夹杂灰屑和瓦砾。

第④层，夯土层，距地表深 0.7、厚 1.0 米，土色黑褐，土质坚硬，夯层清晰，夯层厚 0.08～0.1 米。为战国秦陵外陵园西墙遗址，在巷道中部南北向分布，宽 3.2 米。夯土层之下为生土。

2. 遗址结构

（1）围墙

遗址外围有夯墙环绕，墙下开挖有基槽，开口距地表深 0.5～1.1、基槽深 0.5 米。东墙长

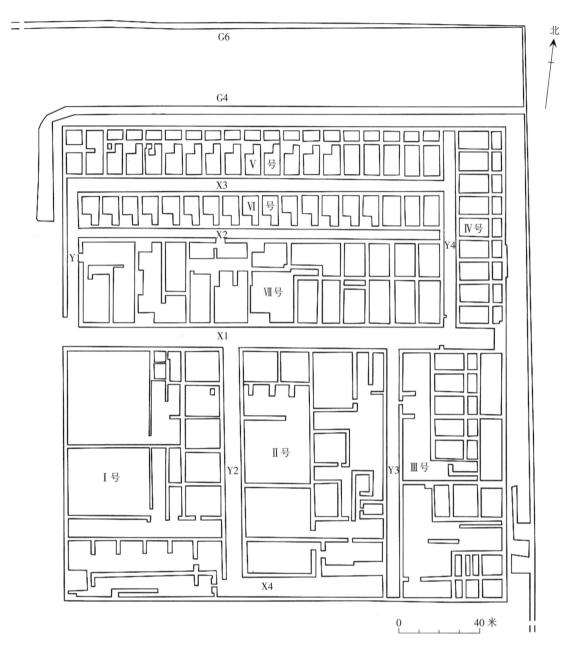

图 8 - 17 9 号建筑遗址平面图

225.8、宽 2.0 ~ 2.3、距地表深 0.5 ~ 0.8、残高 0.5 米，土色黑褐，土质坚硬，夯层清晰，厚 0.08 米。南墙长 218.0、宽 1.8 ~ 2.2、距地表深 0.5 ~ 1.0、残高 0.5 ~ 1.0 米，土色黑褐，土质坚硬，夯层清晰，厚 0.08 米。西南拐角处内侧加宽，加宽部分长 6、宽 3.2 米，或为角楼类建筑。西墙长 225.6、宽 2.0、距地表深 0.8 ~ 1.0、残高 0.5 米，土色黑褐，土质坚硬，夯层清晰，厚 0.08 米。中部断开 13.8 米，或为门道。北墙长 218.2、宽 2.0 ~ 2.1、距地表 0.6 ~ 0.8、残高 0.5 ~ 0.8 米，土色黑褐，土质坚硬，夯层清晰，厚 0.08 米。

（2）门址

东、西围墙的中部各辟一门，东、西相对，由遗址中部东西向巷道连通。东墙中部内侧加宽形成东门址，通长 14.2、宽 6.0、距地表深 0.5、残高 0.6 米，土色黑褐，土质坚硬，夯层清晰，厚 0.08～0.1 米。门址周边，距地表深 0.6 米为黑垆土。夯土中部未断开，其下开挖有基槽，深 0.5 米。西墙中部断开 13.8 米，或为遗址西门址，因破坏严重，形制不清。

（3）巷道

遗址内的建筑之间有横、纵巷道相通，共有巷道 8 条，纵向 4 条，横向 4 条，横向巷道编号为 X1～X4，纵向巷道编号为 Y1～Y4。现分别介绍如下：

X1　位于遗址中部，横贯遗址东西，连接东、西门址，通长 212.0、宽 9.2～10.0 米。巷道内距地表深 0.5～1.0 米处发现有踩踏层，厚 0.05 米。该巷道为遗址的主要通道，与南、北侧的纵向巷道相通，形成遗址的道路系统。

X2　位于 X1 北侧建筑之间，通长 178、宽 4.3～4.6 米，距地表深 1 米处发现有踩踏层，厚 0.03 米，下为黑垆土层。

X3　位于 X2 北侧建筑之间，通长 180.2、宽 5.3～6.6 米，距地表深 0.6～0.8 米处发现踩踏层，厚 0.03 米，下为厚 0.2 米的垫土层，垫土层下为黑垆土层。

X4　位于 X1 南侧建筑南端中部，通长 69.0、宽 9.3～10.2 米，距地表 1.0 米发现有踩踏层，下为黑垆土。

Y1　位于遗址西墙与 X1 北侧建筑之间，其北端与 X3 相通，中部与 X2 相汇，南端与 X1 相接。巷道通长 70.8、宽 5.5 米，距地表深 0.5～1.0 米发现踩踏层，厚 0.03～0.05 米。

Y2　位于 X1 南侧建筑西半部，北与 X1 相通，南与 X4 相接，通长 118.4、宽 7.8 米，距地表深 0.8 米发现踩踏层，厚 0.02～0.03 米，下为厚 0.2 米的垫土层，垫土下为黑垆土。

Y3　位于 X1 南侧建筑东半部，北与 X1 相通，南达遗址南墙。该巷道叠压在战国秦陵外陵园西墙之上，通长 118.2、宽 6.0 米，距地表深 0.5～0.6 米发现踩踏层，厚 0.05～0.1 米，呈青褐色层状，土质坚硬，夹杂灰屑和瓦砾。该踩踏层为汉代地面，下为战国秦陵外陵园西墙夯土。

Y4　位于 X1 北侧建筑东部，北达遗址北墙，中部偏北与 X3 相通，南与 X1 相接。通长 93.3、宽 5.6～6.2 米，距地表深 0.5 米发现踩踏层，厚 0.05～0.1 米，呈青褐色层状，土质坚硬，夹杂灰屑和瓦砾。该踩踏层应为汉代地面，下为黑垆土。北部踩踏层之下叠压战国秦墓 1 座。

（4）建筑布局

遗址由 7 座相对独立的建筑组成，编号为 I～Ⅶ号建筑，每座建筑之间为巷道。以巷道 X1 分为南、北两部分。巷道南、北两侧各南北向并列分布 3 组建筑，另在其东部（Y4 东侧）有一组建筑。

I 号建筑遗址　位于遗址西南部，四周有夯墙围绕，其西墙、南墙与 9 号遗址的西、南围墙共用。平面呈南北向长方形，长 120.4～120.8、宽 79.0～80.4、墙宽 2.0～2.3 米。其东墙未与南墙相接，形成宽 8.0 米的缺口，与 Y2 相通。

遗址东侧、南侧有整齐分布的居室建筑，西北部有两座庭院。

东侧并排分布有 5 座居室建筑，平面呈东西向长方形，面阔 15.7～16.2、进深 19.4～19.9 米。其中最南端的居室南墙中部偏西留有宽 2.9 米的门道。

在这排居室建筑的西侧，分布着数座南北向长方形居室建筑，因破坏严重，结构不详。

南侧并排分布有 6 座居室建筑，平面呈南北向长方形，面阔 12.5～14.4、进深 16.3～17.5 米。

在这排房居室建筑南侧分布有多道夯墙，因破坏严重，结构不详。

Ⅰ 号建筑遗址西北部分布有两座庭院，两者中间有隔墙。北院南北 44.5、东西 40.0 米。其东南角有 4.3 米的缺口；南院东西 40.0、南北 32.0 米，东南角有 3.5 米的缺口。

Ⅱ 号建筑遗址　位于 9 号建筑遗址的南部中间，其北侧为 X1，南侧为 X4，西侧为 Y2，东侧为 Y3。Ⅱ 号遗址四周也有夯墙围绕，平面呈南北向长方形，长 107.9～109.1、宽 71.2～72.6、墙宽 2.0～2.4 米。

遗址南、东、北部分布有多座居室建筑。

遗址南部有两座居室建筑，间距 2.5 米，平面均呈东西向长方形，西室坐西面东，面阔 16.8、进深 34.0 米，东北角留有宽 3.7 米的门道；东室坐东面西，面阔 16.5、进深 30.0 米，西、北墙中部各辟一门道，宽分别为 3.3、2.1 米。

遗址东部分布有 6 座各自独立的居室建筑，门道朝向不一，最大者面阔 28.0、进深 21.2 米，最小者面阔 8.8、进深 11.0 米。

遗址北侧西部，并排分布有两座居室建筑，西室面阔 18.5、进深 15.7 米；东室面阔 16.0、进深 15.8 米。其南侧有 4 道残断的夯墙，因遭破坏，形制不详。

Ⅱ 号建筑遗址西部，南、北侧居室建筑之间分布有两座庭院，两者之间以夯墙相隔，隔墙宽 1.8～2.1 米。北院东西 32.4、南北 30.0 米；南院东西 32.4、南北 23.9 米。

Ⅲ 号建筑遗址　位于 9 号建筑遗址东南部，北临 X1，西为 Y3。遗址四周围绕夯墙，其东墙和南墙与整个遗址的东、南围墙共用。其平面呈南北向长方形，长 120.0、宽 52.6、墙宽 1.8～2.3 米，西墙北部留有宽 1.8 米的门道与 Y3 相通。

遗址中部有一道东西向隔墙将其分为南、北两部分。

南部建筑平面呈南北向长方形，面阔 53.8、进深 50.2 米。东南角有两排居室建筑，平面呈南北向长方形，南排 3 座，北排 4 座，最大者呈正方形，边长 9.7 米，最小者面阔 2.2、进深 9.7 米。南侧西部，有居室 1 座，平面呈东西向长方形，坐南面北，面阔 25.5、进深 9.6～10.2 米，北墙西部留有宽 6.0 米的门道。

北侧东部，并排分布有居室 3 座，平面呈南北向长方形，中间居室面积最大，面阔 14.0、进深 17.5 米；两侧面积较小，东室面阔 11.7、进深 15.5 米；西室面阔 8.5、进深 17.5 米。

在南、北两侧建筑之间，还发现有东西向夯墙两段，因遭破坏，形制不详。

Ⅲ 号建筑遗址的北部建筑，平面呈南北向长方形，面阔 62.4、进深 50.4 米。其西墙中部偏北留有宽1.8米的门道。门道内南、北两侧有相对的夯土墙基两段，间距9.0米，夯墙长6.0、宽2.0米。

其东部为居室建筑遗址，南北面阔50.8、进深约23.0米。其前排居室南北并列5间，建筑结构为前、后室。每间面阔8.0~9.0米，前室进深16.3、后室进深6.7米。

在此居室南侧，还有一间独立的房址，南北面阔7.0、进深14.0米，门道位于西北角，宽1.8米。

在上述两组建筑遗址东侧还发现有两座居室建筑遗址，大小基本相同，面阔31.2、进深10.4米。两者之间以夯墙相隔。

Ⅳ号建筑遗址　位于9号建筑遗址东北部，南至X1，西临Y4，东、北依遗址围墙。平面呈南北向长方形，坐东面西，面阔93.3、进深22.5米，由并排的9座建筑组成，每座单体建筑平面呈东西向长方形，偏东部有夯墙将其隔为前、后两部分，前半部分空间较大，或为庭院；后半部分应为居室。其面阔9.8~10.7、前庭进深15.7~16.5、后室进深6.1~6.5米。

Ⅴ号建筑遗址　位于9号建筑遗址北端，东临Y4，南至X3，依遗址北墙、西墙而建。整个遗址平面呈东西向长方形，坐北面南，面阔185.5、进深22.7~23.2米。整体建筑由并排的19座建筑组成，每座单体建筑平面呈南北向长方形，偏北部有夯墙隔为前、后两部分，前半部分空间较大，或为庭院；后半部分应为居室。其面阔9.3~10.0、前庭进深16.2~16.4、后室进深6.4~6.7米。自西向东第3至第14座建筑，在前庭的西北角，均有一处夯土基址，平面近方形，面阔3.7~4.8、进深4.2~5.8米。

Ⅵ号建筑遗址　位于9号建筑遗址北部第二排，南、北分别为X2、X3，西起Y1，东至Y4。整个建筑遗址为东西长方形，长180.2、宽17.0~18.5米。由并排18座建筑组成，单体建筑平面呈南北向长方形，面阔9.3~10.7、进深17.0~18.5米。除东侧3座建筑外，其余15座均在西南角有夯土基址，东西4.2~5.2、南北5.2~6.0米。

Ⅶ号建筑遗址　位于9号建筑遗址北部偏南，东临Y4，西抵Y1，南至X1，北达X2。整个遗址平面呈东西向长方形，面阔179.7、进深41.5~42.7米。其东部建筑相对较为规整，由两排11座居室建筑组成，南排6座、北排5座。其中南排建筑除自东向西第4座之外，其余5座建筑结构与空间大小基本相同，面阔8.6~12.8、进深22.0~22.4米。北排自东向西4座建筑基本相同，面阔10.4~12.8、进深15.7米。自东向西第4座建筑在南、北居室之间另有一座较小的空间，东西10.7、南北2.1米，其南侧居室面阔10.7、进深16.5米。北排自东向西第5座建筑平面呈曲尺形，南北宽10.0~15.7、东西长约25.0米。

Ⅶ号建筑遗址的西部遗迹相对比较凌乱，夯墙、夯土杂混，无法理清其建筑结构。另外，在遗址北墙西部、西墙北部留有宽约4.2米的缺口，或为门道。

二、10号建筑遗址

10号建筑遗址位于9号建筑遗址以南约4.0米处，东距陵园东墙18.0~27.0、西距4号建筑遗址132.0米。遗址所处位置地势平坦，地表散见大量汉代板瓦、筒瓦残片等。该遗址为院落结构，由围墙、巷道、居室建筑组成，平面略呈方形，南北219.3（东）~221.2（西）、东西218.0、墙宽1.8~2.0米，西墙北部留有宽2.4米的门道。东、南、西三侧墙外有围沟（图8-18）。

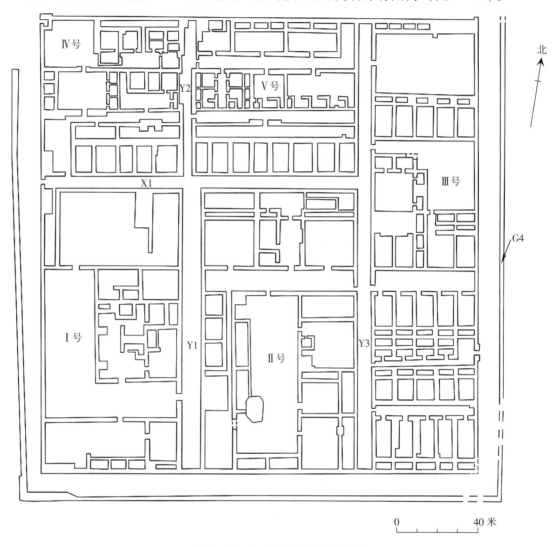

图8-18　10号建筑遗址平面图

1. 地层堆积

遗址现地势平坦，地表散见大量汉代板瓦、筒瓦等建筑材料残片，地层可分5层，现以Y3与X1相交处为例介绍如下（图8-19）：

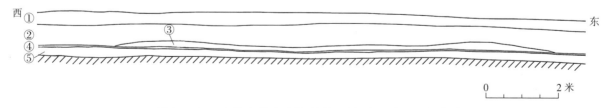

图8-19　10号建筑遗址地层剖面图（Y3与X1相交处）

第①层，耕土层，厚0.3~0.4米，土色灰褐，土质松软，含植物根茎及瓦砾等。

第②层，晚期堆积层，距地表深0.3~0.4、厚0.4~0.6米，土色浅黄褐，土质较软，含少量灰渣及残瓦片等。

第③层，瓦片堆积层，距地表深0.7~0.9、厚0~0.3米，含大量汉代瓦片堆积。保存较好，遍布遗址，特别是夯墙的两侧。

第④层，踩踏层，距地表深0.9~1.0、厚0.01~0.05米，呈青褐色层状，土质坚硬，夹杂灰屑和瓦砾。该层为汉代活动面。

第⑤层，黑垆土层，距地表深1.0~1.1、厚0.2~0.3米，土色黑褐，土质较软。黑垆土层之下为生土。

2. 遗址结构

遗址为院落结构，平面略呈方形，由围墙、巷道、居室建筑组成。

（1）围墙

遗址外有围墙环绕，四墙长度分别为：东墙219.3、南墙218.0、西墙221.2、北墙218.0、距地表深0.7~1.0、残高0.5~0.6米，土色黑褐，土质坚硬，夯层清晰，厚0.08米。围墙底部有基槽，开口距地表深0.8~1.1、基槽深0.3~0.5米，基槽之上的墙体残存高度为0.2~0.3米，部分区域仅剩夯土墙基。西南部墙体夯土中夹杂少量灰渣、陶片，应为开挖基槽时打破早期灰坑所致。

（2）角楼基址

除东南角被现代水渠破坏，结构不清之外，在遗址的其余三个墙角明显有加宽的夯土基址，可能原来有角楼类建筑。

西南角楼基址平面呈东西向长方形，长16.8、宽5.1、距地表深0.8、残高0.8米，夯筑，土色黄褐，夯层厚0.08~0.1米，其下有基槽，深0.5米。基址周围有大量瓦片堆积，距地表深0.8、厚0.1~0.2米。

西北角楼基址平面呈南北向长方形，长7.6、宽6.0米，西墙留有宽2.4米的门道，墙宽2.0米，基址处有大量瓦片堆积。

东北角楼基址平面呈东西向长方形，长22.5、宽6.6、距地表深0.5~0.6、残高1.0~1.2米。土色黑褐，土质坚硬，夯层清晰，厚0.08米。

（3）门址

遗址东、西各发现一门址。西门址位于西墙中部偏北，正对最北侧的东西向巷道，门道宽2.4米。门道内北侧有一夯土基址，平面呈南北向长方形，长12.2、宽6.0米，或为门房建筑。基址距地表深0.8、残高1.0米，土色黑褐，土质坚硬，夯层清晰，厚0.08~0.1米。门址周围，有大量红烧土和瓦片堆积，距地表深0.8、厚0.1~0.2米。门道内距地表深1.0米出现黑褐色踩踏层，厚0.05米。

东门址位于东墙南部，门道宽 2.4 米。门道两侧均有南北向长方形夯土基址，北侧基址长 2.9、宽 2.6 米；南侧基址长 2.8、宽 2.6 米。基址距地表深 0.7、残高 0.8 米。土质坚硬，土色黑褐，夯层清晰，厚 0.08 米。门址周围有大量红烧土和瓦片堆积，距地表深 0.8、厚 0.1～0.2 米。门道内距地表深 0.8 米出现黑褐色踩踏层，厚 0.05 米。

（4）巷道

遗址内的建筑之间有横、纵巷道相通，巷道相互交错，形成遗址内的道路系统，将各组建筑连接。共有巷道 4 条，其中纵向 3 条，横向 1 条，横向巷道编号为 X1；纵向巷道编号为 Y1～Y3。现分别介绍如下：

X1　位于遗址中部偏北，正对西门址，东接 Y3。X1 长 156.2、宽 5.6～6.3 米，距地表深 0.8～2 米处出现黑褐色踩踏层，厚 0.02～0.05 米。

Y1　位于遗址西南部，南起遗址南墙，向北延伸 135.0、宽 9.3～10.0 米，距地表深 0.8～1.0 米处出现黑褐色踩踏层，厚 0.01～0.03 米。

Y2　位于遗址西北部，北起遗址北墙，南接 X1，与 Y1 相对。巷道北部有折曲，不甚规整，通长 74.9、宽 4.2～7.2 米，距地表深 0.8～1.0 米处出现黑褐色踩踏层，厚 0.01～0.03 米。

Y3　位于遗址东部，北起遗址北墙，南抵遗址南墙，西接 X1。通长 214.3、宽 6.4～7.2 米。Y3 走向与 9 号建筑遗址的 Y3 在同一直线上，叠压在战国秦陵外陵园西墙之上。距地表深 0.9～1.1 米处出现踩踏层，厚 0.01～0.5 米，呈黑褐色层状，土质坚硬，夹杂灰屑和瓦砾，该踩踏层应为汉代地面。

（5）建筑布局

10 号建筑遗址由 5 座相对独立的建筑组成，编号为 I～V 号，建筑之间有巷道相隔。东部以 Y3 将其分为东、西两部分，西部 4 座、东部 1 座。

I 号建筑遗址　位于遗址西南部，依遗址的西、南围墙而建，东临 Y1，北抵 X1。平面呈南北向长方形，长 134.3、宽 70.2 米。四面有夯墙，墙宽 2.0～2.4 米，东墙偏南位置有一处宽约 3.5 米的缺口，或为门道。整个遗址可分为南部建筑、中部建筑、北部建筑 3 个部分。

南部建筑：平面呈东西向长方形，坐南面北，面阔 67.9、进深 24.5 米，可分为东、西两个庭院。西部庭院平面呈东西向长方形，面阔 51.8、进深 24.5 米。建筑格局为前庭后室，前庭进深 16.9 米，北墙偏东部留有宽 3.1 米的门道，东南角有居室建筑 3 座，面阔 7.3～8.7、进深 4.2 米，房址处有大量的瓦片堆积。东部庭院平面呈南北向长方形，坐东面西，前庭后室，前庭面阔 21.0、进深 15.7 米。西墙中部偏北留有宽 2.6 米的门道，连通东、西两个院落。居室位于庭院南侧，面阔 15.6、进深 3.8 米。

北部建筑：I 号建筑北部在距西墙 5.4 米处有一座东西向长方形庭院，坐北面南，面阔 58.7、进深 35.0 米。其北墙偏东部向南凸出一座曲尺形夯土基址，南北长 16.2～28.5、东西宽 1.8～8.7 米。北部庭院南墙偏西部留有宽 3.4 米的缺口，或为门道。

中部建筑：在北部建筑南侧依东墙有一处建筑遗址，南北长55.0、东西宽42.5米，其南墙偏西部有一处宽3.2米的缺口，或为门道。中部建筑除东北、东南两座居室较为规整外，其余部分有多条残断夯墙与夯土基址杂混，形制不清。东北居室遗址平面呈东西长方形，长17.5、宽14.1米。东南居室遗址平面呈曲尺形，南北长12.4～23.5、东西宽9.5～13.7米，其西墙中部有2.2米的缺口，应为门道。

Ⅱ号建筑遗址　位于遗址中南部，北临X1，东、西分别为Y3、Y1。平面呈南北向长方形，长134.3、宽77.8、墙宽1.8～2.2米，其东墙偏北部有宽2.3米的缺口，应为门道。整个建筑可分为南、北两部分，中间以巷道相隔，巷道东端偏南留有缺口，应为门道。

南部建筑：西北角依西墙北段，并排分布有居室建筑3座，面阔9.0～12.0、进深10.5～11.0米。在其南侧有一座夯土基址，平面呈南北向长方形，长17.0、宽11.4米。

在上述建筑的东侧为一座四面有围墙的庭院建筑，其北墙偏西的位置有宽约2.2米的缺口，应为门道。另外，其西墙偏南的位置也有缺口，但墙体断茬不平整，或为墙体被破坏所致。

该庭院西北角有一座略呈正方形的夯土基址，边长6.5米。其南侧依庭院西墙分布有两座南北长方形居室遗址，长21.0、宽9.0米。庭院南部偏西并排分布有两座东西长方形的居室建筑遗址，长14.5、宽5.0～5.5米。庭院东部建筑较为复杂，北端为一座东西长方形建筑，长27.5、宽12.2米。

其南侧有一座长方形建筑，长27.8、宽24.0米，其西墙偏北有宽2.0米的门道，门道南侧有一座小型居室，坐南面北，略呈正方形，边长6.5、北墙中部有门道。其南侧为一座南北长方形夯土基址，长8.2、宽5.1米。

庭院东部偏南为南北并列的两座建筑，北部建筑在西墙偏南位置设有门道，西南部为厅堂，其东、北两侧有居室建筑，均为长方形，北侧居室东西长19.0、南北宽5.0米；东侧居室南北长7.6、东西宽21.6米。南部建筑在西墙偏北位置设有门道，西部为厅堂，东部为居室。居室为南北向长方形，长27.0、宽7.7米。

Ⅲ号建筑遗址　位于10号建筑遗址的东部，南、东、北三面为10号遗址外围墙，西侧有南北向夯墙，墙外为Y3。Ⅲ号建筑平面呈南北长方形，长219.0、宽52.5、墙宽2.0米。整个建筑可分为南、中、北三部分。

南部建筑内有两条东西向巷道，又将其分隔为三组。南组为东西并排分布的5座居室，坐南面北，前厅后室，北墙中部留有门道。前厅呈南北长方形，长20.3、宽6.0～8.2米；后室呈东西长方形，长8.5、宽3.2米。

南组建筑北侧为巷道，其西端有门道与Y3相通。

巷道北侧为中组建筑，亦为东西并排分布的5座居室，应为坐北面南，前厅后室，未发现门道。前厅呈南北长方形，长9.6、宽7.0～8.3米；后室呈东西长方形，长7.0～8.3、宽2.4～3.0米。

在中组建筑北侧为另外一条巷道，其西端有门道与Y3相通，东端北折形成一南北长方形的空间，其东侧中部在 10 号遗址东墙开有一处门道，宽 2.4 米，其两侧夯墙明显加宽为夯土基址，长 2.8、宽 2.6 米。

北组建筑为东西并排分布的 5 座居室，均为坐南面北，前厅后室，其北部为南北长方形厅室，其北墙西端均有门道。厅室南侧为南北并排分布的 3 座东西长方形居室（东端第一座南部只有一座居室），最南端的居室在南墙中部留有门道。

中部建筑：平面呈曲尺形，依西墙、南墙分布，西墙北端有宽 2.5 的门道与 Y3 相通。西侧建筑北部为厅室，其北侧有两座东西并列的居室，坐北面南，面阔 8.3、进深 5.4 米，南墙中间有门道；其东北、东南各有一座居室，坐东面西，面阔 5.0～6.4、进深 3.0～3.6 米，西墙中间有门道。西侧建筑南部东西对称分布两座刀形居室，南北长 14.8～16.1、东西宽 2.6～8.3 米。在该组建筑东部南北排列有 3 座小型居室，南北长 6.4～8.6、东西宽 3.3 米。

中部建筑的南墙东部东西并列分布有 2 座居室，南北长 25.4、东西宽 23.4 米，西侧居室西北部有走道直通北墙西端的门道。走道以东为一组"田"字形建筑，四角为 4 座较小的居室，东西长 9.0、南北宽 2.3～3.8 米。

Ⅲ号遗址的北部建筑分为南北两部分，南组建筑为依南墙并列分布的 5 座厅室建筑，均为南厅北室，南厅南北长 14.7、东西宽 8.0～8.6 米；北室东西长 5.5～8.2、南北宽 2.2～2.4 米。北组建筑仅在北墙西半部东西并列分布有 4 座东西长方形的小型居室，长 6.2、宽 2.5 米。其东侧夯墙明显加宽。

北部建筑西墙中部偏北有宽 2.7 米的门道与 Y3 相通。

Ⅳ号建筑遗址　位于 10 号遗址西北部，南临 X1，东抵 Y2。建筑平面呈南北长方形，长 76.5～77.2、宽 68.5～70.9 米。整个建筑分为南、中、北三部分，通过其内部的三个门道相互连通，形成一个整体。

南部建筑平面呈东西长方形，长 70.8、宽 31.0 米。西、北侧为庭院，平面呈曲尺状，东西 67.0、南北 5.1～26.9 米。东南部为东、西两座院落，坐南面北，均为前庭后室结构。东院面阔 29.6、进深 24.0 米。北墙中部有倒凹字形门址，长 11.0、宽 5.7 米，门道宽 3.0 米。庭院平面呈东西长方形，面阔 29.6、进深 5.6 米。其南侧有 3 座房址，面阔自西向东分别为 6.0、7.0、10.3 米，进深均为 14.5 米。该房址处距地表深 0.8 米处有大量瓦片堆积。西院面阔 19.8、进深 24.0 米。北墙正中有门道，宽 2.0 米。庭院平面呈东西长方形，面阔 17.0、进深 7.3 米。其南侧有两座房址，面阔分别为 8.0、9.8，进深 14.5 米。

中部建筑平面呈东西长方形，长 68.5、宽 20.7 米，分为东、西两院。东院平面呈东西长方形，长 29.6、宽 19.2 米。南墙正中有门道，宽 2.3 米，东侧有一座房址，坐东面西，面阔 7.4、进深 3.6 米，东北侧并排分布房址 3 座，面阔分别为 7.8、5.4、7.0 米，进深均为 9.7 米。西院平面呈东西长方形，面阔 23.4、进深 19.0 米。南、北墙中部各辟一门，宽度分别为 2.9、2.3 米。庭院东、西两侧各有房址 3 座，东侧房址面阔 5.0～5.4、进深 5.3 米，其西墙均设有门道通向庭院；西侧房址面阔

4.0～6.0、进深5.0米，未发现门道。

北部建筑平面呈东西长方形，长70.3、宽26.9米，分为东、西两院。西院东西长20～25.7、南北宽17.2～22.9米。东院平面呈东西长方形，面阔39.5、进深25.2米。由前院、房址、后院组成，前院平面呈东西长方形，长18.4、宽7.8米，两侧各有房址，东侧5座，西侧3座。后院平面呈东西长方形，面阔31.4、进深3.2米，前、后院之间有宽2.0米的巷道连接。

V号建筑遗址　位于遗址中部偏北，南临X1，东、西分别为Y3、Y2。平面呈东西长方形，长83.2、宽73.4米。其四周有夯墙，西墙辟有两处宽度为1.7、2.0米的门道与Y2相通，门道内对应有两条宽度分别为5.3、6.4米的巷道，将整个建筑区隔为南、中、北三部分。

南部建筑平面呈东西长方形，坐南面北，由庭院、房址组成，北墙中部留有宽2.7米的门道，门道两侧夯墙加宽形成基址，东西长6.8、南北宽3.0米。南部庭院面阔79.2、进深7.2米，庭院南侧并排分布有房址8座，平面呈南北长方形，坐南朝北，面阔5.7～9.2、进深16.0米。

中部建筑平面呈东西长方形，坐南面北，面阔81.6、进深19.0米，由东、中、西3个院落组成。东院坐南面北，由庭院、房址组成，北墙中部留有宽2.2米的门道。庭院面阔35.0、进深12.6米，其南部有房址4座，坐南面北，自东向西面阔分别为8.7、8.9、8.4、3.7米，进深5.5米。该房址距地表深0.6米处发现大量瓦片堆积，厚度0.2～0.3米。

中院坐南朝北，由庭院、房址组成，北墙中部开有宽2.3米的门道。庭院面阔17.2、进深12.6米，其南部有房址2座，东房址面阔9.0、进深3.5米，西房址面阔4.5、进深3.5米，其北墙中部有宽1.0米的门道。

西院坐南朝北，面阔29.0、进深18.6米。中部为一南北通道，宽4.2米，北端正中辟有宽1.8米的门道。该通道两侧对称分布有两组建筑，其建筑格局大致相仿。现以东侧建筑为例介绍：南北并排分布房址2座，坐东面西，北房址面阔6.1、进深10米。西墙中部有宽1.2米的门道。分前厅后室，前厅进深6.5、后室进深2.4米；南房址面阔9.4、进深9.9米。其西墙偏北位置有一处宽1.2米的门道。由厅室、居室组成，厅室东侧有2座居室遗址，南北长分别为4.9、3.6，东西宽4.3米。厅室西南角另有居室遗址1座，南北长4.5、东西宽4米。

北部建筑平面呈东西长方形，坐北面南，面阔71.4、进深17.2米，由东、中、西3个院落组成。东院坐北面南，面阔27.2、进深17.2米，由庭院和房址组成，南为庭院，北为房址。庭院南北宽8.6米，其南墙正中有宽2.1米的门道。庭院北部为东西并排分布的两座房址，均为东西长10.7、南北宽3.0米。

中院除北部分布3座房址之外，其建筑格局和规模与东院大致相仿。

西院面阔15.7、进深17.2米。由庭院和房址组成，庭院位于南部，由于其西墙北段加宽，庭院平面略呈曲尺形，东西长14.3～15.7、南北宽8.6米。庭院北部有一座房址，坐北面南，面阔7.1、进深4.3米，其南墙西端有门道。该房址处距地表深0.7米有大量瓦片堆积，厚0.1~0.2米。房址西侧有一座曲尺形夯土基址，南北长5.2~10.0、东西宽2.8~6.4、距地表深0.7、基址残高0.8米，土质坚硬，夯层清晰。

3. 围沟

在9、10号建筑遗址围墙外侧有围沟环绕。东侧围沟距遗址东围墙9.1~10.3、通长510.0米；南侧围沟距遗址南围墙9.0~11.0、通长240.0米；西侧围沟距遗址西围墙7.3~11.0米，中北部大段缺失，仅在9号遗址西侧北部有一小段，长50.0米，南部在10号遗址西侧有一大段，长207.5米；北侧有两道围沟，第一道围沟与遗址北围墙的间距为5.5~6.2米，两道围沟间距约37.5米。第一道围沟东西长234.0米，第二道围沟超出9号遗址西墙继续向西延伸，其西部因现代建筑占压，无法勘探，残长340.3米。围沟宽1.0~3.1、深2.0~2.5米，开口距地表0.6~1.0米，沟内填土呈灰褐色，含灰屑、红烧土颗粒、瓦片等。

第四节　延陵陵园西北部建筑遗址

延陵陵园西北部、祔葬墓区东侧分布有11~12号两座建筑遗址。

一、11号建筑遗址

11号建筑遗址西临祔葬墓区，北距周陵街道办西石村约300.0米。该遗址为院落型结构，周围有夯墙，墙外有围沟环绕。遗址（围墙范围内）平面呈南北长方形，长248.4、宽140.2、墙宽1.3~2.7米，南部、北部保存较差，仅保留夯墙残段，中部相对保存较好，建筑结构大致清楚（图8-20）。遗址所在区域地表散布较多汉代板瓦、筒瓦残片。

1. 地层堆积

遗址位置，地势西高东低、中部略高，西南部被村民取土破坏，上部地层有所破坏。

第①层，耕土层，厚0.3米，土色灰褐，土质松软，含植物根系及瓦砾等

第②层，晚期堆积层，距地表深0.3、厚0.2~0.6米，中部堆积较厚，土色浅黄，土质较软，含灰渣、红烧土屑及少量瓦片。

第③层，汉代层，距地表深0.8、厚0.1~0.2米，土色灰褐，土质松软，包含大量灰屑、红烧土屑和瓦片。主要分布于遗址的中部、西部。

第④层，垫土层，距地表深1.0、厚0.2米，土色黄褐，土质较硬，部分区域有踩踏层。主要分布于遗址中部。

第⑤层，黑垆土层，距地表深0.5~1.1、厚0.4米，土色黑褐，土质较软。该层下为生土。

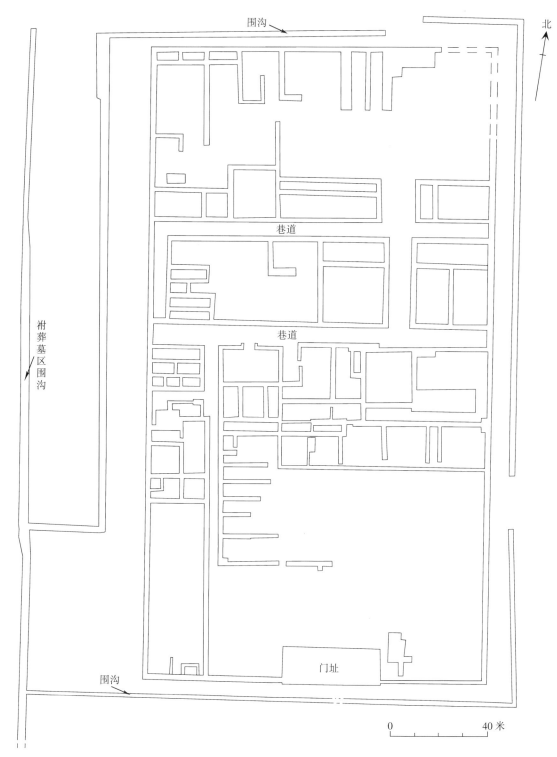

图 8－20　11 号建筑遗址平面图

2. 遗址结构

（1）围沟

遗址外围有围沟环绕，平面略呈曲尺形。东围沟长 270.0 米，南部断开 20.9 米，缺口处有踩踏路面；南围沟超出遗址西围沟位置向西延伸，直至与祔葬墓区的围沟相接，通长 199.3 米，遗址南部正中的道路从围沟上通过，勘探发现踩踏层叠压在围沟填土之上；北围沟通长 173.8 米，东部断开 15.6 米，缺口处有踩踏路面；西围沟向南 196.0 米处西折 30.8 米，与祔葬墓区的围沟相接。西折部分南距南围沟 63.0 米。围沟宽 2.0~5.5、深 2.0~3.0、开口距地表深 0.5~1.0 米，填土呈黑褐色，土质松软，夹杂灰屑、红烧土屑及瓦片等。围沟与遗址围墙的间距：东 7.7~10.4、南 5.6~7.1、西 15.8~16.7、北 3.7~9.8 米。

（2）园墙

遗址外围有夯墙环绕，除东北角破坏无存外，其余部分基本保存完整。

东墙通长 250.0、宽 2.1~2.7、距地表深 0.4~1.0、残存高度 0.1~0.5 米。墙体土色黄褐，土质较硬，夯筑于黑垆土层之上，未挖基槽。

南墙通长 140.2 米，中部有夯土基址将其分为东西两段，西段长 56.5、宽 2.0~2.3、距地表深 0.4~0.8、残存高度 0.5 米。墙体土色黄褐，土质坚硬，夯层清晰，下有基槽，深 0.3 米；东段长 43.7、宽 1.3 米，保存较差，距地表深 0.3、残存高度 0.1 米，夯筑于黑垆土层之上，未挖基槽。

西墙通长 248.3、宽 2~2.2、距地表深 1.0、残存高度 0.3~0.5 米。墙体土色黄褐，土质坚硬，夯层清晰。下有基槽，深 0.3 米。

北墙通长 141.0、宽 2.0~2.2、距地表深 0.4~0.8、残存高度 0.3~0.5 米。墙体土色黄褐，土质坚硬，夯层清晰。下有基槽，深 0.2~0.3 米。

（3）门址

南墙中部有一夯土基址，应为门址。其平面呈东西长方形，长 40.0、宽 14.4~14.8、距地表深 0.3~0.5、残存高度 0.5~0.7 米。夯土土色黄褐，土质较硬，夯层不清。其下有基槽，深 0.4 米。

（4）建筑布局

遗址为院落型结构，外有围墙，平面呈南北长方形，长 248.3~250.0、宽 140.2~141.0 米，遗址内有多条巷道，将其分为西南部、东南部、中部、北部四个区域的建筑。

西南部建筑整体呈南北长方形，长 129.2、宽 21.0~24.2 米。其北部为一组独立的建筑，平面为东西长方形，长 21.3、宽 16.0 米。建筑内部以多道夯墙隔为 6 个空间，北部空间东西长 21.3、南北宽 5.7 米。中部东西并排分布两个空间，大小相仿，东西长 10.0、南北宽 5.6 米。南部东西并排分布 3 个空间，东西长分别为：6.0~8.3、南北宽均为 4.9 米。在上述建筑南侧为另一组建筑，两者之间有一条宽 3.0~7.5 米的巷道相隔。该组建筑南北长 108.3、东西宽 24.2 米。其北部分布有多道夯墙和夯土遗址，间隔为 7 座大小不一的空间，南部因破坏严重，结构不清。

东南部建筑位于 11 号遗址南部偏东，与西南部建筑之间有一条南北巷道，长 86.4、宽 3.9~5.6 米。其建筑平面呈东西长方形，长 109.3、宽 86.4 米。南部遭到破坏，仅余多段与西墙相接的东西向夯墙残段。北部相对保存较好，偏西处为一组建筑，坐南朝北，前庭后室，北墙开有宽 4.5 米的门道。庭院平面呈东西长方形，面阔 22.5、进深 12.8 米。庭院南侧并列 3 座居室建筑，平面呈南北长方形，面阔分别为 6.0、8.2、4.3，进深均为 14.0 米。该组居室南侧还有一座东西长方形空间，长 22.5、宽 2.8 米。

在上述建筑东侧并列分布 4 座庭院建筑，其中西院呈曲尺形，东西 11.1～19.2、南北 4.6～20 米。在其南侧有一东西向长方形空间，长 19.5、宽 6～6.7 米。中院呈南北长方形，长 20.14、宽 5.5～10.3 米，其东北角有一座居室建筑，南北长 8.3、东西宽 2.5 米。中院南侧有一东西向长方形空间，长 11.5、宽 6～6.7 米。东院为南北长方形，长 20.0、宽 19.0 米。东院东侧为一夯墙、夯土基址区隔的空间，其西北角夯土基址为东院北墙向东延伸部分南凸形成，东西 7.6、南北宽 3.5 米；南部夯土基址西端分别与东院南墙、东墙相连，东西长 26.4、南北宽 9.2 米。其余部分为多段夯墙和夯土遗址区隔的形状各异、大小不一的空间，建筑形制不清。

东南部建筑南侧为一大型庭院，东西 112.8、南北 44.0 米。庭院南部正中为内凸的夯土门址，其东侧约 2.5 米处另有一座形状不规则的夯土基址，南北长 11.4～17.1、东西宽 2.1～9.5 米。

中部建筑位于西南、东南部建筑北侧，东依 11 号遗址东墙，西距遗址西墙 5.1 米。其偏东位置有一条宽 8.7～9.0 米的巷道将建筑分隔为东、西两部分。东部建筑南北长 35.7、东西宽 34.2 米，周围有夯墙，其内有"T"字形夯墙隔为 3 个空间，北部为东西长方形，长 29.3、宽 7.6～8.0；南部为并列分布的两座南北长方形空间，长 21.5、宽 13.3 米。西部建筑东端为一座院落建筑，坐北面南，前庭后室，南部庭院东西长 24.3、南北宽 22.1 米；北部居室呈东西长方形，长 24.3、宽 7.6 米。其西侧 17.8 米处接有一道自北墙向南延伸的"L"形夯墙。中部建筑的西南角南北并排分布有 4 座大小不一的东西长方形居室，长 5.5～14.2、宽 2.4～3.6 米。

中部与南部建筑之间的巷道长 136.5、宽 6.9～8.3 米；中部与北部建筑之间的巷道长 136.2、宽 5.5 米。

11 号遗址的北部建筑整体呈东西长方形，长 140.2、宽 68.5 米。其东南部为一东西长方形空间，长 30.2～30.6、宽 16.7～17.1 米，距西墙 5.3 米处有一道南北夯墙。该组建筑西侧为巷道，南北长 17.2、东西宽 12.8 米。巷道以西并排分布有 4 座建筑，自东向西第一座建筑呈东西长方形，长 41.0、宽 17.5 米，距北墙 3.0 米处有一道东西向夯墙。第二座建筑南北长 18.6、东西宽 17.1 米。第三座建筑平面略呈正方形，边长 8.5 米。第四座建筑平面为东西长方形，长 18.5、宽 8.5 米。

北部建筑在西北角还东西并列分布有 3 座居室建筑，东西长 8.5～11.4、南北宽均为 2.5 米。其余均为残断的夯墙，以及不成规律的夯土基址，建筑形制不清。

二、12 号建筑遗址

12 号建筑遗址位于延陵陵园西北部，其南距 11 号建筑遗址北围沟 6.2～7.2 米。该遗址平面呈南北长方形，长 69.0、宽 51.6 米（图 8－21）。

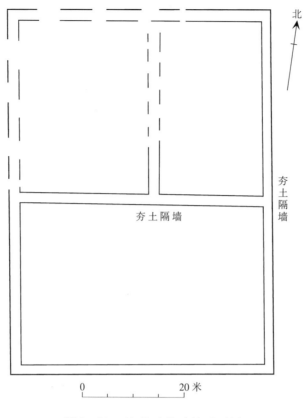

北

夯
土
隔
墙

夯土隔墙

0　　　　　　20 米

图 8 - 21　12 号建筑遗址平面图

遗址四周有夯墙环绕，仅余墙基，西北部遭到严重破坏，墙基无存。东墙长 69.0、宽 1.7～1.9 米；南墙长 51.6、宽 1.7～1.9 米；西墙残长 35.3、宽 2.1 米；北墙残长 16.7、宽 2.1 米。墙基距地表深 0.5～0.8、残存高度 0.5～0.6 米，土色黑褐，土质坚硬，夯层清晰，厚 0.1 米。墙基基槽深 0.5 米。

遗址中部有一道东西向夯墙，将遗址分为南、北两部分。夯墙长 47.7、宽 2.0、距地表深 0.6～0.8、残高 0.5 米，土色黑褐，土质坚硬，夯层清晰，夯层厚 0.1 米。北部距东墙 19.8 处又有一道南北向夯墙，其北半部遭到破坏，残长 10.0、宽 2.1、距地表深 0.6、残高 0.5 米，土色黑褐，土质坚硬，夯层清晰，夯层厚 0.1 米。

第五节　延陵陵园外建筑遗址

延陵陵区除在延陵陵园内发现上述 12 座建筑遗址之外，还在陵园东墙外发现了两处夯土基址与瓦片堆积，编号为 13～14 号建筑遗址。

一、13 号建筑遗址

13 号建筑遗址位于延陵陵园外东侧，东门外曲尺形建筑遗址北侧，间距 16.0 米。遗址为一座夯土基址，平面呈正方形（图8-22），边长9.5～9.8、距地表深0.6、残高0.4米。土色黄褐，土质坚硬，夯层清晰，厚0.1米。该夯土基址直接夯筑于黑垆土层之上。在夯土基址周边发现柱础石5处，分布于夯土基址的四角及西侧中部，柱石边长0.3～0.4、距地表深0.7～0.8米。以夯土基址为中心，在边长约12.0米的区域内发现大量红烧土、汉代瓦片堆积等，厚约0.1～0.3米。

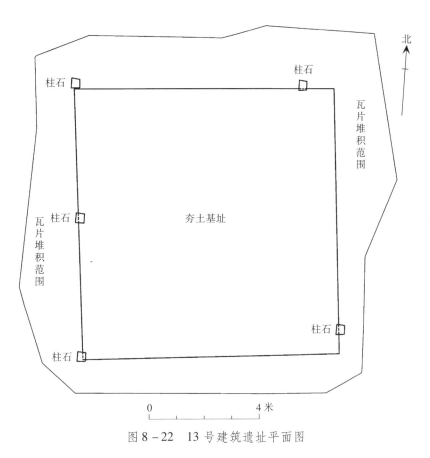

图8-22　13号建筑遗址平面图

二、14号建筑遗址

14号建筑遗址位于延陵陵园东侧，第一、二两道围沟之间，南距13号建筑遗址约272.0米。遗址所在位置略高于周围地表，平面呈南北长方形，长11.7～12.2、宽10.8～10.9米。距地表深0.3～0.4米处发现有大量瓦片堆积，厚0.2～0.3米，其下为夯土，残高0.3米。由于瓦片堆积层较厚，影响勘探，夯土基址形制、规模不详。

第九章　陪墓葬

延陵陵园外调查、勘探共发现陪葬墓36座，大都沿司马门道两侧分布，其中南司马门道两侧最集中。这些墓葬大多存有封土，封土形状多为覆斗形、圆丘形。墓葬规模大小不一，墓道朝向以南向、东向者居多。

1. 陪葬墓 M1

位于陵园东司马门道南侧，南距陵园外扩部分北墙29.0米。该墓为东西向，墓道在墓室的东边，方向83°，由墓道、过洞、天井、墓室四部分组成，地表不见封土（图9-1）。

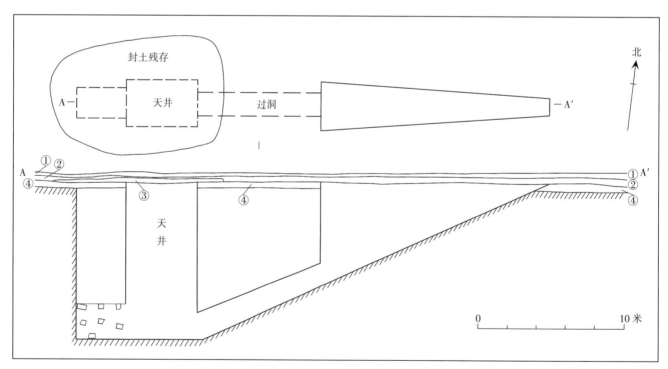

图9-1　陪葬墓 M1 墓葬形制平、剖面图

经勘探在墓室和天井上部残存有封土基础，深度距地表0.3～0.5米，残存最厚处为0.3米，分布范围呈椭圆形，东西11.8、南北7.4米，土色黄褐，夹杂大量红褐色土颗粒和礓石，土质较硬，经粗夯，夯层不明显。

墓道平面呈梯形，长 15.7、宽 1.1 ~ 3.2、距地表深 0.7 ~ 11.0 米。墓道内填五花土，土质较硬，土色黄褐，包含少量红褐色土颗粒及礓石。

过洞位于墓道西侧，土洞结构，水平长度 8.6、宽 1.5、高 1.5 ~ 1.8 米，底部距地表深 7.4 ~ 11.0 米。过洞内填五花土、淤土，土质较密实。

天井位于过洞西侧，平面呈东西长方形，长 4.9、宽 3.0、距地表深 11.0 米。内填五花土，土质较硬，包含较多红褐色土颗粒和礓石粒。

墓室位于天井西侧，土洞砖券结构，进深 3.5 米，宽 2.0 米，洞室高 2.3 米。墓室中心点 GPS 坐标：北纬 34°22′31.2″，东经 108°42′20.6″，海拔 467.0 米。

地层堆积：

第①层，耕土层，厚度 0.2 ~ 0.4 米，土色灰褐，土质松软，包含植物根系及瓦砾等

第②层，晚期堆积层，距地表深 0.2 ~ 0.4、厚 0.3 ~ 0.5、最薄处为 0.05 米，土色浅黄，土质较软，包含灰屑、红烧土屑及少量瓦砾。

第③层，封土遗存，距地表深 0.3 ~ 0.5、厚 0 ~ 0.3 米左右，包含大量红褐色土颗粒和礓石粒，该层基本分布于天井和墓室顶部周围。

第④层，黑垆土层，距地表深 0.5 ~ 0.7、厚 0.4 ~ 0.6 米左右，呈黑褐色，土质较软。

④层下为黄生土。

墓道、天井开口于黑垆土层，开口层距地表深 0.6 ~ 0.8 米。

2. 陪葬墓 M2

位于延陵陵园东侧偏北处，距陵园东墙 60.0 米。该墓坐北面南，方向 172°，由墓道和墓室两部分组成，地表不见封土（图 9 - 2）。

墓道平面呈梯形，长 20、宽 1.5（北）~ 1.9（南）米，底部呈斜坡状，距地表深 0.6 ~ 6.8 米。墓道内填五花土，土质较软，土色黄褐。

墓室位于墓道北侧，土洞结构，进深 5.2、宽 4.0、高 1.6 米。墓室内充满淤土，土质密实。墓室底部有少量褐色板灰遗迹。墓室中心点 GPS 坐标：北纬 34°22′59.6″，东经 108°42′09″，海拔 469.0 米。

3. 陪葬墓 M3

位于延陵陵园东侧偏北处，M2 东北侧。该墓葬坐北面南，方向 168°，由墓道和墓室两部分组成，地表无封土（见图 9 - 2）。

墓道平面呈梯形，长 10、宽 0.9（南）~ 1.1（北）米，底部呈斜坡状，距地表深 0.8 ~ 5.0 米。墓道内填五花土，土质较软，土色黄褐。

墓室为土洞结构，进深 4.2、宽 2.0、高 1.5 米。墓室内充满淤土，密实。墓室底部有少量褐色板灰遗迹。墓室中心点 GPS 坐标：北纬 34°23′01″，东经 108°42′09″，海拔 468.0 米。

4. 陪葬墓 M4

位于延陵陵园东侧偏北处，M2 东南侧。该墓葬坐北面南，方向 168°，由墓道和墓室两部分组

成，地表无封土（见图9-2）。

墓道平面呈梯形，长15.0米，南宽北窄，宽2.6（南）~2.0（北）米，底部呈斜坡状，距地表深0.6~6.5米。墓道内填五花土，土质较软，土色黄褐。

墓室位于墓道北侧，土洞结构，进深4.5、宽3.0、高1.5米。墓室内充满淤土，土质密实。墓室底部有少量褐色板灰遗迹。墓室中心点GPS坐标：北纬34°22′59.4″，东经108°42′09″，海拔469.0米。

5. 陪葬墓M5

位于延陵陵园东侧偏北处，M4东北侧。该墓葬坐北面南，方向169°，由墓道和墓室两部分组成，地表无封土（见图9-2）。

墓道平面略呈长方形，南北长15.0、宽0.8~0.9米，底部呈斜坡状，距地表深0.7~6.5米。墓道内填五花土，土质较软，呈黄褐色。墓道开口于黑垆土层，距地表深0.7米。

墓室位于墓道北侧，土洞结构，进深3.7、宽2.4、高1.5米。墓室内充满淤土，土质密实。墓室底部有少量褐色板灰遗迹。墓室中心处GPS坐标：北纬34°23′00″，东经108°42′10″，海拔468.0米。

6. 陪葬墓M6

位于延陵陵园东侧偏北处，M5东侧，两者间距114.0米。该墓葬坐西面东，方向84°，由墓道和墓室两部分组成，地表无封土（见图9-2）。

墓道平面呈东西长方形，长19.6、宽1.5米，底部为斜坡状，距地表深0.8~6.5米。墓道内填五花土，土质较软，呈黄褐色。墓道底部有一层较硬的踩踏面。墓道开口于黑垆土层，距地表深0.7米。

墓室位于墓道西侧，土洞结构，进深3.3、宽2.4、高1.5米。墓室内充满淤土，土质密实。墓室底部有少量褐色板灰遗迹。墓室中心点GPS坐标：北纬34°23′00″，东经108°42′14.5″，海拔468.0米。

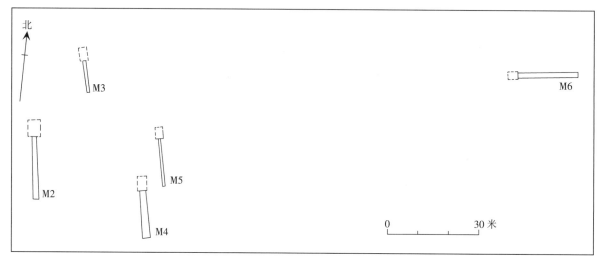

图9-2　陪葬墓M2~M6平面分布图

7. 陪葬墓 M7

位于延陵陵园东南外凸部分东墙外，黄家寨村西北部。地表残存部分封土，墓葬形制为甲字形，坐北面南，由封土、墓道和墓室三部分组成（图9－3）。

墓葬残存封土东西长20.8、南北宽12、高3.5米。封土中心点GPS坐标：北纬34°22′45.8″，东经108°42′14″，海拔471.0米。

墓道位于封土南侧，方向172°，平面呈梯形，长27.6、宽1.3~3.3米，底部为斜坡状，距地表深0.5~10.5米。墓道内填黄褐色五花土，土质较硬。

墓室位于墓道北侧，部分压于封土下，勘探数据：南北7.2、东西7.8、深10.5米。下探至8.0米深处发现灰砖，根据勘探情况，估计墓室高度约2.0米左右。墓室上部填土为黄褐色五花土，土质较硬。

8. 陪葬墓 M8

位于M7东侧，两者间距73.0米（见图9－3）。

该墓葬地表尚残存部分封土。封土东部、南部遭到破坏，南北残长22.7、东西宽22.0、高5.5米。封土中心点GPS坐标：北纬34°22′18.7″，东经108°42′28.5″，海拔447.0米。

墓道位于封土南侧，方向175°，平面呈梯形，长18.6、南端宽1.5、与封土相交处宽4.0、距地表深0.7~9.8米。墓道内填黄褐色五花土，土质较硬。

封土虽遭破坏，但叠压在墓室之上，无法勘探，墓室情况不详。

9. 陪葬墓 M9

位于延陵陵园东南外凸部分东墙外，黄家寨村西北部。地表尚残存部分封土，墓葬由封土、墓道、甬道、墓室四部分组成（见图9－3）。

封土东部、南部被破坏，残存部分东西9.4、南北11.3、高4.2米。封土中心点GPS坐标：北纬34°22′17.2″，东经108°42′30.4″，海拔443.0米。

墓道位于封土南侧，方向172°，平面呈梯形，长16.6、宽1.3~2.0米，底部为斜坡状，距地表深约0.4~6.0米。墓道内填黄褐色五花土，土质较硬。

甬道位于封土与墓道之间，封土外暴露长度3.9、宽1.7米，探至地下4.0米处发现灰砖。

墓室由于封土叠压未勘探，结构不详。

10. 陪葬墓 M10

位于延陵陵园东南外凸部分东墙外，黄家寨村西北部，东距M9（封土底边）约89.0米。封土尚有部分残存，墓葬由封土、墓道、墓室组成（见图9－3）。

封土呈圆丘形，南部被破坏，东西残长26.0、南北宽22.3、高5.0米。封土中心点GPS坐标：北纬34°22′17.3″，东经108°42′29.2″，海拔444.0米。

墓道位于封土东侧，方向86°，平面呈梯形，长24.0、东端宽1.5、西端与封土相接处宽3.2米，底部为斜坡状，距地表深 0.5～9.7 米。墓道内填黄褐色五花土，土质较硬。

墓室由于封土叠压太厚，未勘探，结构不详。

11. 陪葬墓 M11

位于延陵陵园东南外凸部分东墙外，西北距 M7 直线距离约 22.0 米。封土尚有部分残存，墓葬由封土、墓道、墓室组成（见图 9-3）。

封土南部、北部遭到破坏，残存部分东西长 24.0、南北宽 10.0、高 5.0 米。从封土断面观察，封土未经夯打，土色黄褐，土质较软。封土中心点 GPS 坐标：北纬 34°22′16″，东经 108°42′28″，海拔 443.0 米。

墓道位于封土东侧，方向 83°，平面呈梯形，长 21.0、东端宽 1.3、西端宽 3.0 米，底部为斜坡状，距地表深 0.5～10.0 米。墓道内填黄褐色五花土，土质较硬。墓道开口于黄生土层，距地表深约 0.5 米。

墓室由于封土叠压太厚，未勘探，结构不详。

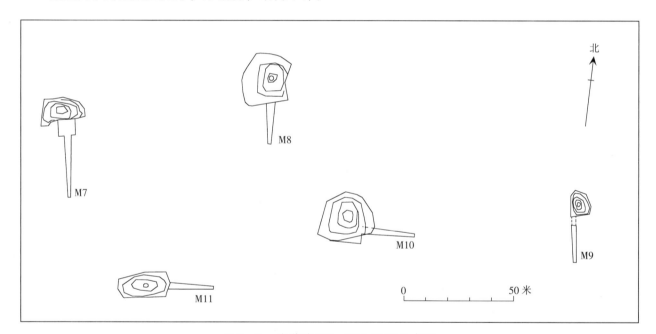

图 9-3　陪葬墓 M7～M11 平面分布图

12. 陪葬墓 M12

在延陵陵园东南外凸部分东侧，汉成帝陵东司马门道延伸线以南有一组陪葬墓，共有 5 座带封土的墓葬，M12 是其中偏西北位置的一座，东距陵园东墙约 883.0 米（图 9-4）。

M12 由封土、墓道和墓室组成。

封土位于墓道北侧，遭严重破坏，现存部分底部略呈方形，边长 29.0、顶部边长 10.0～11.4、高 3.5 米。封土周围遍布现代墓葬（图版二二，1）。封土中心点 GPS 坐标：北纬 34°22′33.8″，东经 108°43′03″，海拔 442.0 米。

墓道位于封土南侧，方向 174°，平面呈梯形，封土外暴露部分长 33.9、南端宽 1.3、北端与封土相交处宽 6.6 米，底部为斜坡状，距地表深 1.3～10.3 米。墓道开口于黄生土层，距地表深 1.3 米。墓道内填土为五花夯土，土质较硬，夯层明显，夯层厚 0.3～0.4 米，填土中包含红褐色土颗粒和礓石等。

由于封土覆压和现代墓的影响，墓室未勘探，情况不详。

13. 陪葬墓 M13

位于延陵陵园东侧，西邻 M12，两者（封土底边）间距 12.0 米。

墓葬周围以夯墙形成墓园，平面呈东西长方形，长 79.6～81.2、宽 60.6、夯墙宽 1.5 米（见图 9－4）。

墓园东墙中部与墓道相对位置辟有一门，其两侧围墙夯土明显加宽，应为门阙基址。该基址南北通长 15.3、宽 3.0 米。门道位于门阙中间，宽 2.2 米。墓园夯墙及阙台基址距地表深 0.3～0.5、残存高度 0.6 米。其底部均开挖基槽，深度约 0.2～0.3 米。夯墙两侧部分区域有瓦片堆积。

封土位于墓园西侧，呈覆斗形，底部边长南北长 40.6～41.9、东西宽 38.0～39.0、顶部边长 9.4、高 7.5 米（图版二二，2；图版二三，1）。封土中心点 GPS 坐标：北纬 34°22′32″，东经 108°43′05″，海拔 438.0 米。

墓道位于封土东侧，方向 81°，平面呈梯形，封土外暴露部分长 32.2、东端宽 2.1、与封土相交处宽 7.6 米，底部为斜坡状，距地表深 0.5～9.8 米。墓道内填五花粗夯土，土质较硬，夯层明显，厚约 0.2～0.4 米，填土中包含红褐色土颗粒和礓石等。

墓室由于封土堆积太厚，未勘探，情况不明。

14. 陪葬墓 M14

位于 M13 南侧，两者（封土底边）间距 37 米。

墓葬周围以夯墙形成墓园，平面呈东西长方形，长约 93.8、宽 63.5、夯墙宽约 1.8～2.0 米（见图 9－4）。

墓园东墙中部两侧夯土加宽，应为门阙基址。该基址南北通长 16.9、宽 3.0 米。门道位于门阙中间，宽 2.3 米。墓园围墙及阙台基址距地表深 1、残存高度 0.5 米。其底部均有基槽，深 0.5 米。夯墙两侧部分区域有瓦片堆积。

封土位于墓园西侧，呈覆斗形，底部边长 52.0～53.0、顶部边长 7.8～9.0、高 9.5 米（图版二二，2；图版二三，2；图版二四）。中心点 GPS 坐标：北纬 34°22′32″，东经 108°43′05.5″，海拔 438.0 米。

墓道位于封土东侧，方向 81°，平面呈梯形，封土外暴露部分长 33.0、东端宽 2.0、与封土相交处宽 10.4 米，底部为斜坡状，深 4.0～13.0 米。墓道内填五花粗夯土，土质较硬，夯层明显，厚 0.2～0.4 米，填土中包含红褐色土颗粒和礓石等。

墓室由于封土堆积太厚，未勘探，情况不明。

15. 陪葬墓 M15

位于 M14 西南部，两者（封土底边）间距 98.0 米。

墓葬周围以夯墙形成墓园，平面呈东西长方形，长 89.0～90.0、宽 61.0、夯墙宽 1.8～2.4 米（见图 9 - 4）。

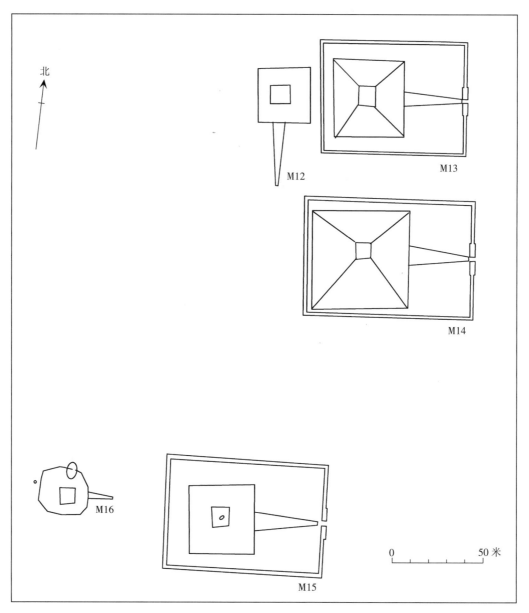

图 9 - 4　陪葬墓 M12～M16 平面分布图

墓园东墙中部两侧夯土加宽，应为门阙基址。该基址南北通长 16.7、宽 2.7 米。门道位于门阙中间，宽 2.7 米。墓园围墙及阙台基址距地表深 0.8、残存高度 0.5 米。其底部均有基槽，深 0.5 米。夯墙两侧部分区域有瓦片堆积。

封土位于墓园西侧，呈覆斗形，底部边长 37.0、顶部边长 9.0～11.0、高 6.5 米。封土中心有一深坑，呈椭圆形，东西长 2.7、宽 1.5、深 1.5 米。封土中心点 GPS 坐标：北纬 34°22′27″，东经

108°43′04″，海拔 434.0 米（图版二四；图版二五，1）。

墓道位于封土东侧，方向 81°，平面呈梯形，封土外暴露部分长 35.0、东端宽 1.9、与封土相交处宽 10.2 米，底部为斜坡状，深 0.8～9.0 米。墓道内填五花粗夯土，土质较硬，夯层明显，夯层厚约 0.2～0.4 米，填土中包含红褐色土颗粒和礓石等。

墓室由于封土堆积太厚，未勘探，情况不明。

16. 陪葬墓 M16

东距延陵陵园东墙 758.0 米，西邻 M15，两者（封土底边）间距 55.0 米。

该墓周围未发现墓园建筑，墓葬由封土、墓道和墓室组成（见图 9－4）。

封土呈圆丘状，底部略呈方形，边长 26.0～27.0、顶部边长 8.0～9.0、高 4.5 米（图版二四；图版二五，2）。封土北侧有一椭圆形深坑，深约 2.0、南北长约 8.0、宽约 5.3 米，疑为盗洞。封土西侧还发现一处盗洞，呈圆形，直径约 1.5、深约 4.5 米。封土中心点 GPS 坐标：北纬 34°22′27″，东经 108°43′01″，海拔 435.0 米。

墓道位于封土东侧，方向 87°，平面呈梯形，封土外暴露部分长 13.5、东端宽 1.0、西端与封土相交处宽 3.3 米，底部为斜坡状，距地表深 0.8～4.5 米。墓道开口于黄生土层，距地表深 0.8 米。墓道内填土为五花夯土，土质较硬，夯层明显，夯层厚约 0.3～0.4 米，填土中包含红褐色土块和礓石等。

墓室由于封土堆积太厚，未勘探，情况不明。

17. 陪葬墓 M17

位于陵园西南侧，距延陵陵园西南角（复原）341.0 米。

该墓由封土、墓道和墓室三部分组成（图 9－5）。

封土呈圆丘状，底部直径 14.0～18.0、高 4.0 米。封土东侧紧邻红眼沟，南侧分布大量现代墓。封土中心点 GPS 坐标：北纬 34°22′00″，东经 108°41′00″，海拔 441.0 米。

墓道位于封土南侧，方向 187°。由于现代墓的干扰，墓道未能全部勘探，已勘探部分平面呈梯形，长 10.0 米，据墓道走向推测约长 27 米，南端宽约 4.5、北端与封土相交处宽 5.7 米，墓道底部为斜坡状，距地表深 3.5～6.5 米。墓道开口于黄生土层，距地表深 0.8 米。墓道内填五花夯土，土质较硬，夯层明显，夯层厚约 0.2～0.3 米，填土中包含红褐色土颗粒和礓石等。

墓室由于封土堆积太厚，未勘探，情况不明。

18. 陪葬墓 M18

位于 M17 西侧，两者（封土底边）间距约 20.0 米。

墓葬由封土、墓道、墓室三部分组成（见图 9－5）。

封土呈覆斗形，底部边长 48.0～51.0、顶部边长 16.0～17.0、高 14.0 米。封土东侧为红眼沟，南侧分布大量现代墓。封土中心点 GPS 坐标：北纬 34°22′00″，东经 108°40′57.6″，海拔 458.0 米。

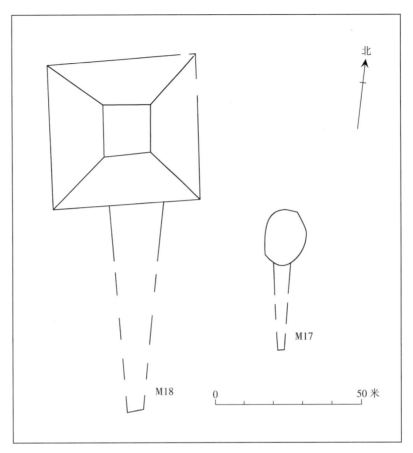

图 9 - 5　陪葬墓 M17、M18 平面分布图

墓道位于封土南侧，方向 173°。由于受到现代墓的影响，墓道未能全部勘探，已探部分平面呈梯形，勘探长度 20.0、据墓道走向推测约长 68.0 米，南端宽约 15.5、北端与封土相交处宽 19.0 米，其底部为斜坡状，距地表深 5.3 ~ 10.5 米。墓道开口于黄生土层，距地表深 0.8 米。墓道内填土为五花夯土，土质较硬，夯层明显，夯层厚约 0.2 ~ 0.3 米，填土中包含红褐色土颗粒和礓石等。

墓室由于封土堆积过厚，未勘探。墓葬周边现地表散见汉代板瓦、筒瓦残片，推测其周围原来可能有墓园或建筑遗址等。

19. 陪葬墓 M19

位于延陵陵园西侧，西司马门道以南，黄家窑村西侧有一组陪葬墓，共有 3 座，东南西北排列，均残存有封土，带一条北向墓道。

M19 距延陵陵园西墙 145.0 米。由封土、墓道和墓室组成（图 9 - 6）。

封土遭到严重破坏，残存部分略呈东西长方形，长 15.3、宽 4.0 ~ 5.0、高 3.0 米。封土断面呈黄褐色，土质较硬，有明显的夯层，厚度 0.3 米左右。其中心点 GPS 坐标：北纬 34°22′00″，东经 108°40′57″，海拔 472.0 米。

墓道位于封土北侧，方向 355°。墓道平面呈梯形，长 25.2、北端宽 2.0、南端与封土相交处宽

5. 6 米，其底部为斜坡状，距地表深 1. 3 ~ 8. 0 米。墓道内填黄褐色五花粗夯土，土质较硬。

墓室由于封土覆压，勘探困难，情况不明。

20. 陪葬墓 M20

位于 M19 西北侧，两者（封土底部）间距 22. 0 米。

该墓由封土、墓道和墓室组成（见图 9 - 6）。

封土破坏严重，残存部分东西约 15. 0、南北约 18. 0、高 2. 0 米。其中心点 GPS 坐标：北纬 34°22′17. 3″，东经 108°40′55. 7″，海拔 472. 0 米。

墓道位于封土北侧，方向 355°。平面呈梯形，长 20. 0、北端宽 1. 8、南端与封土相交处宽 4. 0 米，其底部为斜坡状，距地表深 1. 3 ~ 7. 0 米。墓道内填黄褐色五花粗夯土，土质较硬。

墓室由于封土覆压过厚，未勘探，情况不明。

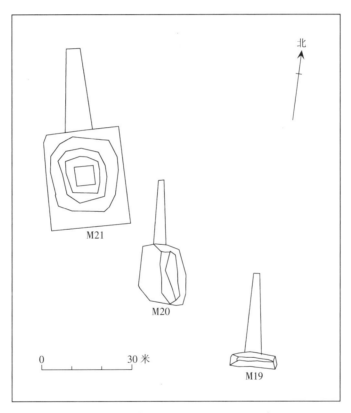

图 9 - 6　陪葬墓 M19 ~ M21 平面分布图

21. 陪葬墓 M21

位于 M20 西北侧，两者（封土底边）间距约 8. 0 米。

由封土、墓道和墓室组成（见图 9 - 6）。

封土呈覆斗形，底部呈南北长方形，长 31. 0、宽 26. 0 米，顶部略呈方形，边长 6. 0、高 8. 5 米。其中心点 GPS 坐标：北纬 34°22′18. 4″，东经 108°40′55″，海拔 472. 0 米。

墓道位于封土北侧，方向 355°。墓道平面呈梯形，长 26、北端宽 4. 5、南端与封土相交处宽 9. 0

米，底部为斜坡状，距地表深1.1～11.0米。墓道内填黄褐色五花粗夯土，土质较硬，包含红褐色土颗粒和礓石粒。

墓室由于封土堆积太厚，未勘探，情况不明。

22. 陪葬墓M22

位于延陵陵园西侧，西司马道以北，距陵园西阙约96.0米。

该墓地表不见封土，墓葬形制为甲字形。由墓道、墓室和门阙组成（图9-7）。

墓道位于墓室南侧，方向172°，其平面呈梯形，长21.5、宽1.7～4.7米，底部呈斜坡状，距地表深1.0～10.5米。墓道内填五花粗夯土，土质较硬，包含有大量黄褐色土和礓石粒等，夯层厚0.2～0.4米。

墓室略呈正方形，边长12.0～12.6、距地表深10.5米。下探至距地表深8.0米处发现灰砖券顶，据判断，该墓墓室高度应为2.5米左右。墓室周围有封土遗迹，其范围边长约20.0、距地表深0.4～0.5、残存高度0.3～0.6米，封土土色黄褐，包含大量红褐色土颗粒和礓石粒等。墓室中心点GPS坐标：北纬34°22′24″，东经108°40′56″，海拔473.0米。

该墓葬南侧与墓道相对应的位置有门阙基址，其东西两端与汉成帝陵西司马门道北侧的夯墙相连。门阙基址通长23.5、宽2.7米。门道位于门阙中部，宽2.5米。门阙基址距地表深0.9、残存高

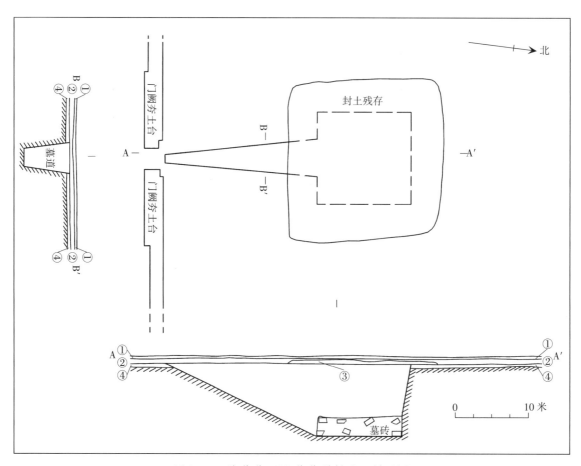

图9-7　陪葬墓M22墓葬形制平、剖面图

度约 0.54 米，夯筑，土色黄褐，土质坚硬，夯层清晰，厚约 0.08 米。门阙底部开挖有基槽，深度 0.5 米。

墓道南侧门阙两侧地层堆积：

第①层，耕土层，厚 0.3~0.4 米，土色灰褐，土质松软，包含植物根系及瓦砾等。

第②层，晚期堆积层，距地表深 0.3~0.4、厚 0.6~0.7 米，土色浅黄，土质较软，包含灰屑、红烧土屑及少量瓦砾。

第③层，黑垆土层，距地表深 0.9~1.1、厚 0.5 米，土色黑褐，土质较软。黑垆土下为黄生土。

23. 陪葬墓 M23

在延陵陵园南侧偏西区域有一组陪葬墓，共有 14 座，均有残存封土，墓葬形制多为带有一条东向墓道的甲字形墓。

M23 北距延陵陵园南墙约 1000.0 米，东北为西郭旗寨村。

墓葬由封土、墓道和墓室组成（图 9-8）。

封土遭严重破坏，残余部分呈不规则状，南北残长 21.4、东西残宽约 8.6、高 5.0~6.0 米。从断面观察，封土为粗夯而成，夯层厚约 0.3 米。封土中心点 GPS 坐标：北纬 34°21′41″，东经 108°41′48″，海拔 422.0 米（图版二五，3）。

墓道位于封土东侧，方向 86°，平面呈梯形，封土外暴露部分长 34.0、宽 2.4~8.0 米，底部为斜坡状，距地表深 1.0~11.5 米。墓道内填五花夯土，土质坚硬，夯层清晰，厚约 0.1~0.2 米，填土中包含大量红褐色土颗粒和礓石粒等。

墓室由于封土叠压，未勘探，情况不明。

24. 陪葬墓 M24

位于 M23 南侧，两者（封土底边）间距 36.0 米。

该墓葬由封土、墓道和墓室组成（见图 9-8）。

封土呈覆斗形，底部边长 43.0~52.0、顶部边长 11.0~12.6、高 11.0 米。其中心点 GPS 坐标：北纬 34°21′41″，东经 108°41′48″，海拔 421.0 米。

墓道位于封土东侧，方向 89°，平面呈梯形，封土外暴露部分长 46.7、宽约 1.6~6.5 米，底部为斜坡状，距地表深约 1.0~11.5 米，墓道内填五花夯土，土质坚硬，夯层清晰，厚度 0.1~0.2 米，填土中包含大量红褐色土颗粒和礓石粒等。

墓室由于封土覆压过厚，未勘探，情况不明。

25. 陪葬墓 M25

位于陕西财经职业技术学院后院，东北距 M24 约 190.0 米。

该墓葬由封土、墓道和墓室组成（见图 9-8）。

封土呈覆斗形，底部边长 27.0~31.9、顶部边长 6.5~7.2、高 7.0 米。中心点 GPS 坐标：北纬

34°21′32″，东经 108°41′41″，海拔 421.0 米。

墓道位于封土东侧，方向 81°，平面呈梯形，长 28.8、宽 1.5 ~ 5.8 米，底部为斜坡状，距地表深 1.0 ~ 13.0 米。墓道内填五花夯土，土质坚硬，夯层清晰，夯层厚度 0.1 ~ 0.2 米，填土中包含大量红褐色土颗粒和礓石粒等。

墓室部分暴露于封土之外，暴露部分南北宽长 12.6、东西宽 8.3 米，下探至深 11.0 米处出现灰砖。

26. 陪葬墓 M26

位于东郭旗寨村西，M24 东南，两者（封土底边）间距 135.0 米。

该墓葬由封土、墓道和墓室组成（见图 9 – 8）。

封土南部被严重破坏，残存部分呈半圆丘状，直径约 31.0、残高 5.0 米。封土中心点 GPS 坐标：北纬 34°21′37″，东经 108°41′55″，海拔 420.0 米。

墓道位于封土东侧，方向 88°。其平面呈梯形，东西长 28.0、宽 2.1 ~ 5.5 米，底部为斜坡，距地表深 1.0 ~ 9.5 米。墓道内填五花夯土，土质较硬，填土中包含大量红褐色土块和礓石粒等。

墓室上方因堆积大量建筑垃圾，无法详细钻探，下探至 9.0 米处发现灰砖。

27. 陪葬墓 M27

位于东郭旗寨村东侧，西距 M26 约 406.0 米。

该墓葬封土与 M28、M29 的封土相连，形成三连冢。M27 位于三连冢的最南端，封土规模最大。

M27 由封土、墓道和墓室组成（见图 9 – 8）。

封土呈覆斗形，底部边长 28.0 ~ 30.0、顶部边长 7.0、高 11.0 米。其中心点 GPS 坐标：北纬 34°21′35″，东经 108°42′12″，海拔 418.0 米。

墓道位于封土西侧，方向 265°，西部被压于民房下，无法勘探。东部勘探长度 7.5、宽 7.0 ~ 8.3 米，底部呈斜坡状，距地表深 10.0 ~ 11.5 米。墓道内填五花夯土，土质较硬，填土中包含大量红褐色土块和礓石粒等。

墓室由于封土堆积较厚，未能勘探，情况不明。

28. 陪葬墓 M28

位于 M27 北侧。墓葬由封土、墓道和墓室组成（见图 9 – 8）。

封土呈圆丘状，底部直径 15.0 ~ 20.0、高 4.0 米。其中心点 GPS 坐标：北纬 34°21′35.7″，东经 108°42′12″，海拔 418.0 米。

墓道位于封土西侧，方向 267°，西部被压于民房下，无法勘探，东部勘探长度约 10.0、西端宽约 4.1、与封土相交位置宽 5.0 米，底部呈斜坡状，距地表深 7.6 ~ 11.3 米。墓道内填五花夯土，土质较硬，土中包含大量红褐色土块和礓石粒等。

墓室由于封土堆积较厚，未能勘探，情况不明。

29. 陪葬墓 M29

位于 M28 北侧。墓葬由封土、墓道和墓室组成（见图 9 - 8）。

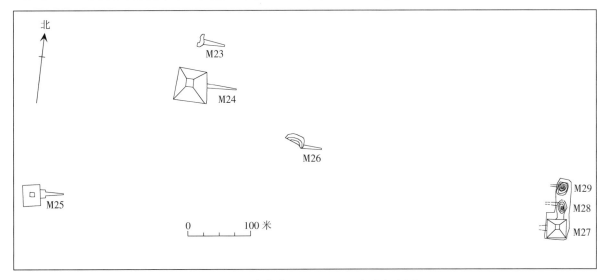

图 9 - 8　陪葬墓 M23 ~ M29 平面分布图

封土呈圆丘状，底径 15.0 ~ 22.0、高 5.0 米。其中心点 GPS 坐标：北纬 34°21′36″，东经 108°42′12″，海拔 419.0 米。

墓道位于封土西侧，方向 269°，西部被压于民房下，无法勘探，东部勘探长度 9.0、西端宽 2.6、与封土相交位置宽 3.3 米，底部呈斜坡状，距地表深 6.5 ~ 10.5 米。墓道内填五花夯土，土质较硬，土中包含大量红褐色土块和礓石粒等。

墓室由于封土堆积过厚，无法勘探，情况不明。

30. 陪葬墓 M30

位于东郭旗寨村东南侧，咸阳市阳光幸福城小区后院。

该墓葬由封土、墓道和墓室组成（图 9 - 9）。

封土呈圆丘形，底部直径 13.0、高 6.0 米。封土中心点 GPS 坐标：北纬 34°21′45″，东经 108°42′23″，海拔 420.0 米。

墓道位于封土东侧，方向 86°。其平面呈梯形，长 15.0、东端宽 1.2、西端与封土相交处宽 2.2 米，底部为斜坡状，距地表深 1.5 ~ 8.5 米。墓道内填黄褐色五花粗夯土，土质较硬。

墓室由于封土堆积太厚，未能勘探，情况不明。

31. 陪葬墓 M31

位于 M30 东南，两者（封土底边）间距 47.0 米（见图 9 - 9）。

该墓封土呈覆斗形，底部边长 46.0 ~ 50.0、顶部边长 14.0、高 17.0 米。封土中心点 GPS 坐标：北纬 34°21′45″，东经 108°42′23″，海拔 420.0 米。

在其周围勘探，未发现墓道。

墓室上部因封土覆压，无法勘探，情况不明。

32. 陪葬墓 M32

位于 M31 东北部，两者（封土底边）间距 30.0 米（见图 9－9）。

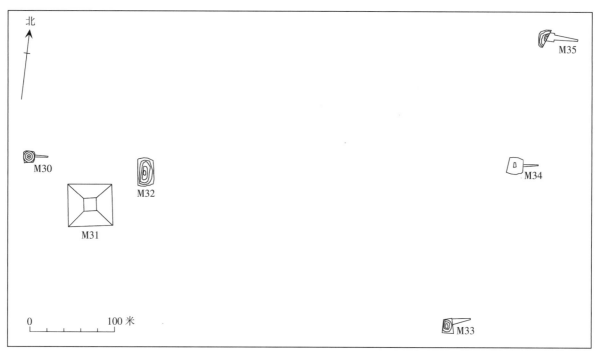

图 9－9　陪葬墓 M30～M35 平面分布图

该墓葬封土东西两侧被严重破坏，现存封土呈南北长条状，长 31.5、宽 20.0、高 8.0 米。其中心点 GPS 坐标：北纬 34°21′43″，东经 108°42′25.8″，海拔 419.0 米。

在其周围勘探，未发现墓道。

墓室上部因封土覆压，无法勘探，情况不明。

33. 陪葬墓 M33

位于黄家寨村西南部，东北距延陵陵园东南角 1102.0 米。

该墓葬由封土、墓道和墓室组成（见图 9－9）。

封土四面均有不同程度的破坏，底部呈不规则四边形，东侧边长 17.0、西侧边长 14.5 米、北侧边长 9.8、南侧边长 13.0、高 7.0 米。其中心点 GPS 坐标：北纬 34°21′41.5″，东经 108°42′42.5″，海拔 417.0 米。

墓道位于封土东侧，方向 72°。其平面呈梯形，长 21.0、东端宽 1.3、西端与封土相交处宽 6.4 米，底部为斜坡，距地表深 1.5～7.5 米。墓道内填黄褐色五花粗夯土，土质较硬。

墓室由于封土叠压，未能勘探，情况不明。

34. 陪葬墓 M34

位于 M33 东北侧，两者（封土底边）间距 174.0 米。

该墓葬由封土、墓道和墓室组成（见图 9 - 9）。

封土四面均遭破坏，残存部分呈圆丘状，底部直径 19.0、高 5.0 米。其中心点 GPS 坐标：北纬 34°21′48″，东经 108°42′45″，海拔 418.0 米。

墓道位于封土东侧，方向 81°。其平面呈梯形，长 17.0、东端宽 1.0、西端与封土相交处宽 2.2 米，底部为斜坡状，距地表深 0.8 ~ 7.5 米。墓道内填黄褐色五花粗夯土，土质较松软。

墓室为土洞结构，深 9.5 米，墓室底部平铺灰砖。

35. 陪葬墓 M35

位于 M34 北侧，两者（封土底边）间距 126.0 米。

该墓葬由封土、墓道和墓室组成（见图 9 - 9）。

封土东面遭到严重破坏，残存部分呈半圆丘状，南北 21.0、东西 10.0、高 6.0 米。其中心点 GPS 坐标：北纬 34°21′52″，东经 108°42′45″，海拔 420.0 米。

墓道位于封土东侧，方向 89°。其平面呈梯形，长 27.2、东端宽 1.8、西端与封土相交处宽 5.5 米，底部为斜坡状，距地表深 1.2 ~ 11.0 米。墓道内填黄褐色五花粗夯土，土质较硬。

墓室封土外暴露部分东西 5.4 ~ 9.0、南北 9.4、距地表深 11.0 米。下探至深 8.7 米处发现灰砖，据此判断，墓葬砖券洞室高度约 2.3 米左右。

36. 陪葬墓 M36

位于李家寨村南侧，咸阳师范学院北部。

该墓葬封土呈圆丘形，直径 5.1、高 4.0 米。其中心点 GPS 坐标：北纬 34°21′56″，东经 108°43′10″，海拔 414.0 米。

因封土周边地面已硬化，无法勘探，故墓道、墓室情况不详。

第十章　陵区道路

　　延陵陵区勘探时，发现有大量汉代路土遗迹，有的形制规整、延续有序，且与延陵整体布局有联系；有的则形制怪异、断续无规律，走向与当年陵园格局无关（图 10-1，详见封三图 2-2）。选择前者分陵园外、陵园内来介绍。

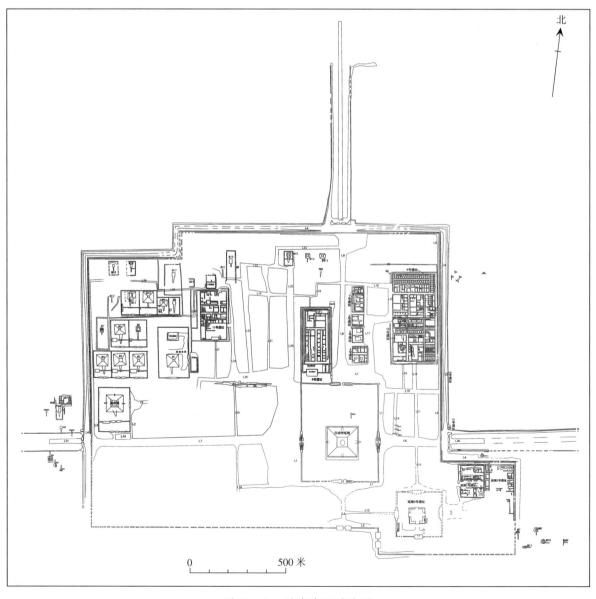

0 ————— 500 米

北

图 10-1　延陵陵区道路图

第一节　陵园外道路

一、L4

分布于延陵陵园内、外围沟之间，环绕延陵陵园外侧。其总长度约 5062.0、宽约 10.0~50.0 米，踩踏层距地表深 0.6~1.1 米，厚约 0.02~0.05 米，呈黑褐色，层状结构，土质坚硬，含灰渣、瓦砾、细沙粒等。L4 除陵园南侧被破坏之外，其余基本连续分布，在陵园各门址处与司马门道相交。

二、L30

位于延陵陵园东门址外侧，东西走向，残长约 823.0、宽约 100.0~108.0 米。其南侧为夯墙，北侧为围沟，两者之间有并行道路三条，即延陵东司马门道的主道与辅道（图 10-2）。

1. 夯墙与围沟

南侧夯墙：起于延陵陵园东门址南侧，现残存三段，长度分别为 74.8、95.0、168.0、宽约 2.0 米，距地表深 0.3~0.6、残高 0.2~0.6 米，墙体土色黄褐，土质较硬，夯层清晰，厚约 0.1 米。

北侧围沟：起于延陵陵园东门址北侧，长约 793.0、宽 2.0~2.5 米，西部深 2.0~2.5 米，向东渐浅，深 1.2~1.5 米。开口距地表深 0.5~1.0 米，填土为灰褐色，土质松软，夹杂灰屑、红烧土屑和少量瓦片等。

2. 道路

在夯墙与围沟之间，有三条东西向分布的踩踏路面，应为 L30 的主道、北辅道和南辅道。

主道位于中部，对应延陵陵园东门址中间门道，残长约 180.0、宽约 26.0~27.0 米。踩踏层距地表深 0.5~0.6 米，黑褐色层状，土质坚硬，包含灰炭屑、沙粒等，厚约 0.1~0.15 米。

北辅道位于北围沟内侧，南距主道约 25.0 米，残长约 832.0、宽约 7.0~19.0 米。踩踏层距地表深 0.5~1.0 米，黄褐色层状，土质坚硬，厚约 0.05~0.1 米。

南辅道位于南夯墙内侧，北距主道约 28.0~30.0 米，残长 203.0、宽约 6.0~8.0 米。踩踏层距地表深 0.5~1.0 米，黄褐色层状，土质坚硬，厚 0.05~0.1 米。

三、L31

位于延陵陵园西门址外侧，东西走向，残长约 489.0、宽约 93.0 米。其北侧为夯墙，南侧为围沟，两者之间发现少量踩踏路面，应为延陵西司马门道。

1. 夯墙与围沟

北侧夯墙：起于延陵陵园西门址北端，勘探长度 477.0、宽约 2.0 米，距地表深 0.6~1.0、残高

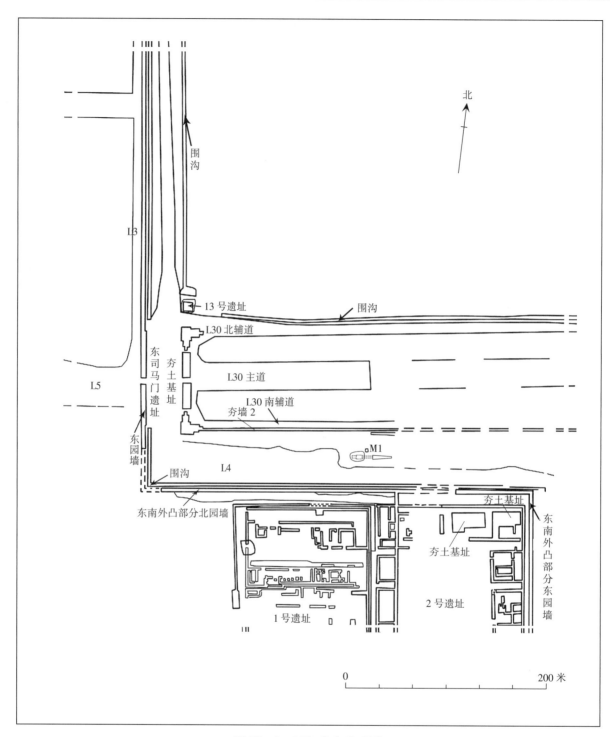

图 10-2　L30 遗迹平面图

0.3~0.5 米，土色黑褐，土质坚硬，夯层清晰，厚约 0.1 米。夯墙下有深约 0.3 米的基槽。

南侧围沟：勘探长度 404.0、宽 2.5~3.5、深 1.5~2.0 米。沟内填土呈黑褐色，土质较软，包含灰屑、瓦砾等。

2. 道路

在 L31 东部，夯墙与围沟之间残存少量踩踏路面，长 168.7、宽约 22.0~28.0 米。踩踏面距地表深 0.8 ~ 1.0 米，层状结构，土质较硬，厚约 0.01 ~ 0.03 米。L31 西部地层未遭破坏，基本正常，但几乎未发现踩踏路土。

四、L32

位于延陵陵园北门址外侧，南北走向，勘探长度 1044.0、宽约 97.0 米。道路两侧各有一道围沟，其间发现道路三条，即延陵北司马门道的主道与辅道。

1. 围沟

东、西两沟南端均与延陵陵园北侧第二道围沟相连。东沟勘探长度：南段 617.6、北段 66.7、复原长度 822.0、宽 2.4 ~ 2.7、深 1.5 ~ 2.5 米，南深北浅。西沟勘探长度：南段 532.0、北段 145.0、复原长度 837.0、宽 2.0 ~ 6.7、深 1.0 ~ 2.0 米。东、西两沟开口距地表均为 0.4 ~ 0.5 米，填土呈黑褐色，土质松软，夹杂灰屑、红烧土屑和少量瓦砾等，有明显的淤积特征。

2. 道路

在东、西围沟之间，有三条南北延伸的踩踏路面，应为延陵北司马门道的主道、西辅道和东辅道。

主道位于中间，对应延陵陵园北门址居中的门道，勘探长度 1044.0、宽 30.7 ~ 33.6 米。踩踏面距地表深 0.5 ~ 1.1 米，层状结构，土色黑褐，土质坚硬，夹杂沙粒、灰炭屑、瓦砾等，厚约 0.1 ~ 0.2 米。主道路面高出两侧辅道约 0.5 米。

东辅道位于东围沟内侧，西距主道 22.0 ~ 26.0 米。南端与 L4 相通，北端东折约 130.0、勘探长度 861.7、宽 7.0 ~ 8.0 米。踩踏层距地表深 0.3 ~ 0.8、厚 0.05 ~ 0.1 米。东辅道北段部分叠压在东围沟之上。

西辅道分布于西围沟内侧，东距主道 23.0 ~ 31.0 米。南端与 L4 相通，勘探长度 878.0、宽 6.0 ~ 7.0 米。踩踏层距地表深 0.5 ~ 1.1、厚约 0.1 米。

除以上这些道路之外，延陵陵园内另有多条不规则道路，这些道路共同组成了延陵陵园完备的道路系统。

第二节　陵园内道路

一、L1

分布于帝陵陵园墙外，基本围绕陵园一周。全长约 1700.0 米，帝陵陵园东、南侧道路略窄，宽约 21.0 ~ 38.0 米；西、北侧道路较宽，宽约 92.0 ~ 172.0 米，距地表深 0.5 ~ 1.0 米出现踩踏层，厚约 0.02 ~ 0.08 米。由于帝陵陵园北侧西半部与 8 号建筑遗址相接，因此，L1 在帝陵陵园东、西两侧北端分别与 8 号建筑遗址东、西侧的 L7（延陵北神道）和 L20 相连。

二、L2

主要分布于后陵陵园东侧和南侧东半部，其西、北两侧踩踏范围较广，道路不成形。L2 全长约 200.0、宽约 5.0~11.0 米，距地表深 0.6~0.9 米出现踩踏层，厚约 0.03~0.1 米。L2 皇后陵园东侧部分北部与 L9 相交，南端继续向前延伸与 L7 相交；皇后陵园南侧部分则与 L10 相交。

三、L3

在延陵陵园墙内均有分布，其中在东、西两墙内侧北半部、北墙内侧东半部有连续分布，在延陵陵园南门阙内侧有小段分布。西墙内长 808.0 米，北墙内长 817.0 米，东墙内长度 1064.0 米，南门阙内侧长 222.0，宽 4.0~15.0 米，距地表深 0.5~1.0 米处出现踩踏层，厚约 0.02~0.1 米。西墙内侧 L3 北端与 L28 相交，南部与 L7（延陵西神道）相交。东墙内侧 L3 与 L5、L15 相汇，北墙内侧 L3 与 L8 相汇，南门阙内侧 L3 与 L6 相汇。

四、L5

位于帝陵陵园东门至延陵陵园东司马门之间，东西走向，通长约 308.0、宽约 36.0~55.0 米，踩踏层距地表深 0.6~1.0 米，厚约 0.1~0.2 米，土色灰褐，土质坚硬，内含炭屑、瓦砾、沙石粒等。因帝陵东门道高出外侧地表约 1.2 米，推测 L5 在东门外应呈缓坡状，但现地表已遭破坏，坡道情况不明。L5 东端长约 45.0 米的范围，南侧被村民取土破坏，残余宽度约 20.0 米。L5 中部与 L11 相交。

五、L6

位于帝陵陵园南门至延陵陵园南司马门之间，南北走向，通长约 220.0 米，现仅存南段，残长 103.0、宽约 18.0~48.0 米。道路自北向南呈缓坡状，踩踏层距地表深 0.7~1.0、厚约 0.1~0.15 米，层状结构，土色灰褐，土质坚硬。L6 中部偏南位置与 L12 相交。

六、L7

位于帝陵陵园西门至延陵陵园西司马门之间，东西走向，通长 1085.0、宽约 38.0~50.0 米，踩踏层距地表深 0.4~1.0、厚约 0.05~0.1 米，层状结构，土色灰褐，土质坚硬。东、西段踩踏层较厚，中部较薄。L7 西部与 L26 相交。

七、L8

位于帝陵陵园北门至延陵陵园北司马门之间，南北走向，通长 765.0、宽约 23.0~40.0 米，踩踏层距地表深 0.5~1.0、厚约 0.1~0.15 米，层状结构，土色灰褐，土质坚硬，夹杂灰屑、红烧土颗粒及沙粒等。L8 自南向北分别与 L18、L24 相交。

八、L9

起于后陵陵园东门址外侧，东西走向，因现代煤场占压，东部无法勘探，总长度不详。勘探长度 90.0、宽约 14.0 ~ 42.0 米。踩踏层距地表深 0.5 ~ 0.9、厚约 0.05 ~ 0.1 米，层状结构，土色灰褐，土质坚硬，夹杂炭屑、红烧土屑及沙粒等。

九、L10

起于后陵陵园南门外侧，南北走向，向南延伸与 L7 会合。通长约 38.0、宽约 11.0 ~ 12.5 米。踩踏层距地表深 0.4 ~ 1.0、厚约 0.05 ~ 0.1 米，层状结构，土色灰褐，土质坚硬，夹杂炭屑、红烧土屑及沙粒等。向南延伸与 L7 相交。

十、L11

位于帝陵陵园与延陵陵园东墙之间，起于 3 号建筑遗址北门址外侧，北至 10 号建筑遗址南侧，南北走向。全长 650.0、宽约 10.0 ~ 21.0 米，踩踏层距地表深 0.7 ~ 1.3、厚 0.05 ~ 0.15 米，层状结构，土色黑褐，土质坚硬。L11 自南向北分别与 L5、L15 相交。

十一、L12

位于帝陵陵园与延陵陵园南墙之间，东西走向。因其西部被现代村庄占压，无法勘探，情况不明。东部被破坏，但根据其走向，应通往 3 号建筑遗址西门址外。勘探长度 285.0 米，复原长度 387.0 米，宽约 7.0 ~ 17.0 米，踩踏层距地表深 0.5 ~ 0.7、厚约 0.1 米。L12 中部偏西位置与 L6 相交。

十二、L13

位于延陵陵园东南部，1 号建筑遗址西南角外侧。呈曲尺形，全长约 207.0、宽约 3.0 ~ 30.0 米。踩踏层距地表深 1.0 ~ 1.5、厚约 0.1 ~ 0.15 米，踩踏面北高南低，呈缓坡状。道路在 1 号建筑遗址西南角继续向南延伸，但因遭破坏，情况不详。

十三、L14

位于帝陵陵园和 L11 之间，东距 L11 约 84.0 ~ 96.0 米，南北走向。L14 南起 L5，北至 L15，全长 224.0、宽约 14.0 ~ 16.0 米。踩踏层距地表深 0.8 ~ 1.0、厚约 0.1 ~ 0.15 米，层状结构，土色青褐，土质坚硬。

十四、L15

位于帝陵陵园与延陵陵园东墙之间，东西走向。西起 L1 东北部，东与延陵陵园东墙内道路 L3 相接。全长 310.0、宽约 23.0 ~ 32.0 米。踩踏层距地表深 0.7 ~ 1.0、厚约 0.1 ~ 0.2 米，土色黄褐，土质坚硬，含灰炭渣和砂石粒等。

十五、L16

位于 10 号建筑遗址南侧偏西部，东距 L11 约 42.0 米，南北走向。南起 L15，北至 10 号建筑遗址南侧围沟，长 129.0、宽约 8.0 ~ 23.0 米。踩踏层距地表深 0.7 ~ 1.0、厚 0.05 ~ 0.1 米，层状结构，土色黑褐，土质坚硬。

十六、L17

位于帝陵陵园东北侧，4、5、6、7 号建筑遗址东侧，南北走向。南起 L1 帝陵陵园北侧东段，北与 L18 汇合，全长 402.0 米，北段较窄，宽 14.0 ~ 15.0 米，中段、南段较宽，约 30.0 ~ 51.0 米。踩踏层距地表深 1.0、厚约 0.05 ~ 0.1 米，层状结构，土色黑褐，土质坚硬。L17 中段与 L19 相交。

十七、L18

位于延陵陵园东北部，9 号建筑遗址西侧，东西走向。东起 9 号建筑遗址西侧，向西延伸至 8 号建筑遗址北侧南折约 63.0 米，然后又西折，直至与 L22 汇合。全长 807.0、宽约 6.0 ~ 28.0 米。踩踏层距地表深 0.7 ~ 1.0、厚约 0.05 ~ 0.15 米，层状结构，土色黑褐，土质坚硬。L18 自东向西分别与 L19、L8、L20、L21、L22 相交，因此，它应该是陵园北部贯通东西的一条重要道路。

十八、L19

位于延陵陵园东北部，L18 与 9 号建筑遗址之间，呈曲尺形。北起 L18，向南延伸约 90.0 米西折与 L17 相接。南北段长 140.0、宽约 16.0 ~ 23.0 米；东西段长 95.0 ~ 110.0、宽约 23.0 ~ 42.0 米。踩踏层距地表深 1.0、厚约 0.1 ~ 0.2 米，层状结构，土色黑褐，土质坚硬，夹杂灰炭屑、瓦砾等。

十九、L20

位于 8 号建筑遗址西侧。南北走向，北起祔葬墓 M15 南侧，南接 L25，中部偏北位置与 L18 相交。全长 512.0、宽约 28.0 ~ 37.0 米。踩踏层距地表深 1.0、厚约 0.1 米，层状结构，土色黑褐，土质坚硬。

二十、L21

位于 L20 西侧，两者间距 95.0～100.0 米。南北走向，南接 L25，北与 L23 相汇，中部偏北与 L18 相交。全长 520.0、宽约 6.0～36.0 米。踩踏层距地表深 1.0、厚约 0.1 米，层状结构，土色黑褐，土质坚硬。

二十一、L22

位于 L21 西侧，两者间距 78.0～94.0 米。南北走向，南接 L25，北与 L23 相汇，中部偏北与 L18 相交。全长 564.0、宽约 19.0～33.0 米。踩踏层距地表深 1.0、厚 0.1 米。土色黑褐，土质坚硬。

二十二、L23

位于延陵陵园北部，祔葬墓 M15 与 M16 之间。东西走向，东起 L20，西与 L22 相汇。全长 285、宽 11.0～18.0 米。踩踏层距地表深 1.0、厚 0.1 米。土色黑褐，土质坚硬。

二十三、L24

位于延陵陵园北部，祔葬墓 M13～M15 的北、西两侧。道路平面呈曲尺形，东起 L8 北端西侧，向西延伸至祔葬墓 M15 西北角南折，最后与 L23 相汇。东西段长 325.0、南北段长 89.0、宽约 13.0～20.0 米。踩踏层距地表深 1.0 米，土色黑褐，土质坚硬，厚 0.1 米。

二十四、L25

位于延陵陵园中部，祔葬墓 M1 与 8 号建筑遗址之间。道路平面呈曲尺形，东起 L20 南端，向西延伸约 486.0 米，南折。因现代煤场占压，南折部分情况不详。勘探全长 415.0、宽约 18.0～98.0 米，东宽西窄。踩踏层距地表深 0.6～0.8 米，土色黑褐，土质坚硬，厚度约 0.1～0.15 米，东部踩踏层下有厚 0.5～0.7 米的垫土层。

二十五、L26

位于延陵陵园中部偏西，南北走向，北起 12 号建筑遗址东侧，向南延伸至 11 号建筑遗址北侧东折，至该遗址东北角又南折，沿 11 号建筑遗址东侧一直向南延伸，中间分别与 L25、L7 相交。全长约 1300.0、宽约 7.0～48.0 米。踩踏层距地表深 0.6～0.8、厚 0.1～0.15 米，黑褐色层状，土质坚硬，夹杂灰炭屑、瓦砾等。

二十六、L27

位于延陵陵园中部偏西，东距 L26 约 82.0 米。南北走向，北起 11 号建筑遗址南门址外侧，南接

L26。全长 194.0、宽约 5.0~9.0 米。踩踏层距地表深 0.5~0.8 米，黑褐色层状，土质较硬，厚约 0.03~0.05 米。

二十七、L28

位于延陵陵园西北部。总体走向为东西向，东起 12 号建筑遗址西侧，向西延伸至祔葬墓 M10 东北角北折 46.0 米，再西折延伸。L28 在祔葬墓 M18、M19 南侧部分遭到破坏，根据 L3 北端东折部分的走向来看，两者原应相连。L28 全长 620.0、宽约 6.0~9.0 米。踩踏层距地表深 1.0 米，黑褐色层状，土质较硬，厚约 0.1 米。

二十八、L29

位于延陵陵园西北部。道路平面呈曲尺形，北端起于 L28，沿 11 号建筑遗址西侧向南延伸 140.0 米，然后西折，沿祔葬墓 M8~M11 墓园南侧一直向西，至 M11 墓园西南角。西段因遭破坏，情况不明。全长 520.0、宽约 2.0~8.0 米。踩踏层距地表深 1.0 米，黑褐色层状，土质较硬，厚约 0.1 米。

第十一章　其他墓葬

第一节　早期汉墓

延陵陵园外西北区域勘探发现 28 座中小型墓葬，多为洞室墓或砖室墓，这些墓葬大多有围沟环绕，有的还发现了夯墙墓园及其相关建筑。延陵陵园西墙多处叠压、打破这批墓葬及其围沟，因此，我们推断这批墓葬的时代早于成帝时期，不属于延陵陪葬墓，本报告暂称其为早期汉墓。

1. 早期汉墓 M1

位于延陵陵园西阙西侧，延陵西司马门道北侧。

该墓葬由墓道和墓室组成（图 11 – 1）。

墓道位于墓室南侧，方向 172°。平面呈梯形，长 21.7、宽 1.1 ~ 2.2 米，底部呈斜坡状，距地表深 1.0 ~ 8.5 米。墓道内填五花土，土色黄褐，土质较硬。勘探发现，延陵西司马门道北侧夯墙打破并叠压于墓道之上。

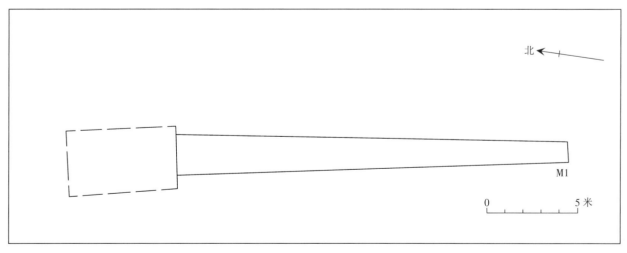

图 11 – 1　早期汉墓 M1 墓葬形制平面图

墓室为土洞结构，进深6.2、宽3.5、高约1.8米，墓室内充满淤土。

墓室中心点GPS坐标：北纬34°22′23″，东经108°40′58″，海拔473.0米。

2. 早期汉墓 M2

位于延陵西司马门道北侧。

该墓葬周边有围沟环绕，形成墓园。其平面呈南北长方形，长103.0、宽约34.0～37.0米，围沟宽1.0～3.0、深2.0～3.0米，沟内填土呈黑褐色，土质较软，包含灰屑、红烧土屑及瓦片等。

墓葬位于墓园南部，由封土、墓室和墓道组成。墓葬形制呈刀形，通长52.0、宽2.8～11.0、深17.0米（图11-2）。

封土上部已被破坏，底部残存范围东西50.0、南北约45.0、残存高度为2.0～2.5米。封土中心位置GPS坐标：北纬34°22′27″，东经108°40′54″，海拔473.0米。

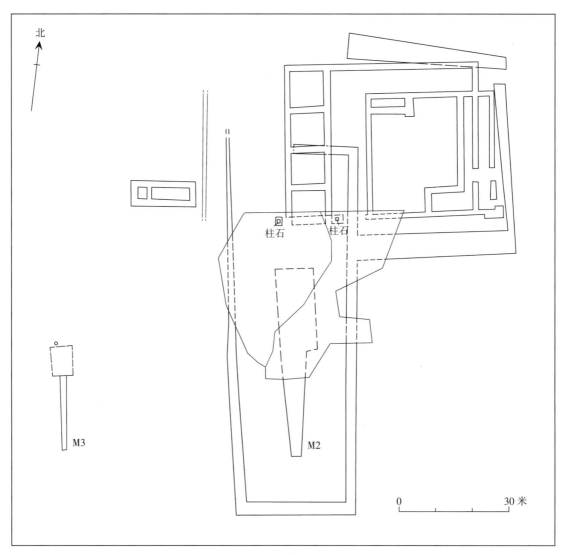

图 11 - 2　早期汉墓 M2、M3 墓葬形制及建筑遗址平面分布图

封土北部边缘散置大量汉代板瓦、空心砖残块及数块柱石，这些建筑材料应为墓葬北侧建筑遗址所出，据了解，当地村民为了方便农耕，将之集中弃置此处。

墓道位于封土南侧，方向172°。平面近直角梯形，长29.0、宽3.0～7.5、深0.6～17.0米。墓道填土为黄褐色五花粗夯土，土质较硬。

墓室压于残存的封土之下，平面呈南北长方形，长22.5、宽11.1、深17.0米。墓室底部发现朽木和木炭等，厚0.3米。

在墓园东北部发现一处建筑遗址，从地层关系看，此处曾先后修建过两座建筑，当属祠堂之类的建筑。早期修建的建筑在墓园围沟的东北角之外，四周环绕围沟，其西围沟南段与墓园东围沟北段共用，南围沟与墓园东围沟垂直相连。

在早期建筑废弃后，该处又重新修建了一座建筑。晚期修建的建筑较早期建筑规模大，并向西偏移。向北扩展，叠压在早期建筑的北围沟之上，向西扩展，叠压在墓园围沟东北角之上，说明此时早期建筑围沟、墓园围沟已废弃。

早期修建的建筑四周环绕围沟，坐西面东，面阔34.5、进深35.2、夯墙宽1.5～2.0米。门道位于东墙南部，宽3.5米。院落前排建有一组曲尺形居室，南北向者面阔24.7、进深7.0米；东西向者面阔9.3、进深5.0、夯墙宽1.5～1.8米。

后期建筑也坐西向东，面阔42.6、进深53.7米。门道位于庭院东墙南部，宽3.5米。院落东部为庭院，西部为居室。庭院面阔42.6、进深42.0米；西部居室分为4间，坐西面东，从南向北依次面阔7.0、8.6、9.6、9.6、进深均为11.5米。

勘探得知，墓葬封土叠压在后期建筑的西南角之上，推测在后期建筑坍塌废弃后，又重新修缮了该墓的封土地，封土叠压在废弃的建筑遗址之上。

3. 早期汉墓 M3

位于早期汉墓 M2 西侧，两者间距约65.0米。

墓葬由墓道、墓室、建筑基址和围沟几部分组成（见图11-2）。

墓道位于墓室南侧，方向173°。平面略呈梯形，长20.5、宽1.3～1.7、距地表深1.0～9.8米。墓道内填黄褐色五花土，土质较松软。

墓室为土洞结构，距地表深10.6、高约1.5米。墓室内充满淤土，底部发现朽木和骨末。墓室中心处 GPS 坐标：北纬34°22′27″，东经108°40′54″，海拔473.0米。

墓葬东北部发现一处建筑遗址，外有夯墙环绕，平面呈长方形，东西长18.6、宽7.0米。遗址偏西部有一道南北隔墙，将其分为东西两部分。西半部较小，面阔2.6、进深3.2米；东半部较大，面阔11.0、进深3.2米。遗址夯墙宽2.0、距地表深0.8、残存高度0.6米。夯土呈黑褐色，土质较硬，夯层清晰，厚约0.1米。遗址地表有大量汉代瓦片堆积。

该遗址东侧发现一条南北向围沟，由于当地村民阻挠，无法详探。勘探长度36.0、宽1.2、深

2.3 米。沟内填土呈黑褐色，土质较软，包含灰屑、红烧土屑和汉代瓦片等。

4. 早期汉墓 M4

位于延陵陵园西墙西侧，两者间距约 53.0 米。

该墓葬由墓道和墓室两部分组成（图 11－3）。

墓道位于墓室南侧，方向 176°。平面呈梯形，长 2.5、宽 1.4～1.7、距地表深 1.0～10.5 米。墓道内填黄褐色五花土，土质较硬。

墓室为土洞结构，进深 2.6、宽 1.7、高约 1.3 米，其内充满淤土，底部发现板灰和骨末等。墓室距地表深约 11.3 米，中心点 GPS 坐标：北纬 34°22′28.6″，东经 108°40′58.4″，海拔 473.0 米。

5. 早期汉墓 M5

位于延陵陵园西墙西侧，两者间距 30.0 米。

该墓葬由墓道和墓室两部分组成（见图 11－3）。

墓道位于墓室南侧，方向 174°。平面呈长方形，长 2.9 米、宽 1.1、深 11.3 米。墓道内填黄褐色五花土，土质较硬，包含大量红褐色土块和礓石粒。

墓室为土洞砖室结构，长 3.2、宽 1.5、距地表深 11.6 米。下探至深 9.8 米处发现灰砖，据推测，其砖室高度约 1.8 米左右。墓室中心点 GPS 坐标：北纬 34°22′29.3″，东经 108°40′59.7″，海拔 473.0 米。

6. 早期汉墓 M6

位于延陵陵园西墙西侧，两者间距 50.0 米。

该墓葬由墓道和墓室两部分组成（见图 11－3）。

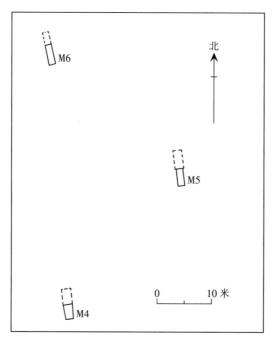

图 11－3　早期汉墓 M4～M6 平面分布图

墓道位于墓室南侧，方向166°。平面呈长方形，长3.4、宽1.2、距地表深12.0米。墓道内填黄褐色五花土，土质较硬，包含大量红褐色土颗粒和礓石粒等。

墓室为土洞结构，进深2.2、宽1.1、高度2.0米。墓室在距地表深10.0～11.0米处呈空洞状，11.0～12.0米则为淤土。墓室中心点GPS坐标：北纬34°22′30″，东经108°40′58″，海拔473.0米。

7. 早期汉墓 M7

位于皇后陵西北，东距延陵陵园西墙70.0米。

该墓葬由墓道和墓室两部分组成（图11－4）。

墓道位于墓室南侧，方向173°。平面呈长方形，长3.3、宽1.1、距地表深11.5米。墓道内填黄褐色五花土，土质较硬，包含大量红褐色土颗粒和礓石粒等。墓道北端有一处盗洞，略呈南北长方形，长2.1、宽1.6、距地表深3.0米。

墓室为砖室结构，进深2.7、宽1.2、距地表深11.5米。下探至10.0米处出现灰砖，据此推断，墓室高度约1.5米。墓室中心点GPS坐标：北纬34°22′33″，东经108°40′57″，海拔472.0米。

8. 早期汉墓 M8

位于M7西北，距延陵陵园西墙80.0米。

该墓葬由墓道和墓室两部分组成（见图11－4）。

墓道位于墓室南侧，方向170°。平面呈长方形，长3.2、宽1.2、距地表深11.0米。墓道内填黄褐色五花土，土质较硬，土中包含大量红褐色土颗粒和礓石粒。

墓室为土洞结构，进深2.3、宽1.2、高度约1.4米。墓室在距地表深9.6～10.2米处呈空

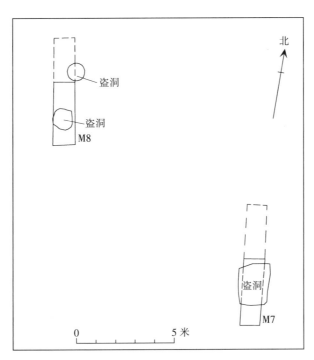

图11－4　早期汉墓 M7、M8 平面分布图

洞状，10.6～11.0 米为淤土，墓室底部有板灰和骨渣等。墓室中心点 GPS 坐标：北纬 34°22′35.5″，东经 108°40′56″，海拔 472.0 米。墓道中部和墓室东侧均发现盗洞，呈圆形，直径 0.9～1.1 米，深度不详。

9. 早期汉墓 M9

位于 M7 西北部，两者间距 175.0 米。

该墓葬由墓道和墓室两部分组成（图 11-5）。

墓道位于墓室南侧，方向 168°。平面呈长方形，长 3.2、宽 1.2 米。下探至距地表深 7.5 米处发现灰砖，推测可能为墓室砖封门。墓道内填黄褐色五花土，土质较硬，包含大量红褐色土颗粒和礓石粒等。

墓室为砖室结构，进深 2.3、宽 1.2、距地表深 9.5 米处出现灰砖，推测其墓室可能为砖铺地。墓室中心点 GPS 坐标：北纬 34°22′44″，东经 108°40′52″，海拔 474.0 米。

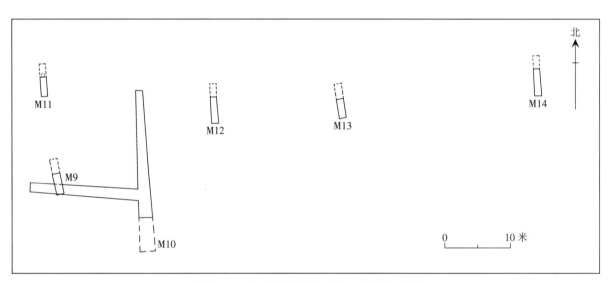

图 11-5　早期汉墓 M9～M14 平面分布图

10. 早期汉墓 M10

位于 M9 东侧，两者间距 12.0 米。

该墓葬由墓道和墓室两部分组成（见图 11-5）。

勘探结果显示，该墓带有两条墓道，一条位于墓室北侧，方向 356°。平面呈梯形，长 19.5、宽 1.1～2.2、距地表深约 1.0～11 米。墓道内填黄褐色五花土，土质较硬，包含大量红褐色土块和礓石粒等。另外一条墓道位于北墓道西侧，方向 275°，西侧墓道和北侧墓道南端相通，平面略呈长方形，长约 17.0、宽约 1.5～1.7、深约 0.4～10.0 米，墓道内填黄褐色五花土，土质较松软。

墓室为土洞结构，进深 5.1、宽 2.2～2.5、高度约 2.2 米。墓室内充满淤土，其中包含朽木、骨末和灰屑等。墓室距地表深 11.2 米，中心点 GPS 坐标：北纬 34°22′44″，东经 108°40′53″，海拔 474.0 米。

11. 早期汉墓 M11

位于 M9 北侧，两者间距 10.0 米。

该墓葬由墓道和墓室两部分组成（见图 11 - 5）。

墓道位于墓室南侧，方向 175°。平面呈长方形，长 2.9、宽 1.0 米、距地表深约 11.3 米。墓道内填黄褐色五花土，土质较硬，包含大量红褐色土块和礓石粒等。

墓室为砖室结构，进深 2.0、宽 1.1、高度约 1.5 米。墓室距地表深 11.5 米，中心点 GPS 坐标：北纬 34°22′44.5″，东经 108°40′52″，海拔 475.0 米。

墓道北部和墓室相交处各发现一椭圆形盗洞，直径 0.9 ~ 1.2 米，深度不详。

12. 早期汉墓 M12

西邻 M10，两者间距 11.0 米。

该墓葬由墓道和墓室两部分组成（见图 11 - 5）。

墓道位于墓室南侧，方向 173°。平面呈长方形，长 4.1、宽 1.1、距地表深 11.0 米。墓道内填黄褐色五花土，土质较硬，包含大量红褐色土块和礓石粒等。

墓室为土洞结构，进深 2.0、宽 1.9 米，墓室中部在下探至距地表深 9.5 米处出现淤土，11.0 米则为红褐色生土，据此推断，该墓洞室高度约 1.5 米。墓室中心点 GPS 坐标：北纬 34°22′45″，东经 108°40′53.8″，海拔 474.0 米。

13. 早期汉墓 M13

位于 M12 东侧，两者间距 19.0 米。

该墓葬由墓道和墓室两部分组成（见图 11 - 5）。

墓道位于墓室南侧，方向 173°。平面呈长方形，长 3.0、宽 1.0、距地表深 10.1 米。墓道内填黄褐色五花土，土质较硬，包含大量红褐色土块和礓石粒等。

墓室为土洞结构，进深 2.4、宽 1.5 米。墓室在距地表深 8.5 米处发现淤土，至 10.1 米处出现灰砖，可能为砖铺地，据此推断，该墓洞室高度约 1.6 米。墓室中心点 GPS 坐标：北纬 34°22′44″，东经 108°40′54″，海拔 474.0 米。

14. 早期汉墓 M14

位于 M13 东侧，两者间距 30.0 米。

该墓葬由墓道和墓室两部分组成（见图 11 - 5）。

墓道位于墓室南侧，方向 173°。平面呈长方形，长 4.1、宽 1.0、距地表深 11.2 米。墓道内填黄褐色五花土，土质较硬，包含大量红褐色土块和礓石粒等。

墓室为土洞结构，进深 2.1、宽 1.1 米。墓室在距地表深 9.5 米处发现淤土，至 11.0 米处出现灰砖，可能为砖铺地，据此推断，该墓洞室高度约 1.5 米。墓室中心点 GPS 坐标：北纬 34°22′45″，东经 108°40′58″，海拔 474.0 米。

15. 早期汉墓 M15

位于 M13 北侧，两者间距 79.0 米。

该墓葬由墓道和墓室两部分组成（图 11 - 6）。

墓道位于墓室东侧，方向 82°。平面略呈梯形，长 19.8、宽 1.0 ~ 1.3、距地表深 0.8 ~ 10.3 米。墓道内填黄褐色五花土，土质较硬，包含少量红褐色土块和礓石粒等。

墓室为砖室结构，进深 5.2、宽 2.5、距地表深 10.3 米。墓室在探至 8.1 米处发现灰砖，据此推断，墓室砖券顶高度约 2.2 米。墓室中心点 GPS 坐标：北纬 34°22′47″，东经 108°40′54″，海拔 474.0 米。

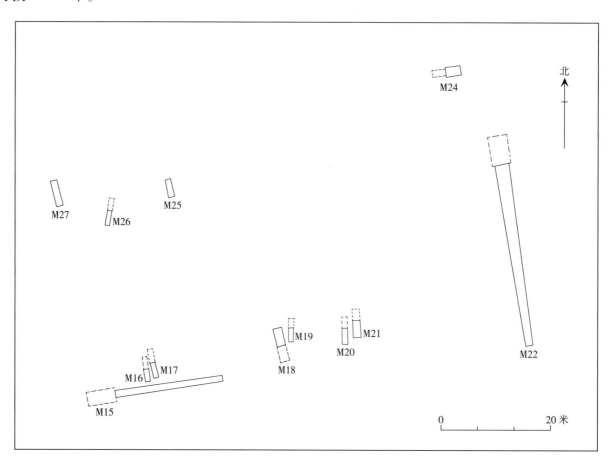

图 11 - 6　早期汉墓 M15 ~ M22、M24 ~ M27 平面分布图

16. 早期汉墓 M16

紧邻 M15 北侧，两者间距 0.7 米。

该墓葬由墓道和墓室两部分组成（见图 11 - 6）。

墓道位于墓室南侧，方向 172°。平面呈长方形，长 2.2、宽 1.0、距地表深 10.0 米。墓道内填黄褐色五花土，土质较硬，包含大量红褐色土块和礓石粒等。

墓室为土洞结构，进深 2.2、宽 0.9、高度约 1.5 米，其中充满淤土。墓室距地表深 7.8 米，中心点 GPS 坐标：北纬 34°22′47″，东经 108°40′54″，海拔 474.0 米。

17. 早期汉墓 M17

紧邻 M16 东侧，两者间距 0.3 米。

墓葬由墓道和墓室两部分组成（见图 11 − 6）。

墓道位于墓室南侧，方向 173°。平面呈长方形，长 2.7、宽 1.0、距地表深 11.0 米。墓道内填黄褐色五花土，土质较硬，包含大量红褐色土块和礓石粒等。

墓室为土洞结构，进深 2.5、宽 1.0 米。墓室在下探至 8.6 米出现淤土，至 10.0 米出现红褐色生土，据此推断，其洞室高度约 1.4 米。墓室中心点 GPS 坐标：北纬 34°22′47″，东经 108°40′54.3″，海拔 474.0 米。

18. 早期汉墓 M18

位于 M17 东侧，两者间距 23.0 米。

该墓葬由墓道和墓室两部分组成（见图 11 − 6）。

墓道位于墓室北侧，方向 344°。平面呈长方形，长 3.3、宽 1.6 米。下探至距地表约 9.8 米处发现灰砖。墓道内填黄褐色五花粗夯土，土质较硬，包含红褐色土块和礓石粒。

墓室为砖室结构，进深 2.8、宽 1.7、距地表深 10.5 米。下探至距地表深 9.0 米出现灰砖，据此推断，其洞室高度约 1.5 米。墓室中心点 GPS 坐标：北纬 34°22′48″，东经 108°40′55″，海拔 475.0 米。

19. 早期汉墓 M19

紧邻 M18 东侧，两者间距 0.7 米。

该墓葬由墓道和墓室两部分组成（见图 11 − 6）。

墓道位于墓室南侧，方向 179°。平面呈长方形，长 2.5、宽 0.9、距地表深 10.0 米。墓道内填黄褐色五花土，土质较硬，包含少量红褐色土块和礓石粒。

墓室为土洞结构，进深 1.7、宽 1.0 米。墓室在距地表深 4.0 米处出现淤土夹杂生土块等，至 10.0 米深处出现红褐色生土。据此推断，该墓洞室可能出现坍塌，因此，原洞室高度不详。墓室中心点 GPS 坐标：北纬 34°22′47.2″，东经 108°40′55″，海拔 475.0 米。

20. 早期汉墓 M20

位于 M19 东侧，两者间距 9.0 米。

该墓葬由墓道和墓室两部分组成（见图 11 − 6）。

墓道位于墓室南侧，方向 179°。平面呈长方形，长 2.8、宽 1.0、距地表深 10.5 米。墓道内填黄褐色五花土，土质较硬，包含大量红褐色土块和礓石粒等。

墓室为土洞结构，进深 2.0、宽 1.0、洞室高度约 1.2 米，其中充满淤土。墓室距地表深 10.4 米，中心点 GPS 坐标：北纬 34°22′47″，东经 108°40′54.3″，海拔 475.0 米。

21. 早期汉墓 M21

紧邻 M20 东侧，两者间距 1.0 米。

该墓葬由墓道和墓室两部分组成（见图 11 − 6）。

墓道位于墓室南侧，方向180°。平面呈长方形，长3.0、宽1.4、距地表深10.4米。墓道内填黄褐色五花土，土质较硬，包含大量红褐色土块和礓石粒等，底部有少量残砖块。

墓室为砖室结构，进深2.0、宽1.4、距地表深10.5米。墓室在距地表深9.0米处发现灰砖，据此推断，其洞室高度约1.5米。墓室中心点GPS坐标：北纬34°22′47″，东经108°40′55″，海拔475.0米。

22. 早期汉墓 M22

位于M21东侧，两者间距30.0米。

该墓葬由墓道和墓室两部分组成（见图11-6）。

墓道位于墓室南侧，方向172°。平面呈梯形，长32.6、宽1.2~2.6、距地表深0.8~16.5米。墓道内填黄褐色五花土，土质较硬，包含大量红褐色土块和礓石粒等，底部有少量残砖块。勘探结果显示，延陵陵园西墙基槽打破墓道东部，打破深度约1.3米。

墓室为土洞结构，进深5.1、宽3.5米，墓室在距地表深14.0~14.5米处呈空洞状，至14.5~16.5米为淤土，16.5米出现灰砖，可能是铺地砖。墓室中心点GPS坐标：北纬34°22′48″，东经108°40′56″，海拔475.0米。

23. 早期汉墓 M23

位于祔葬墓M7西侧，两者间距（与M7封土底边）91.0米，东距西垣墙33.0米。

该墓葬由墓道和墓室两部分组成（图11-7）。

墓道位于墓室南侧，方向175°。平面呈长方形，长3.5、宽1.0、距地表深11.4米。墓道内填黄

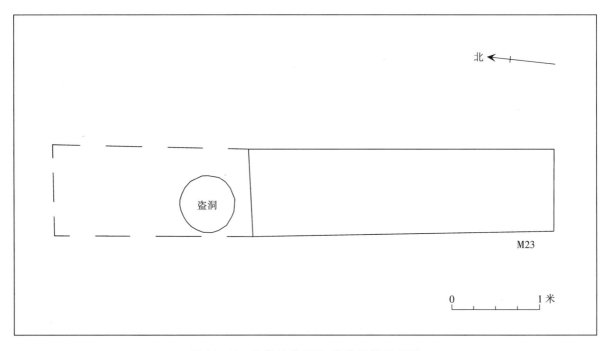

北

盗洞

M23

0   1 米

图 11-7　早期汉墓 M23 墓葬形制平面图

褐色五花土，土质较硬，包含大量红褐色土块和礓石粒等，底部发现少量残砖块。墓道北端有一处圆形盗洞，直径0.6、深9.0米。

墓室为土洞结构，进深2.3、宽1.0米。墓室在距地表深10.2米发现淤土，至11.4米出现红褐色生土，据此推断，其洞室高度约1.2米。墓室中心点GPS坐标：北纬34°22′40″，东经108°40′57″，海拔474.0米。

24. 早期汉墓M24

位于M22北侧，两者间距12.0米。

该墓葬由墓道和墓室两部分组成（见图11-6）。

墓道位于墓室东侧，方向81°。平面呈长方形，长2.7、宽1.7、距地表深8.0米。墓道内填黄褐色五花土，土质较硬，包含大量红褐色土块和礓石粒等，底部出现少量残砖块。

墓室为土洞结构，进深2.4、宽1.2米。墓室在距地表深6.5米处出现淤土，至8.0米处出现黄褐色生土，据此推断，洞室高度约1.5米。墓室中心点GPS坐标：北纬34°22′49″，东经108°40′56″，海拔475.0米。

25. 早期汉墓M25

位于M17北侧，两者间距27米（见图11-6）。

该墓为竖穴方坑墓，方向167°。墓葬平面呈长方形，长3.3、宽1.0~1.2、距地表深10.5米。墓室内填五花土，土质较硬，包含少量红褐色土块及礓石粒等，底部铺砖。墓室中心点GPS坐标：北纬34°22′48″，东经108°40′54″，海拔474.0米。

26. 早期汉墓M26

位于M25西侧，两者间距10.0米。

该墓葬由墓道和墓室两部分组成（见图11-6）。

墓道位于墓室南侧，方向191°。平面呈长方形，长2.7、宽0.8、距地表深11.5米。墓道内填黄褐色五花土，土质较硬。

墓室为土洞结构，进深2.2、宽0.9米，距地表深约11.3米发现板灰，至11.5米出现红褐色生土。墓室中心点GPS坐标：北纬34°22′48″，东经108°40′53″，海拔474.0米。

27. 早期汉墓M27

位于M26西侧，两者间距8.0米（见图11-6）。

该墓为竖穴方坑墓，方向175°。墓葬平面呈长方形，长4.6、宽1.3、距地表深11.5米，墓室底部发现板灰和骨末等遗迹。墓室中心点GPS坐标：北纬34°22′48″，东经108°40′55″，海拔474.0米。

28. 早期汉墓M28

南邻五陵路，北距西石村135.0米（图11-8）。

该墓葬平面呈甲字形，由封土、墓道、墓室三部分组成。

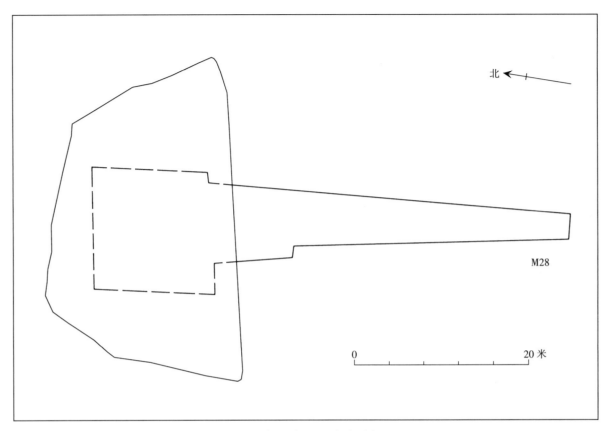

图 11 - 8　早期汉墓 M28 墓葬形制平面图

封土原呈圆丘状，20 世纪 70 年代遭严重破坏，现残存范围东西长 38.8、南北宽 25.0、残存高度 5.0 米。

墓道位于封土南部，平面呈梯形，南端延伸至五陵路（现代公路）下，方向 173°，勘探长度 32.2、南端宽约 4.4、与墓室相交处宽 9.2 米，南端距地表深 1.5、北端与封土相交处深 12.5 米。墓道内填五花夯土，土质坚硬，夯层清晰，厚度 0.2 米。墓道底部发现大量细沙和残砖块等。

墓室平面近正方形，边长 13.4 ~ 14.2、距地表深 10.0 米出现细沙，至 10.5 米处发现灰砖。墓室中心点 GPS 坐标：北纬 34°22′48″，东经 108°41′10″，海拔 476.0 米。

第二节　晚期墓葬

延陵陵园内除与延陵相关的汉代遗迹外，还发现有 12 座较晚时期的小型墓葬，时代大体从唐代至明清，间接地反映了延陵的历史沿革，现分述如下：

1. 晚期墓 M1

位于延陵陵园东南部 1 号建筑遗址西侧偏南，间距约 38.0 米，为竖穴墓道土洞墓，由墓道和墓室组成（图 11 - 9）。

墓道位于墓室东南，方向 123°。平面呈长方形，长 2.7、宽 1.0、深 3.0 米。墓道内填土为黄褐色五花土，土质较软。

墓室为土洞结构，进深 1.6、宽 1.0、洞室高约 1.0 米，底部发现有板灰遗迹。

2. 晚期墓 M2

位于延陵陵园东南部 1 号遗址西侧偏南，北邻 M1，为竖穴墓道土洞墓，由墓道和墓室组成（见图 11 −9）。

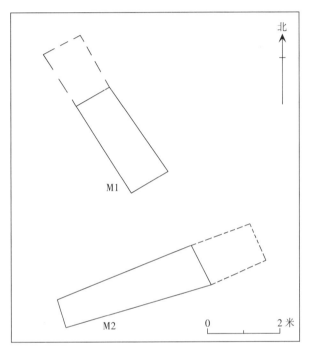

图 11 −9　晚期墓葬 M1、M2 平面分布图

墓道位于墓室西南，方向 249°，平面呈梯形，长 3.9、宽 0.7～1.2、深 2.7 米。墓道内填土为黄褐色五花土，土质较软。

墓室为土洞结构，进深 1.7、宽 1.0、洞室高 1.0 米，底部发现有淤土、板灰等遗迹。

3. 晚期墓 M3

位于严家沟村南的二级台地上，3 号建筑遗址南院中部，为竖穴墓道土洞墓，坐北面南，由墓道和墓室组成（图 11 −10）。

墓道位于墓室南部，方向 180°，平面略呈梯形，长 2.6、宽 1～1.2、深 8.8 米。墓道内填土为黄褐色五花土，土质较软。

墓道北端与墓室交界处有一盗洞，略呈椭圆形，最大径长约 1.5、深 8.8 米。通过盗洞可以清晰观察到墓道的东、西、北壁（图 11 −11）。

墓室为土洞结构，进深 2.7、宽 1.3、洞室高 1.3 米，底部有厚约 0.4 米的淤土层。墓室中心点 GPS 坐标：北纬 34°22′18″，东经 108°42′11.2″，海拔 461.0 米。

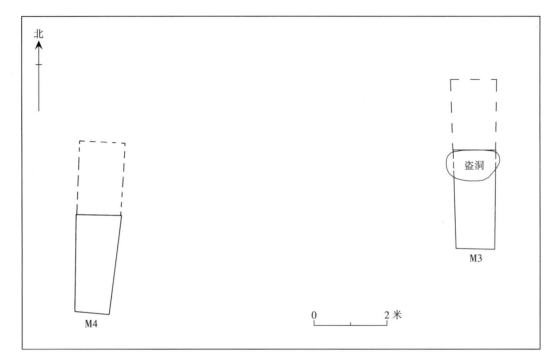

图 11-10　晚期墓葬 M3、M4 平面分布图

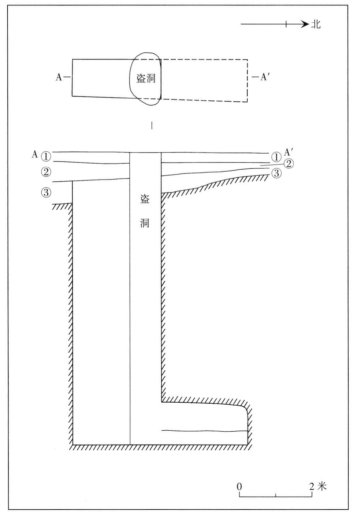

图 11-11　晚期墓葬 M3 墓葬形制平、剖面图

周边地层：

第①层，耕土层，厚度0.3米，土色灰褐色，土质松软，土质包含植物根系及瓦砾等。

第②层，晚期堆积层，距地表深0.3、厚度0.2~0.6米，土色浅黄，土质较软，包含灰屑、红烧土屑及少量瓦砾等。

第③层，垫土层，距地表深0.5~0.9、厚度0.2~0.7米，由北向南呈逐步加厚状，土色黄褐，土质较硬，粗夯。该层为3号建筑遗址修建时为提高遗址内地面形成的垫土。

③层下为黄生土。

4. 晚期墓 M4

位于M3西侧，两者间距9.0米。其形制为竖穴墓道土洞墓，坐北面南，由墓道和墓室组成（见图11-10）。

墓道位于墓室南部，方向180°。平面呈南北向梯形，长2.6、宽1.0~1.3、深8.0米。墓道内填土为黄褐色五花土，土质较软。

墓室为土洞结构，进深2.0、宽1.3、洞室高1.2米。墓室内填土为淤土，土色黄褐，土质密实。墓室底部探孔提取土样有明显板灰痕迹。墓室中心点GPS坐标：北纬34°22′17.9″，东经108°42′10.7″，海拔461.0米。

5. 晚期墓 M5

位于帝陵陵园西部，西距咸宋路46.0米。其形制为竖穴墓道土洞墓，由墓道和墓室组成（图11-12）。

墓道位于墓室东侧，方向90°。平面呈梯形，长2.8、宽0.8~1.4、深4.5米。墓道内填土为黄褐色五花土，土质较软。

墓室为土洞结构，进深2.1、宽1.2、洞室高1.1米，底部发现淤土、板灰等遗迹。墓室中心处

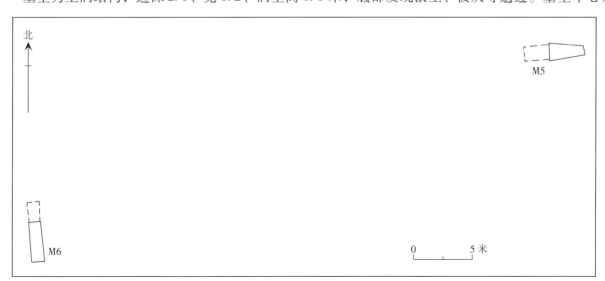

图 11-12　晚期墓葬 M5、M6 平面分布图

GPS 坐标：北纬 34°22′31.46″，东经 108°41′31.67″，海拔 471.0 米。

6. 晚期墓 M6

位于 M5 西侧，紧邻咸宋路。其形制为竖穴墓道土洞墓，由墓道和墓室组成（见图 11 – 12）。

墓道位于墓室南侧，方向 173°。平面呈长方形，长 3.1、宽 1.0、深 6.0 米。墓道内填黄褐色五花土，土质较软。

墓室为土洞结构，进深 1.5、宽 1.0、洞室高 1.2 米，墓室填土为淤土。墓室中心点 GPS 坐标：北纬 34°22′31″，东经 108°41′36″，海拔 471.0 米。

7. 晚期墓 M7

位于陵园西北部 11 号建筑遗址南侧偏东，间距 62.0 米。其形制为竖穴墓道洞室墓，由墓道和墓室组成（图 11 – 13）。

墓道位于墓室南侧，方向 174°。平面略呈梯形，长 2.8、宽 1.0 ~ 1.2、深 3.1 米。墓道内填土为黄褐色五花土，土质较软。

墓室为土洞结构，进深 1.2、宽 0.85 ~ 1.0、洞室高 1.2 米，底部发现朽木等遗迹。墓室中心点

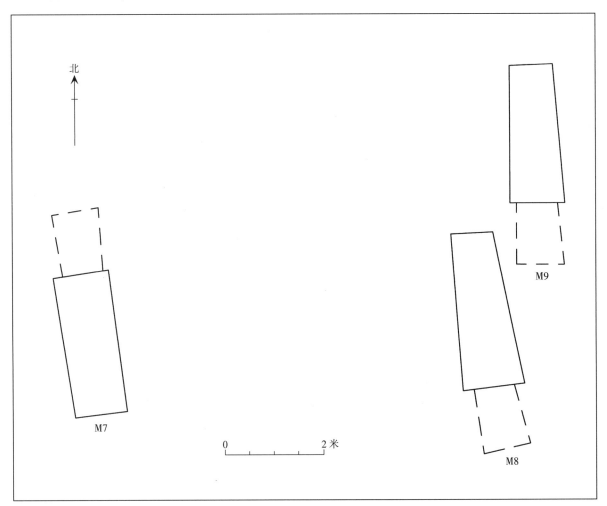

图 11 – 13　晚期墓葬 M7 ~ M9 平面分布图

GPS 坐标：北纬 34°22′42.4″，东经 108°41′27″，海拔 473.0 米。

8. 晚期墓 M8

位于 M7 东侧，间距 7.0 米。其形制为竖穴墓道洞室墓，由墓道和墓室组成（见图 11 – 13）。

墓道位于墓室北侧，方向 357°。平面呈梯形，长 3.0、宽 1.0 ~ 1.3、深 2.7 米。墓道内填土为黄褐色五花土，土质较软。

墓室为土洞结构，进深 1.2、宽 0.85 ~ 1.0、洞室高 1.2 米，底部发现朽木等遗迹。墓室中心 GPS 坐标：北纬 34°22′42.66″，东经 108°41′27.8″，海拔 473.0 米。

9. 晚期墓 M9

西南距 M8 约 1 米。其形制为竖穴墓道洞室墓，由墓道和墓室组成（见图 11 – 13）。

墓道位于墓室北侧，方向 359°。平面呈梯形，长 2.7、宽 0.9 ~ 1.2、深 2.7 米。墓道内填土为黄褐色五花土，土质较软。

墓室为土洞结构，进深 1.2、宽 0.85 ~ 1.0、洞室高 1.2 米，底部发现朽木、骨末等遗迹。墓室中心点 GPS 坐标：北纬 34°22′42.65″，东经 108°41′28″，海拔 473.0 米。

10. 晚期墓 M10

位于 M9 以东，间距 43 米。其形制为竖穴墓道土洞墓，由墓道和墓室组成（图 11 – 14）。

墓道位于墓室南侧，方向 180°。平面呈长方形，长 2.4、宽 1.0、深 2.8 米。墓道内填土为黄褐

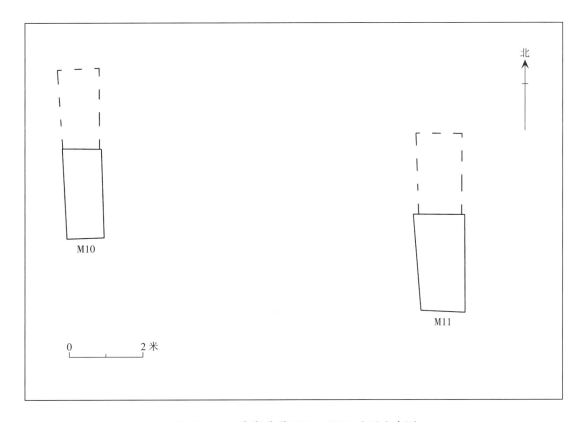

图 11 – 14　晚期墓葬 M10、M11 平面分布图

色五花土，土质较软。

墓室为土洞结构，进深2.1、宽1.0～1.2、洞室高1.2米，底部发现淤土、朽木等遗迹。墓室中心点GPS坐标北纬34°22′43″，东经108°41′30.65″，海拔472.0米。

11. 晚期墓M11

位于M10东侧，间距9.0米。其形制为竖穴墓道洞室墓，由墓道和墓室组成（见图11-14）。

墓道位于墓室南侧，方向180°。平面呈梯形，长2.6、宽1.2～1.5、深2.8米。墓道内填土为黄褐色五花土，土质较软。

墓室为土洞结构，进深2.1、宽1.3、洞室高1.2米，底部发现淤土、朽木等遗迹。墓室中心点GPS坐标：北纬34°22′43″，东经108°41′34.36″，海拔472.0米。

12. 晚期墓M12

位于M11东侧，间距59.0米。其形制为竖穴墓道洞室墓，由墓道和墓室组成（图11-15）。

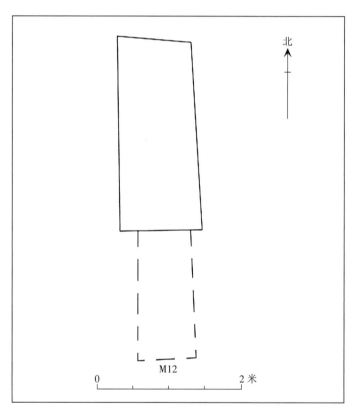

图11-15　晚期墓葬M12平面分布图

墓道位于墓室北侧，方向360°。平面呈长方形，长2.9、宽1.3、深3.0米。墓道内填土为黄褐色五花土，土质较软。

墓室为土洞结构，进深2.0、宽1.0、洞室高1.2米，底部发现淤土、朽木等遗迹。墓室中心GPS坐标：北纬34°22′44″，东经108°41′36″，海拔472.0米。

第十二章　采集遗物

在本次调查和勘探过程中，在陵区范围内采集了大量的实物标本，其种类主要为瓦当、筒瓦、板瓦、铺地砖、空心砖等建筑材料以及陶质的生活器皿残片，由于器物来源于采集，所以均为残块，现分类介绍如下。

一、瓦当

共计46件。分云纹和文字瓦当两类。

1. 云纹瓦当

10件。按当面云纹的不同分为A、B、C、D、E五型。

A型　3件。泥质灰陶，火候较高。当面由二周同心圆分为内外二区，两组垂直相交的复线将内外区四等分，内区每小区饰三角纹，外区每小区内饰一组卷云纹。

标本祔葬墓M14:6（图12-1，1；图版二六，1），当面残存约二分之一，为两朵卷云纹，当背有抹光痕。残存有11.0~13.5厘米长的附接筒瓦，瓦内有布纹，瓦外为素面。半径7.8*、厚1.6~2.0、边轮宽0.9~1.3厘米。

标本祔葬墓M14:7（图12-1，2；图版二六，2），残存约二分之一弱，当面灰白色，当背抹光中部印有绳纹。残径7.1、厚2.0、边轮宽1.2厘米。

标本祔葬墓M14:8-1（图12-1，3；图版二六，3），残存不足二分之一，当面灰白色，当背抹光印有绳纹。残径6.8、厚2.0、边轮宽1.2厘米。

B型　2件。根据图案可分为二式。

Ⅰ式　1件。标本祔葬墓M10北侧:4（图12-1，4；图版二六，4），泥质灰陶，火候较高，残存约二分之一略弱。当面残存两周同心圆，分为内外两区，两组垂直相交的复线将内外区四等分，内区残存四枚连珠纹，外区每小区内饰一组卷云纹，云纹两端各饰一枚三角纹。当背边沿有抹光痕，

---

*　本文残径均指残半径。

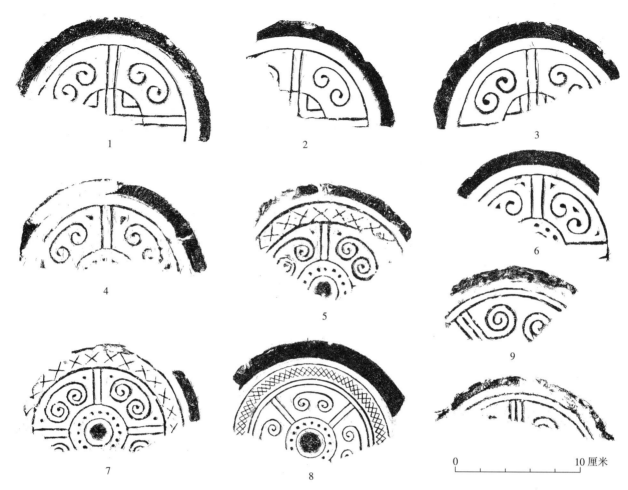

图 12－1　延陵陵区采集的云纹瓦当拓片

1～3. A 型（袝葬墓 M14：6、7、8－1）　　4. B 型 I 式（袝葬墓 M10 北侧：4）　　5. C 型（袝葬墓 M5：1）　　6. B 型 II 式（袝葬墓 M5

北侧：5）　　7. C 型（袝葬墓 M9：3）　　8. D 型（袝葬墓 M5：2）　　9、10. E 型（1 号遗址 16、19）

中部印有模糊的浅绳纹。残径 6.6、厚 2.1、边轮宽 1.2 厘米。

　　II 式　1 件。标本袝葬墓 M5 北侧：5（图 12－1，6；图版二六，5），泥质灰陶，火候较高。当残存约三分之一，当面残存两周同心圆，分为内外两区，两组垂直相交的复线将内外区四等分，内区残存三枚连珠纹，外区每小区内饰一组卷云纹，云纹两端和中间各饰一枚凸起的小三角纹。当背有切割痕和抹光痕。残径 6.5、厚 2.3、边轮宽 1.1 厘米。

　　C 型　2 件。泥质灰陶，残块，火候较高。当面由四周同心圆将其分为四区，内区当心饰一圆乳突，乳突外围连珠纹，中区由四组复线均分为四等份扇形区间，每区间内饰一组卷云纹，每组云纹的两端各有一枚小乳丁纹，外区为一周细线菱形网格纹。

　　标本袝葬墓 M5：1（图 12－1，5；图版二七，1），泥质灰陶，残存四分之一强，边轮较窄，当背有抹光痕。半径为 8.0、厚 2.1、边轮宽 0.8 厘米。

　　标本袝葬墓 M9：3（图 12－1，7；图版二七，2），泥质灰陶，残存约二分之一强，边轮较窄，当背有抹光痕。半径为 8.0、厚 1.8~2.6 厘米，边轮残存较少，宽 0.8 厘米，当心乳突直径约 2.1 厘米。

D 型　1 件。标本祔葬墓 M5:2（图 12-1,8；图版二七,3），泥质灰陶，火候较高，残存二分之一强。当面纹饰纤细，由五周同心圆将其分为四区，当心饰一圆乳突，直径约 2.2 厘米，乳突外围连珠纹，中区由四组复线均分为四等份扇形区间，和外区间隔为双线同心圆，区间内各饰一组卷云纹，外区为一周细线菱形网格纹。当背有抹光痕，当心有指窝痕。边轮较宽。半径为 8.0、厚 2.1、边轮宽 1.4 厘米。

E 型　2 件。泥质灰陶，火候较高，残块较小，当面残存卷云纹的极少部分，卷云从分割线伸出。

标本 1 号遗址:16（图 12-1,9；图版二七,4），瓦当边轮外有绳纹。残径为 5.9、厚 1.3、边轮宽 0.7 厘米。

标本 1 号遗址:19（图 12-1,10；图版二七,5），当背有抹痕但不完整。残径为 3.8、当厚 1.5~2、边轮宽 0.9 厘米。

2. 文字瓦当

36 件。文字分别为"长生无极""长乐未央"。

（1）"长生无极"瓦当

33 件。根据字体笔画的不同变化可分为 A、B、C、D、E、F、G 七型，另有 10 件不易分类者列于后。

A 型　4 件。泥质灰陶，火候较高，残存当面由三周同心圆分为三区，内区当心饰一枚圆乳突，中区一周连珠纹，外区以复线等分为四个扇面形区间，篆书"长生无极"四字分置其中，"长"字较为方正，笔画舒朗，"生"字整体较短。当背抹光，印有模糊的浅绳纹。

标本 1 号遗址:4（图 12-2,1；图版二八,1），残存约二分之一弱，边轮完全残损，连珠纹现存 6 枚，篆字仅存"长、生"二字，当面为灰色，局部有红色颜料痕迹。残径 7.3、厚 1.2~2.3 厘米。当背抹光，当心有指窝痕。

标本 1 号遗址:6（图 12-2,2；图版二八,2），残存约三分之一，内区连珠纹现存 11 枚，篆字仅存"生"字和"长"字部分，半径 9.3、厚 2~2.3、边轮宽 1.4 厘米。

标本 1 号遗址:26（图 12-2,3；图版二八,3），残存约二分之一弱，当面为灰白色，内区残存四枚连珠纹，外区篆字仅存"生"字和"长"字极少部分。残径 7.6、厚 2、边轮宽 1.7 厘米。

标本 1 号遗址:37（图 12-2,4；图版二八,4），残块，残存约二分之一弱，中区连珠纹残存 9 枚，篆字残存"极"字和"生、无"二字少部分，半径 9.0、厚 2.6、边轮宽 1.2 厘米。

B 型　4 件。泥质灰陶，火候较高，残存当面由三周同心圆分为三区，内区当心饰一枚圆乳突，中区一周连珠纹，外区以复线等分为四个扇面形区间，篆书四字分置其中，"生"字上半部分较长。

标本 1 号遗址:7（图 12-2,5；图版二八,5），瓦当残存约四分之一强，当心残损，仅存四枚连珠纹，外区篆字残存"生"字和"极"字极少部分，残径 7.4、厚 2.5、边轮宽 1.5 厘米。当背抹光，印有模糊的浅绳纹。

标本1号遗址：10（图12－2，6；图版二八，6），表面为黑褐色，瓦当残存约三分之一，中区连珠纹仅存四枚，外区篆字残存"生"字和"长、极"字的极少部分，半径8.6、厚2.0、边轮宽1.7厘米。当背抹光，当心有绳纹指窝痕。

标本1号遗址：14（图12－2，7；图版二九，1），残块不足四分之一，当面仅存外区，文字为"生、极"二字，二字之间以复线隔开，瓦当边轮较窄，残径6.5、厚2.4～2.7、边轮宽1.2厘米。

标本1号遗址：39（图12－2，8；图版二九，2），残存约四分之一强，当为灰褐色，当面残存"生、极"二篆字部分，二字之间以复线隔开，残径6.2、厚2、边轮宽1.3厘米。当背边沿抹光，中

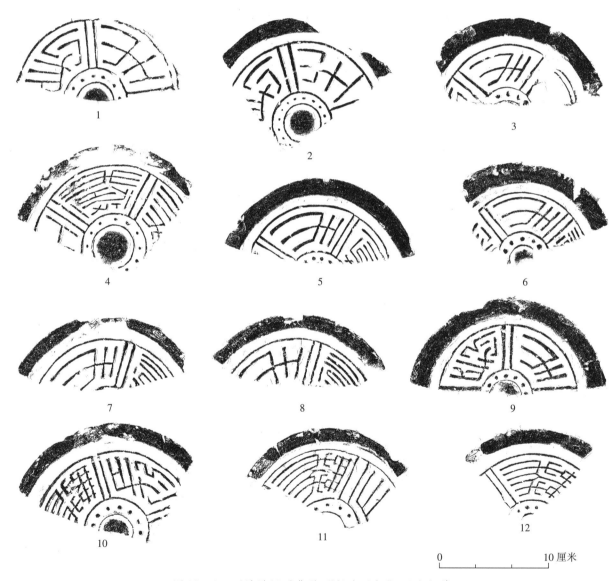

1
2
3
4
5
6
7
8
9
10
11
12

0　　　　　　　　　　10厘米

图12－2　延陵陵区采集的"长生无极"瓦当拓片

1～4. A型（1号遗址：4、6、26、37）　　5～8. B型（1号遗址：7、10、14、39）　　9、10. C型（1号遗址中部：32、35）

11、12. D型（1号遗址：12、28）

部印有细绳纹。

C 型　2 件。泥质灰陶，火候较高，当为灰色，当面由三周同心圆分为三区，内区饰一圆乳突，中区一周连珠纹，外区以复线等分为四个扇面形区间，篆书四字分置其中，"长"字比 A 型细长，当背抹光。

标本 1 号遗址中部：32（图 12-2，9；图版二九，3），残存约二分之一，文字仅存"长生"二字。当面为灰白色，由三周同心圆分为三区，内区饰一圆乳突，中区连珠纹残存 6 枚，外区以复线等分为四个扇面形区间，篆书"长生□□"四字分置其中，边轮较宽。当背抹光并有圆弧形抹光带，当心有指窝痕。半径 8.7、厚 2.7、边轮宽 1.7 厘米。

标本 1 号遗址：35（图 12-2，10；图版二九，4），残存约二分之一弱，篆书"长□无□"四字分置其中，篆字仅存"长、无"二字。半径 9.0、厚 1.8~2.1、边轮宽 1.6 厘米。

D 型　4 件。泥质灰陶，火候较高，当为灰色，当面由三周同心圆分为三区，内区饰一圆乳突，中区饰连珠纹，外区以复线等分为四个扇面形区间，篆书"长生无极"四字分置其中，边轮较窄。

标本 1 号遗址：12（图 12-2，11；图版二九，5），瓦当残存约四分之一强，内区当心残损，中区仅存四枚连珠纹，外区篆字残存"无"字和"长"字的极少部分，当背抹光，印有模糊的浅绳纹。残径 7.5、厚 1.7、边轮宽 1.2 厘米。

标本 1 号遗址：28（图 12-2，12；图版二九，6），当面残存约三分之一，内区残损，中区一周残存 3 枚连珠纹，外区篆字仅残存"无"字。当背抹光印有模糊的浅绳纹，残存少许附接筒瓦，长约 7.8 厘米，瓦外少许麻点纹，瓦内为布纹。残径 8.0、厚 1.8、边轮宽 1.2 厘米。

标本 1 号遗址：29（图 12-3，1；图版三〇，1），残存约四分之一强，中区一周连珠纹，现存 3 枚，篆字仅存"长、无"二字部分，当背抹光印有浅绳纹。半径 9.3、厚 2.2 厘米，边轮宽 1.0~1.2 厘米。

标本 1 号遗址中部：33（图 12-3，2；图版三〇，2），当面残存约二分之一强，中区连珠纹残存 8 枚，文字仅存"长、无"二字和"生"字少半部分。当背抹光并印有模糊的绳纹。半径 8.9、厚 2.4、边轮宽 1.2 厘米。

E 型　5 件。泥质灰陶，火候较高。当面由三周同心圆分为三区，内区饰一圆乳突，中区饰连珠纹，外区以复线等分为四个扇面形区间，篆书"长生无极"四字分置其中，边轮较窄，"无"字写法与 D 型不同。

标本 1 号遗址：5（图 12-3，5；图版三〇，3），当面残存约四分之一弱，文字为"无、极"二字部分，中间以复线隔开。瓦外素面，瓦内布纹。残径 6.5、厚 2、边轮宽 1.8 厘米。当背残存附接筒瓦少许，残长 22.2、宽 24.0 厘米。

标本 1 号遗址：27（图 12-3，4；图版三〇，4），当面由三周同心圆分为三区，内区饰一圆乳突，中区一周连珠纹残存 7 枚，外区以复线等分为四个扇面形区间，篆书"长□无□"四字分置其

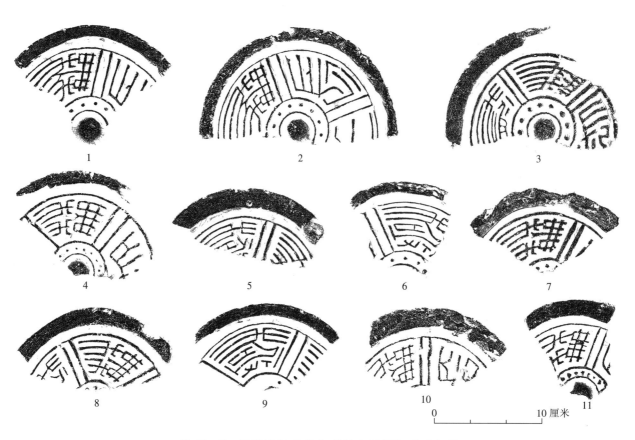

图 12 - 3　延陵陵区采集的"长生无极"瓦当拓片

1、2. D 型（1 号遗址：29、1 号遗址中部：33）　　3、11. G 型（1 号遗址：34、15）　　4、5、7、8、10. E 型（1 号遗址：27、5、36；2 号遗址中部：3、5）　　6、9. F 型（1 号遗址：13、38）

中，篆字残存"无"字和"长"字少部分。半径 9.0 厘米。

标本 1 号遗址：36（图 12 - 3，7；图版三〇，5），残存约四分之一弱，内区当心残损，仅存三枚连珠纹，外区篆字仅存"无"字。当背残存少许附接筒瓦，长约 4.5 厘米，瓦外素面，瓦内布纹。残径 7.8、厚 2.1、边轮宽 1.5 厘米。当背抹光印有模糊的直绳纹。

标本 2 号遗址中部：3（图 12 - 3，8；图版三〇，6），残存约四分之一，当心残留 2 枚连珠纹，外区篆字仅残存"无"字和"极"字极少部分。残径 7.5、厚 1.9、边轮宽 1.5 厘米。

标本 2 号遗址中部：5（图 12 - 3，10；图版三一，1），残存约四分之一，当面残存"长、无"二篆字部分，二字之间以复线隔开，当背抹光印有细绳纹。残径 7.3、厚 1.7、边轮宽 1.7 厘米。

F 型　2 件。泥质灰陶，火候较高，当面为灰色，当面由三周同心圆分为三区，内区当心残损，中区残存连珠纹，外区以复线等分为四个扇面形区间，篆书"□□□极"四字分置其中，当背抹光，中部印有模糊的绳纹痕迹。

标本 1 号遗址：13（图 12 - 3，6；图版三一，2），瓦当残存约四分之一弱，内区当心残损，中区仅存四枚连珠纹，外区篆字残存"极"字。残径 7.3、厚 2.4、边轮宽 1.0 厘米。

标本 1 号遗址：38（图 12 - 3，9；图版三一，3），残存约四分之一强，内区残存一枚连珠纹，外区篆字仅存"极"字。残径7.6、厚2.3～2.5、边轮宽1.1厘米。

G型　2件。泥质灰陶，火候较高，当面由三周同心圆分为三区，内区饰一圆乳突，中区为一周连珠纹，外区以复线等分为四个扇面形区间，篆书"长□无极"四字分置其中，当背抹光。

标本1号遗址:15（图12-3，11；图版三一，4），残块较小不足四分之一，中区仅存八枚连珠纹，外区篆字残存"无"字和"长"字极少部分。半径8.5、厚1.6、边轮宽1.4厘米。

标本1号遗址:34（图12-3，3；图版三一，5），当残存约二分之一强，篆字残存"无"字和"长、极"二字的主要部分。当背中心有指窝痕。半径9.1、厚2.2、边轮宽1.6厘米。

不易分类者　10件。

标本1号遗址:8（图12-4，2；图版三一，6），瓦当残存约四分之一，内区当心残损，中区仅存三枚连珠纹，外区篆字残存"生"字部分和"长"字极少部分。当背中心有绳纹和指窝痕。残径6.0、厚2.2、边轮宽1.5～1.8厘米。

标本1号遗址:9（图12-4，1；图版三二，1），瓦当表面有白色颜料，残存极少部分，文字为"长、生"二字少部分，中间以复线隔开。半径9.1、厚2.7、边轮宽2.1厘米。

标本1号遗址:11（图12-4，5；图版三二，2），瓦当残存极少部分，文字为"无"字和"极"字的极少部分，中间以复线隔开。当背附接有少许筒瓦，筒瓦残长4、宽11厘米。瓦外素面，瓦内为布纹。残径5.9、厚1.5、边轮宽1.7厘米。

标本1号遗址:17（图12-4，3；图版三二，3），残块较小不足四分之一，边轮完全残损，残存当面由二周同心圆分为二区，内区当心残损，仅存五枚连珠纹，外区篆字残存"长"字。残径5.7、厚2.0厘米。

标本1号遗址:18（图12-4，4；图版三二，4），瓦当残存不足四分之一，文字为"极"字的少半部分。当背抹光。残径6.9、厚2.2、边轮宽1.5厘米。

标本1号遗址:30（图12-4，6；图版三二，5），篆字仅残存"极"字，字体棱角圆滑。当背抹光印有浅绳纹。当面残径7.3、厚1.6～1.8、边轮宽2.1厘米。

标本1号遗址:31（图12-4，7；图版三二，6），当面残存约四分之一强，内区当心残损，中区连珠纹残存4枚，外区篆字仅残存"生、极"两字部分。残径7.5、厚1.7、边轮宽1.7厘米。

标本2号遗址:9（图12-4，8；图版三三，1），当背平整，有切割痕，近边沿处有一周浅凹槽，边沿抹光，内饰麻点纹，中心有一指窝。半径9.3、厚2.1、边轮宽1.3～1.5厘米。

标本3号遗址:33（图12-4，9；图版三三，2），当面残存约三分之一，中区连珠纹残存7枚，篆字仅残存"长、无"二字部分。半径8.8、厚2.0、边轮宽1.5厘米。

标本8号遗址西北部:3（图12-4，10；图版三三，3），残存约四分之一强，残存文字为"长生"，中间以复线隔开，边轮较宽。残径6.3、厚2.7、边轮宽1.6厘米。

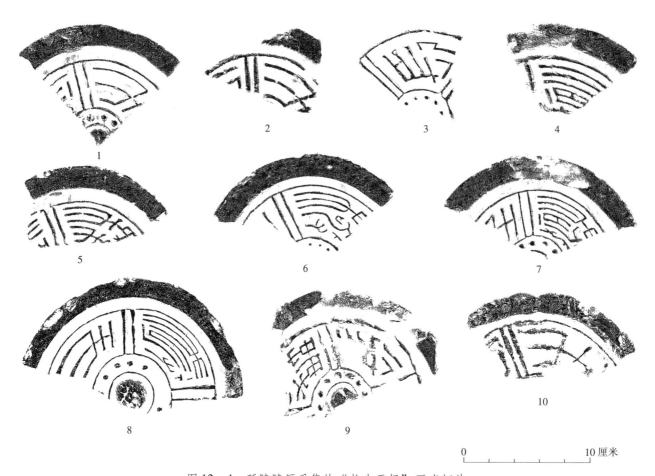

图 12－4　延陵陵区采集的"长生无极"瓦当拓片

1~7.1 号遗址：9、8、17、18、11、30、31　　8.2 号遗址：9　　9.3 号遗址：33　　10.8 号遗址西北部：3

（2）"长乐未央"瓦当

3 件。按照文字笔画的不同可分为 A、B 二型。

A 型　1 件。泥质灰陶，火候较高。残存约四分之一强，经火烧现为红褐色，表面有白色水垢。残当面由二周同心圆分为二区，内区当心残损，仅留一枚乳丁纹，外区以复线等分为四个扇面形区间，四篆字分置其中，篆字仅残存"乐"字。标本 1 号遗址：40（图 12－5，1；图版三三，4），当背抹光平整。残径 9.5、厚 2.0、边轮宽 1.6 厘米。

B 型　2 件。泥质灰陶，火候较高。表面为灰白色，当面由三周同心圆分为三区，内区饰一圆乳突，中区饰连珠纹，外区以复线等分为四个扇面形区间，篆书"长乐□□"四字分置其中，文字略纤细于 A 型，边轮较宽，当背抹光平整。

标本 2 号遗址中部：6（图 12－5，2；图版三三，5），残存不足四分之一，当面残存"央"字部分。残径 7.0、厚 1.9、边轮宽 2.0 厘米。

标本 10 号遗址中部：1（图 12－5，3；图版三三，6），残存约二分之一，文字仅存"乐未"二字。残径 8.5、厚 2.1、边轮宽 1.6~1.9 厘米。

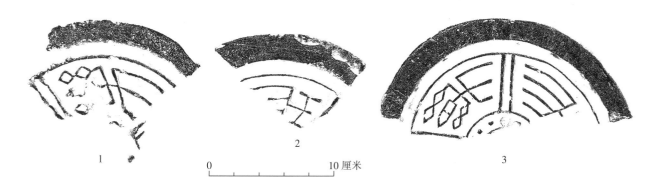

图 12－5　延陵陵区采集的"长乐未央"瓦当拓片

1. A 型（1 号遗址：40）　2、3. B 型（2 号遗址中部：6；10 号遗址中部：1）

二、筒瓦

7 件。按照绳纹的粗细不同和瓦唇的区别分为 A、B、C 三型。

A 型　3 件。泥质灰陶，火候较高。出土时均有不同程度的残损。瓦为半圆形筒状，器形厚重，肩唇明显，方唇沿部微上翘，瓦身外侧近瓦唇部饰细直绳纹，瓦内侧为布纹，瓦从内侧或外侧切割。

标本 1 号遗址：1（图 12－6，2；图版三四，1），瓦唇残损严重，筒瓦内、外两侧有较窄的切割痕。瓦残长 50.4、最宽处 18.0、壁厚 2.0、唇残长 3.2 厘米。瓦外绳纹带长 17.2、距瓦唇 4.0、纹宽 0.5 厘米。

标本 1 号遗址：2（图版三四，2），瓦外两侧有切割痕。瓦残长 50.0、最宽处 17.2、壁厚 1.3、唇长 5.0 厘米。绳纹带长 17.0、距瓦唇 3.0、纹宽 0.3 厘米。

标本 1 号遗址北部：3（图 12－6，1；图版三五，1），瓦外两侧有较宽的切割痕。瓦通长 49.7、最宽处 17.5、壁厚 1～1.5 厘米。方唇长 5.0、绳纹带长 19.0、距瓦唇 3.9、纹宽 0.4 厘米。

B 型　2 件。泥质灰陶，火候较高。出土时均有残损。瓦为半圆形筒状，壁厚重，肩唇明显，唇较长，唇沿上翘，瓦身外侧中部饰粗直绳纹，内侧为布纹。

标本 1 号遗址北部：24（图 12－6，3；图版三五，2），出土时一端残损，两边有模具压制凹槽，瓦从内侧切割。瓦残长 39.0、宽 15.5、厚 1.5 厘米。方唇长 5.0 厘米，绳纹带长 17.0、距瓦唇 3.9、纹宽 0.5 厘米。

标本 2 号遗址中部：1（图 12－6，4；图版三五，3），瓦从内侧切割，有较宽的切割痕，瓦身下部残损。瓦内为布纹。瓦残长 40.0、宽 16.5、壁厚 1.1～1.4 厘米。圆唇，长 5.4 厘米。瓦外近瓦唇端饰直绳纹带，绳纹较粗，宽度 0.6、绳纹带长 18.0、距瓦唇 3.2 厘米。

C 型　2 件。可分为 Ⅰ、Ⅱ 二式。

Ⅰ 式　1 件。标本 2 号遗址中部：2（图 12－6，5；图版三五，4），泥质灰陶，火候较高。出土时筒瓦的一端残损。瓦为半圆形筒状，器形厚重，方唇，肩唇明显，瓦身外侧靠近瓦唇部饰粗直绳纹

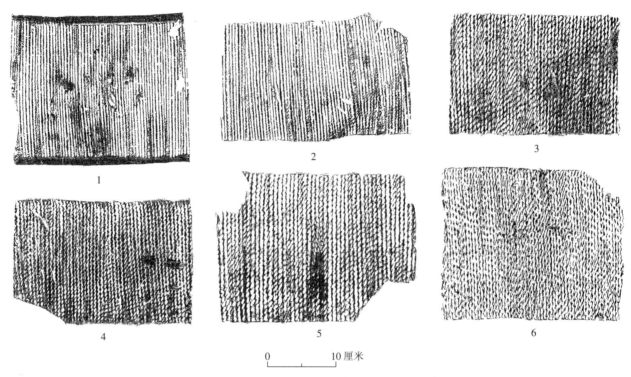

图 12 - 6　延陵陵区采集的筒瓦外侧绳纹拓片

1、2. A 型（1 号遗址北部：3、1 号遗址：1）　　3、4. B 型（1 号遗址北部：24、2 号遗址中部：1）　　5. C 型 I 式（2 号遗址中部：2）
6. C 型 II 式（10 号遗址：2）

带，内侧为布纹，瓦内侧切割痕。瓦残长 34.7、最宽处 18.2、壁厚 2.0、唇长 5.0 厘米。绳纹带长 21.5、距瓦唇 4.3、纹宽 0.7 厘米。

II 式　1 件。标本 10 号遗址：2（图 12 - 6，6；图版三五，5），泥质灰陶，火候较高。出土时筒瓦两端均有残损。瓦为半圆形筒状，器形厚重，肩唇明显，瓦身外侧靠近瓦唇部饰粗直绳纹带，绳纹较密集，内侧为布纹，瓦内、外两侧均有切割痕，瓦唇的另一侧有附接瓦当痕迹。瓦残长 55.5、最宽处 16.5、壁厚 1.7、唇长 5.6 厘米，绳纹带长 12.0、距瓦唇 2.8、纹宽 0.5 厘米。

三、板瓦

3 件。按照绳纹的粗细变化可区别分为 A、B、C 三型。

A 型　1 件。标本 2 号遗址中部：11（图 12 - 7，3；图版三六，1），泥质灰陶，残块略呈三角形。瓦外饰以斜向粗绳纹带，部分绳纹表面有抹压痕，绳纹宽 0.7 厘米。瓦内壁极少部分有模糊的细绳纹带。瓦从内侧切割，切痕较窄，宽约 0.4 厘米。残长 30.0、宽 27.0、厚 2.1 厘米。

B 型　1 件。标本 8 号遗址北部西侧：2（图 12 - 7，1；图版三六，2），残块为不规则形，瓦外饰斜向、纵向粗绳纹，纵向绳纹略细，绳纹间有两条横向抹光带，抹光带宽 1.7～2.5 厘米。瓦从内侧切割，有较窄的切痕，切痕宽 0.3 厘米。最大残长 47.5、宽约 36.5、厚约 1.5 厘米。

C 型　1 件。标本早期汉墓 M2 北侧：14（图 12 - 7，2；图版三六，3），残块，为不规则形，板瓦一端有 3 道较宽的抹光带，另一端为竖直绳纹带，绳纹宽 0.5 厘米，瓦内素面。残长 12.7、残宽 23、厚 1.5 厘米。

四、铺地砖

7 件。按照纹饰的不同分为 A、B、C 三型。

A 型　3 件。乳丁纹铺地砖，泥质灰陶，模制，一面为乳丁纹，另一面为素面。

标本 3 号遗址南部：2（图 12 - 7，5；图版三八，1），残块略呈梯形。长 17.7 ~ 20.0、宽约 14.0 ~ 17.0、厚约 4.5 ~ 5 厘米。

标本 3 号遗址南部：4 - 1（图版三七，1），残块，略呈方形。边长 33.0、厚 5.0 厘米。

标本 3 号遗址中部：29（图 12 - 7，6；图版三八，2），残块，呈不规则状。残长 20.0、残宽 18.5、厚 5.0 厘米。

B 型　3 件。几何纹铺地砖，泥质灰陶，正面饰阳线回形纹和曲折纹图案，图案为四组，对角纹饰相同，背为素面。

标本 2 号遗址中部：10（图版三七，2），三面残损，呈不规则形。残长 31.0、残宽 28.0、厚 4.5 厘米。

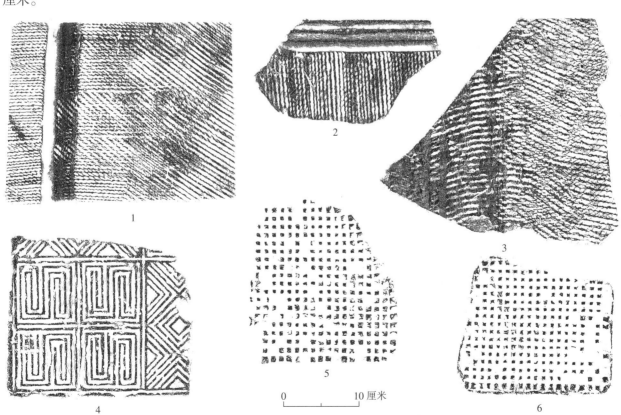

图 12 - 7　延陵陵区采集的板瓦、铺地砖拓片

1. B 型板瓦（8 号遗址北部西侧：2）　　2. C 型板瓦（早期汉墓 M2 北侧：14）　　3. A 型板瓦（2 号遗址中部：11）　　4. B 型铺地砖（南阙门：1）　　5、6. A 型铺地砖（3 号遗址南部：2、3 号遗址中部：29）

标本南门阙遗址南侧：1（图 12 - 7，4；图版三八，3），残存四分之一强，略呈长方形。残长 24.0、残宽 21.0、厚 5.0 厘米。

标本早期汉墓 M2 北侧：12（图版三八，4），残块，残存略呈长方形，残存回字纹图案。残长约 17.5、残宽 12.0、厚 4.0 厘米。

C 型　1 件。素面铺地砖。标本 1 号遗址北部：23（图版三七，3），略呈正方形，一角略有残损。素面，表面有大量土垢。边长 34.5×35、厚约 4.8 厘米。

五、空心砖

34 件。分白虎纹、玄武纹、朱雀纹、青龙纹、回字纹、方格纹、素面空心砖七种。

1. 白虎纹空心砖

8 件。按照图案纹饰分为 A、B 二型。

A 型　3 件。泥质灰陶，模制。正面饰以阳线虎纹图案，背部平整为素面。

标本 3 号遗址西南部：3（图 12 - 8，1；图版三九，1），残块，略呈不规则形，正面残存图案为虎的嘴部和草叶纹。残长 19.0、宽 20.0、厚约 5.5 厘米。

标本 3 号遗址西南部：19、30（图 12 - 8，2；图版三九，2），出土时为两残块，拼对后为 1 件，仍为残块，平面呈不规则形，表面有白色颜料痕迹。残长 26.0、残宽 16.0、厚 5.5 厘米。

标本 3 号遗址西南部：20（图 12 - 8，3；图版三九，3），残块平面呈三角状。正面饰阳线流云纹，其他纹饰由于残存较少，似为虎纹图案。边长 26.0、高 14.0、厚约 5.0 厘米。

B 型　5 件。泥质灰陶，残存图案半浮雕状，为虎的身体或爪子部位。

标本 3 号遗址：7（图 12 - 8，5；图版三九，4），残存侧、背两面，侧面残存半浮雕图案，图案似为两只虎足，模制，背部为素面，不平整有手压痕迹。砖残长 37.0、残宽 10.0、残厚 8.0、壁厚 3.0～4.0 厘米。

标本 3 号遗址西南部：17（图 12 - 8，8；图版三九，5、6），残块。正、侧两面均有半浮雕状纹饰，正面残存浮雕图案，疑为虎尾图案，侧面残存虎尾图案，作上翘回卷状。模制，内壁不平整，有手抹痕。残长 29.0、残宽 16.5、厚 9.0、壁厚 2.5～3.5 厘米。

标本 3 号遗址西南部：24（图 12 - 8，6；图版四〇，1），残块呈不规则状，表面为白色。残留图案为虎的颈部和近腹部位置。模制，内壁印有草帘压痕。残长 28.0、残宽 20.0、厚约 3.5～4.5 厘米。

标本 3 号遗址西南部：26（图 12 - 8，7；图版四〇，2），残块呈不规则状。残留图案为虎的身体。背面不平整，有手抹痕。长约 14.0、宽约 6.0、厚 6.0 厘米。

标本南门阙遗址南侧：4（图 12 - 8，4；图版四〇，3），残存砖的一角位置，为少部分背面和侧面，略呈长方形。侧面饰半浮雕图案，残留一虎爪，爪前有三根虎须。边框为单阳线，背为素面，内壁不平整有手抹痕。残长 25.5、残宽 15.0、残厚 10.5、壁厚 2.5～3.2 厘米。

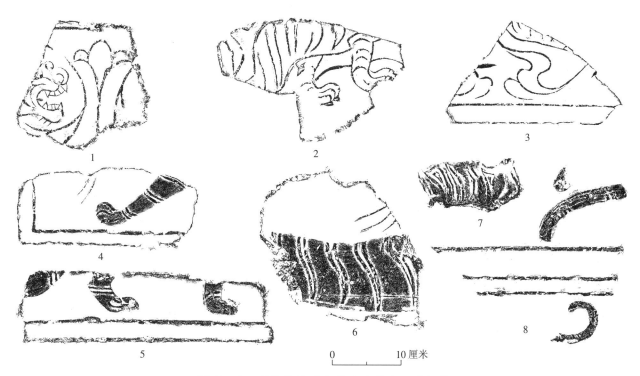

图 12 - 8 延陵陵区采集的白虎纹空心砖拓片

1～3. A 型（3 号遗址西南部：3、19 + 30、20）　4～8. B 型（南门阙遗址南侧：4；3 号遗址：7；3 号遗址：西南部 24、26、17）

2. 玄武纹空心砖

7 件。按照图案纹饰分为 A、B 二型。

A 型　4 件。泥质灰陶，模制，正面饰阳线玄武纹图案，背部素面。

标本 3 号遗址南部：1（图 12 - 9，1；图版四○，4），残块呈不规则形，残长 20.0 厘米、宽 16.5～20.0 厘米、厚约 5.5 厘米，残存前身下半部及颈部，现存三足阳线纹剥落严重，玄武背部为大小相套的六边形龟甲纹。

标本 3 号遗址中心夯土基址西部：5（图 12 - 9，5；图版四○，5），正面残留阳线玄武背部六边龟甲纹。砖内壁不平整，有明显的手压痕迹。残块长 19.5、残宽 9.5、厚 4.0 厘米。

标本 3 号遗址西南部：10（图 12 - 9，3；图版四○，6），残块形状不规则，残存图案为乌龟爪部和云气纹。背部素面，砖残长 16.0、残宽 10.0、厚 5.0 厘米。

标本南门阙遗址南侧：3（图 12 - 9，2；图版四一，1），残块略呈三角形。正面纹饰为阳线六边形龟甲纹，为玄武背部纹饰。背面不平整有手抹痕。边残长 9.0～11.0、厚 4.0 厘米。

B 型　3 件。泥质灰陶，模制，外壁所饰图案为半浮雕状，内壁不平整，有手抹痕。

标本 3 号遗址中部：14（图 12 - 9，7；图版四一，3），位于村民垒砌的墙体上，残存两面，较大一面为素面，较小一面残存半浮雕图案，为动物的两只爪子和尾部，尾部上卷，似为龟纹图案，故定为玄武纹空心砖。残块长 34.0、残宽 16.5、厚 7.0、壁厚 3.0 厘米。

标本 3 号遗址：16（图 12 - 9，6；图版四一，4），残块为空心砖的一端，平面为不规则梯形。残

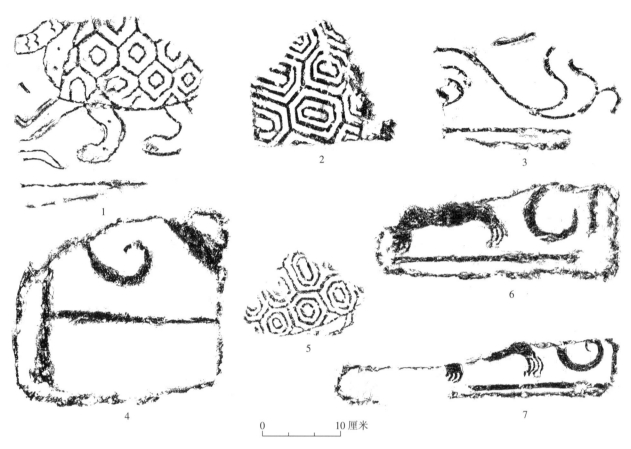

图 12－9　延陵陵区采集的玄武纹空心砖拓片

1～3、5. A 型（3 号遗址南部：1；南门阙遗址南侧：3；3 号遗址西南部：10；3 号遗址中心夯土基址西部：5）　4、6、7. B 型（3 号遗址中心夯土基址西部：27；3 号遗址：16；3 号遗址中部：14）

存乌龟腿部爪子和尾巴，腿部刚劲有力，尾巴上卷。内壁素面。残长 30.0、残宽 28.0、厚 10.0、壁厚 4.0～4.5 厘米。

标本 3 号遗址中心夯土基址西部：27（图 12－9，4；图版四一，2），残块形状不规则，为空心砖之一角。正侧两面均为素面，顶头一端印有半浮雕图案，为一条上卷的尾部，由于残存较少，初步判断为蛇的尾部。残长约 28.5、残宽 14.0、壁厚 4.0 厘米。

3. 朱雀纹空心砖

7 件。按照纹饰分为 A、B 二型。

A 型　2 件。泥质灰陶，模制，外壁图案以阳线纹组成，为朱雀的爪子和羽毛部位，内壁不平整，有手抹痕。

标本 3 号遗址南部：8（图 12－10，4；图版四一，5），正面饰阳线禽类羽毛状图案，可以判断其为朱雀羽毛。残块长 15.5、残宽 5.5～6.5、厚度 3.0 厘米。

标本 3 号遗址中部：15（图 12－10，7；图版四一，6），位于村民垒砌的墙体上，残块呈长条状。一面素面，另一面饰阳线纹禽类爪子，判断为朱雀纹空心砖。残长 36.0、残宽 9.0～10.5、壁厚 3.0～4.0 厘米。

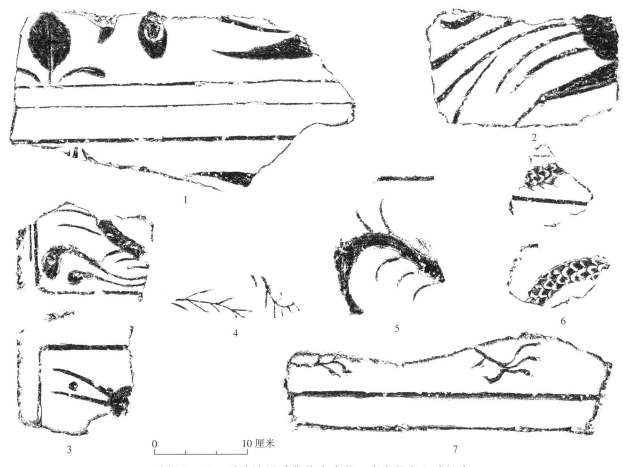

图 12 - 10　延陵陵区采集的朱雀纹、青龙纹空心砖拓片

1、2、3、5. B 型朱雀纹空心砖（3 号遗址西南部：13、18、25、23）　　4、7. A 型朱雀纹空心砖（3 号遗址南部：8；3 号遗址中部：15）
6. 青龙纹空心砖（3 号遗址西南部：22）

　　B 型　5 件。泥质灰陶，模制，外壁图案以半浮雕组成，残存为朱雀的羽毛、尾部和嘴部图案。内壁不平整有抹痕。

　　标本 3 号遗址西南部：13（图 12 - 10，1；图版四一，7、8），残块呈长条状。两面均有图案，一面为叶蕾纹和朱雀的尾部，另一面为朱雀尾部和叶蕾纹的根部。残长 38.5、残宽约 18.4、壁厚 4.0 厘米。

　　标本 3 号遗址西南部：12（图版四二，1），残块近似梯形。正面平素，侧面残存阳线纹和半浮雕图案，可辨为禽类的爪子，故定为朱雀纹空心砖。残长 27.5、残宽约 17.5 ~ 20.0、残厚 7.0、壁厚 2.0 ~ 2.5 厘米。

　　标本 3 号遗址西南部：18（图 12 - 10，2；图版四二，2），残块呈长方形。正面饰半浮雕的羽毛状图案，羽毛向上作展开状，故定为朱雀纹空心砖。残长 21.5、残宽 12.0、厚 3.3 厘米。

　　标本 3 号遗址西南部：25（图 12 - 10，3；图版四二，3、4），残块为空心砖的一角，保留三面，其中一端为素面，正、侧两面均饰半浮雕朱雀纹，两面各残留朱雀尾部和喙部，喙衔朱果。残长

25.0、残宽13.0、厚12.0、壁厚2.5~5.0厘米。

标本3号遗址西南部：23（图12-10，5；图版四二，5），残块呈不规则状。正面有明显浮雕的羽毛展开状图案，为朱雀颈部。残长18.0、残宽13.5、厚3.0厘米。

4. 青龙纹空心砖

1件。标本3号遗址西南部：22（图12-10，6；图版四二，6），残块。泥质灰陶。残存正侧两面，均饰半浮雕的龙纹图案，龙体上浮凸鳞片图案，故定为青龙纹空心砖。模制，内壁不平整，有手抹痕。残长13.5、残宽9.0、厚10.0、壁厚3.5厘米。

5. 回字纹空心砖

1件。标本3号遗址中心夯土基址南部：6（图12-11，1；图版四三，4），残块，泥质灰陶，模制。正、侧两面均饰阳线回字纹。内壁不平整，有手抹痕和绳纹。残长21.0、残宽17.0、残厚10.0、壁厚3.5~4.5厘米。

6. 方格纹空心砖

8件。按照纹饰的不同分为五型。

A型 1件。标本早期汉墓M2北侧：11（图12-11，3；图版四三，5、6），泥质灰陶，模制。残存部分为空心砖的一端，残存三面，正面面积稍大，其他两面较小。正面图案为戳压的方框纹，框内云雷纹和圆泡纹间隔排列，圆泡纹在方框内形成的四角处填以三角形突起。整体方格纹外一周圆坑纹，圆坑内心乳丁纹，乳丁纹外围一周连珠纹，砖体边沿饰有菱形纹带。侧面一端有菱形纹，另一端为素面。内壁不平整，有手压痕。残长22.0、残宽23.0、残厚12.0、壁厚3.5~4.0厘米。

B型 1件。标本10号遗址西北部：3（图12-11，5；图版四三，7），泥质灰陶，为空心砖的一角部位，残存正、反、侧、顶端等四面，呈不规则形。正面残存一枚完整的戳压方格纹，方格纹内饰以变形"卐"字纹图案，"卐"字纹内空隙点缀小乳丁纹，边沿和反面均饰按压的菱形纹图案，侧边和顶端为素面。砖内壁不平整，有手抹痕。残长14.0、残宽7.0~14.5、厚12.0厘米。

C型 3件。分为Ⅰ、Ⅱ二式。

Ⅰ式 1件。标本祔葬墓M5东侧：8（图12-11，7；图版四四，1），泥质灰陶，残块，残存部分为空心砖侧面。砖侧面整体为两组纹饰组成，中间一组饰以戳压的内凹方格纹，方格纹内为圆泡纹装饰，圆泡纹和方格纹夹角处形成凸起的三角形纹，该组纹饰和上下两组以直绳纹隔开，上下两组均为戳压的菱形纹组成，菱形纹每组五枚，以斜直线状排列。内壁凹凸不平，有手压痕。残长12.0、残宽4.0~8.0、厚17.0、壁厚4.0~5.0厘米。

Ⅱ式 2件。泥质灰陶。正面按压方格纹，方格内突出圆泡纹，圆泡纹外和方格纹形成的四角内各饰一枚小乳丁，模制，背为素面，不平整，有手抹痕迹。

标本3号遗址：11（图12-11，4；图版四四，2），残块，方格纹仅中部一个完整，边长4.5厘米，其余均残。砖块残长21.0、宽18.0、高7.0厘米。

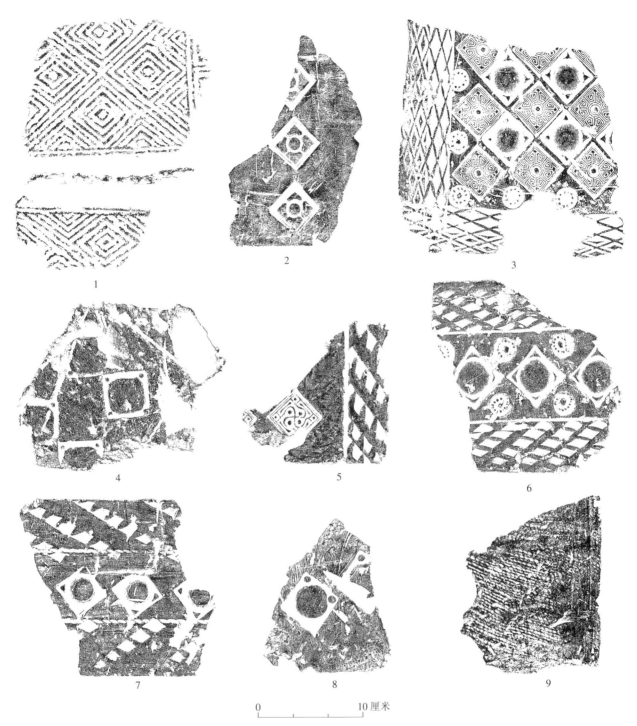

图 12－11　延陵陵区采集的空心砖、陶五棱水管纹饰拓片

1. 回字纹空心砖（3 号遗址中心夯土基址南部：6）　　2. D 型方格纹空心砖（早期汉墓 M8 南侧：9）　　3. A 型方格纹空心砖（早期汉墓 M2 北侧：11）　　4、8. C 型 Ⅱ 式方格纹空心砖（3 号遗址：11、32）　　5. B 型方格纹空心砖（10 号遗址西北部：3）　　6. E 型方格纹空心砖（早期汉墓 M2 北侧：10）　　7. C 型 Ⅰ 式方格纹空心砖（祔葬墓 M5 东侧：8）　　9. 排水管道残片（2 号遗址中部：8）

标本 3 号遗址：32（图 12－11，8；图版四四，3），不规则形残块，方格纹一枚完整一枚残，完整的边长 4.3 厘米。砖块残长 15.5、残宽 13.5、厚 3.5 厘米。

D 型　1 件。标本早期汉墓 M8 南侧：9（图 12 - 11，2；图版四四，4），泥质灰陶，残块，残存大面部分为空心砖侧面。侧面饰戳压的内凹阳线方格纹，方格纹内为柿蒂花纹装饰，残存两枚完整纹饰。内壁凹凸不平，有手压痕。残长 12.0、残宽 5.5、残厚 20.0、壁厚 3.3 厘米。

E 型　1 件。标本早期汉墓 M2 北侧：10（图 12 - 11，6；图版四四，5），泥质灰陶，模制。残存部分为空心砖侧面。侧面中部饰凹陷菱形方格纹，菱形纹中部填以圆泡纹，菱形方格上下各饰一组凹陷圆窝，圆窝内中部为乳丁纹，乳丁纹外围一周连珠纹，砖侧两边各饰压印菱形网格带。正、背两面的一面有麻点纹，另一面为素面。砖内侧不平整。残长 19.0、残宽 8.5、厚 19.0、壁厚 4.5 ~ 5.5 厘米。

7. 素面空心砖

3 件。泥质灰陶，残块，模制，外壁均为素面，内壁不平整，有手捏痕迹。

标本 3 号遗址中心夯土基址西侧：7（图版四三，1），残存两个面，均为素面，其中一侧面残留有半圆形孔，孔残径 5 厘米，砖残长 15.5、残宽 13.5、残厚 11.0、壁厚 3.5 ~ 4 厘米。

标本 3 号遗址西南部：21（图版四三，2），残存两面，正面呈梯形，残长 28.5、残宽 23.0、壁厚 3.0 厘米，另一面为侧面，长方形，残长 25.0、残宽 10.0、厚 4.7 厘米。

标本 3 号遗址中部：28（图版四三，3），残块呈不规则状。残长 33.0、残宽 35.0、残厚 8.5、壁厚 4.0 ~ 5.0 厘米。

六、陶灯

3 件。泥质灰陶，模制。浅盘，粗柱状柄，喇叭形座。

标本 1 号遗址中部：20（图 12 - 12，1；图版四五，1），灯盘残留少许，较浅，盘内稍平，侈口，方唇，沿面施一周菱形纹。灯柄粗短实心柱，上部素面，下部施一周网格纹。灯座为平底，近座沿饰一周三角形凸起浮雕，三个动物头像均间于其中。灯模制而成，灯体留有四条竖棱范缝。通高 9.5、盘直径 10.5、柄直径 3.8、底直径 8.5 厘米。

标本 1 号遗址中部：21（图 12 - 12，3；图版四五，2），灯盘残缺，仅留盘底稍平。灯柄粗短实心柱状，素面，底座为平底，近座沿部饰一周三角形凸起浮雕，三个动物头像均间于其中。灯模制而成，灯体留有四条竖棱范缝。灯体通高 8.5、柄直径 4.4、底直径 9.4 厘米。

标本 2 号遗址：7，仅存灯盘少部，较浅，盘内稍平，侈口，方唇，平沿，沿面施一周菱形纹。灯盘直径约为 11.0、壁厚 0.7、沿厚 0.5、沿宽 1.2 厘米。

七、陶甑残片

1 件。标本 1 号遗址西北部：22（图 12 - 12，2；图版四五，3），泥质灰陶，破碎为 2 块，为陶甑底部，底微内凹，现可见 8 个小圆孔。残直径 20.5、壁厚 0.9、孔直径 2.5 厘米。

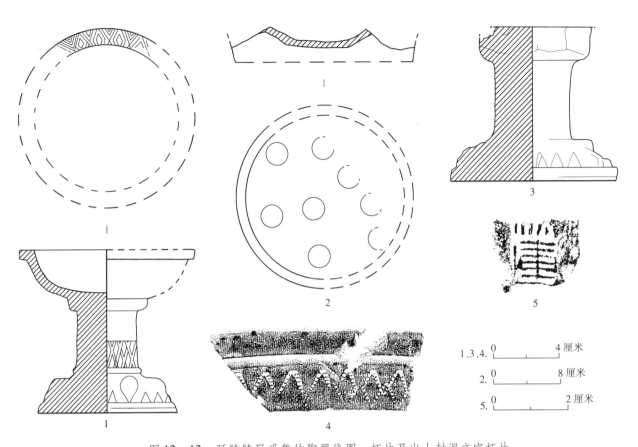

图 12 - 12　延陵陵区采集的陶器线图、拓片及出土封泥文字拓片

1、3. 陶灯（1 号遗址中部：20、21）　　2. 陶甄（1 号遗址西北部：22）　　4. 陶盆口沿（2 号遗址中部：4）　　5. 封泥（1 号遗址中部瓦片堆积：25）

八、陶盆口沿残片

1 件。标本 2 号遗址中部：4（图 12 - 12，4；图版四五，4），泥质灰陶，残块，应为陶盆近口沿部残片。盆外壁饰两道凹弦纹，弦纹间以连续的凹点排列成“∧”字纹装饰，内壁残存四道凹弦纹，弦纹较窄。残长 13.5、残高 4.7、壁厚 1.7 厘米。

九、陶瓮残片

1 件。标本早期汉墓 M2：13（图版四五，5），陶瓮的口沿及腹部，圆唇腹微鼓，口下外壁光滑，饰模糊的“∨”字形波浪纹。口沿残直径 19.0、残高 22.0、壁厚 1.8 厘米。

十、五棱水管残片

1 件。标本 2 号遗址中部：8（图 12 - 11，9；图版四六，3），泥质灰陶，残块，模制。正面和一侧面饰斜绳纹，内壁平整有抹痕的布纹痕迹。根据残存部分的形状判断为五棱水管残块。残长 14.0、残宽 27.0、厚 4.5 厘米。

十一、封泥

1 件。标本 1 号遗址中部瓦片堆积：25（图 12 – 12，5；图版四六，1），泥质，残存约二分之一。正面平面戳印二字，为隶书"□库"，上字残存较少，不可辨认，下字为"库"。背面圆鼓光滑。残长约 2.2、宽 2.0、厚 1.2 厘米。

十二、陶门臼

1 件。标本 8 号遗址北部：1（图版四六，4），灰陶质。正面靠近一侧凿有门卷窝，门卷窝呈圆柱形，直径约 7、深约 3.5 厘米。总长约 28.0、宽约 18.0 ~ 18.5、厚约 9.5 厘米。

十三、草拌泥

3 块。标本 3 号遗址中心夯土基址西南部：31（图版四六，5），残块，泥内夹杂有大量草纹痕迹，泥有明显火烧痕迹，部分呈现出红色。厚约 5.0 厘米。

十四、铁臿

1 件。标本 3 号遗址南部：4（图版四六，2），铁质，残，锈蚀严重，截面呈长三角形，一端收薄成刃，背部有长方形銎孔。臿残长 15.0、宽约 5.0 ~ 6.0、厚约 0.5 ~ 1.0 厘米。

第十三章 几点认识

第一节 时代、等级与墓主

有关延陵的时代、等级与墓主，历史上曾有过多次讨论。清代陕西巡抚毕沅曾在封土南侧立"汉成帝延陵"正名石碑 1 通。

1948 年，教育部西北艺术文物考察团王子云先生根据《汉书》臣瓒注"成帝延陵在扶风，去长安六十二里，平帝康陵在长安北六十里，元帝渭陵在长安北五十六里，哀帝义陵在扶风，去长安四十六里"的记载，认为"依照此所记之里数距离，其由西而东至顺序，亦应为延陵、康陵、渭陵、义陵"，并亲手绘制"延康渭义四陵距离长安里程图"①如下：

图 13 - 1　延康渭义四陵距离长安里程图（引自《汉代陵墓图考》第 81 页）

---

①　王子云：《汉代陵墓图考》，太白文艺出版社，2007 年。

1980 年，陕西省考古研究所杜葆仁先生根据《水经注·渭水》条有关记载，在《考古与文物》创刊号发表《西汉诸陵位置考》，认为："成国渠经平陵南，'又东经成帝延陵南'，与今咸阳市西北周陵公社郭旗寨一大冢的位置正相符，是成帝刘骜的延陵。"[①]

1982 年，刘庆柱、李毓芳先生在对西汉帝陵进行的首次大规模调查研究的基础上，发表了与杜葆仁先生相类似的观点[②]。

21 世纪初，西北大学王建新教授，咸阳市文物考古研究所岳起、刘卫鹏诸位先生先后分别对汉成帝延陵进行了调查和考古勘探，其研究成果对汉成帝延陵的时代及名位做了进一步补充和强调[③]。

根据此次大遗址考古工作的新成果，结合历史文献和前述学者研究成果，梳理汉成帝延陵的时代、等级、名位如下：

1. 墓葬形制

钻探发现，汉成帝延陵帝陵、后陵东、南、西、北均有一条墓道，也就是说墓葬形制均为亚字形。其墓室规模虽未能勘探清楚，但从四条墓道的顶端可以测量出延陵帝陵墓穴东西全长 168、南北全长 153.0 米；延陵后陵墓穴东西全长 104.0、南北全长 112.0 米。

从勘探的亚字形墓葬形制来看，汉成帝延陵的帝陵、后陵为帝王级别的陵墓应无异议。

初步统计秦王陵、王后陵，秦始皇陵及西汉帝陵、后陵墓穴形制及数据列表如下（表二～表八）[④]：

表二　关中地区已知秦、汉帝王陵墓葬规模登记表　　　　　　　　（单位：米）

时代	陵墓名称	墓葬形制	东西长	南北长	备注
战国秦	咸阳司家庄陵园王陵	亚字形	131.7	137.6	仅 1 座
战国秦	咸阳周陵镇陵园王陵	亚字形	206.2	243.7	

① 杜葆仁：《西汉诸陵位置考》，《考古与文物》1980 年第 1 期。
② a. 刘庆柱、李毓芳：《西汉诸陵调查与研究》，《文物资料丛刊》第六辑，1982 年；b. 刘庆柱、李毓芳：《西汉十一陵》，陕西人民出版社，1987 年。
③ a. 王建新：《西汉后四陵名位考察》，《古代文明》第 2 卷，文物出版社，2003 年；b. 咸阳市文物考古研究所：《西汉帝陵钻探调查报告》，文物出版社，2010 年；c. 刘卫鹏、岳起：《陕西咸阳市西汉成帝延陵调查记》，《华夏考古》2009 年第 1 期。
④ a. 本节所引用数据表中秦陵数据见于：陕西省考古研究所、临潼县文管会：《秦东陵第一号陵园勘查记》，《考古与文物》1987 年第 4 期；陕西省考古研究所秦陵工作站：《秦东陵第四号陵园调查钻探简报》，《考古与文物》1993 年第 3 期；陕西省考古研究院、咸阳市文物考古研究所、周陵文物管理所：《咸阳"周王陵"考古调查、勘探简报》，《考古与文物》2011 年第 1 期；西安市文物保护考古研究院：《西安东郊"韩森冢"考古调查简报》，《考古与文物》2015 年第 2 期；焦南峰：《秦陵的形制特点及演变》，《梓里集：西北大学考古专业七七级毕业三十周年纪念文集》，西北大学出版社，2012 年，第 165～168 页。b. 本节所引用数据表中西汉帝陵数据见于：陕西省考古研究院、咸阳市文物考古研究所、茂陵博物馆：《汉武帝茂陵考古调查、勘探简报》，《考古与文物》2011 年第 2 期；陕西省考古研究院、咸阳市文物考古研究所：《汉元帝渭陵考古调查、勘探简报》，《考古》2013 年第 11 期；陕西省考古研究院、咸阳市文物考古研究所：《汉哀帝义陵考古调查、勘探简报》，《考古与文物》2012 年第 5 期；陕西省考古研究院、咸阳市文物考古研究所：《汉平帝康陵考古调查、勘探简报》，《文物》2014 年第 6 期；杨武站等：《考古陕西：永受嘉福——陕西古代帝王陵墓》，陕西人民出版社，2016 年，第 86～87 页。c. 其他资料现存于陕西省考古研究院汉陵考古队。d. 诸表中王陵、王后陵、帝陵、后陵的隶定均根据编者的观点表述。e. 后续诸表均同。

续表二

时代	陵墓名称	墓葬形制	东西长	南北长	备注
战国秦	咸阳严家沟陵园王陵	亚字形	218.0	252.0	
战国秦	秦东陵一号陵园王陵	亚字形	220.0	128.0	
战国秦	秦东陵四号陵园王陵	亚字形	278.0	181.0	仅1座
秦	秦始皇陵帝陵				仅1座，未探明
西汉	汉高祖长陵帝陵	亚字形	366.4	193.1	
西汉	汉惠帝安陵帝陵	亚字形	279.6	160.0	
西汉	汉文帝霸陵帝陵	亚字形	251.7	146.8	
西汉	汉景帝阳陵帝陵	亚字形	237.5	179.3	
西汉	汉武帝茂陵帝陵	亚字形	219.7	233.1	
西汉	汉昭帝平陵帝陵	亚字形	290.0	264.0	
西汉	汉宣帝杜陵帝陵	亚字形	255.0	223.0	
西汉	汉元帝渭陵帝陵	亚字形	182.3	229.3	
西汉	汉成帝延陵帝陵	亚字形	168.0	153.0	
西汉	汉哀帝义陵帝陵	亚字形	187.0	173.0	
西汉	汉平帝康陵帝陵	亚字形	219.0	215.0	

表三　关中地区已知秦、汉帝王陵后陵墓葬规模登记表　　　　　　　（单位：米）

时代	陵墓名称	墓葬形制	东西长	南北长	备注
战国秦	咸阳周陵镇陵园王后陵	亚字形	191.2	150.0	
战国秦	咸阳严家沟陵园王后陵	亚字形	202.0	196.0	
战国秦	秦东陵一号陵园王后陵	亚字形	220.0	137.0	
战国秦	西安韩森寨秦陵	亚字形	146.9	119.2	仅1座
战国秦	长安神禾原秦陵	亚字形	135.0	110.0	夏太后，仅1座，已发掘
西汉	汉高祖长陵后陵	亚字形	307.7	228.8	
西汉	汉惠帝安陵后陵	中字形	164.1	206.4	
西汉	汉文帝霸陵后陵	亚字形	238.1	183.1	
西汉	汉景帝阳陵后陵	亚字形	273.7	228.4	
西汉	汉武帝茂陵后陵	甲字形	254.8	110.8	李夫人墓
西汉	汉昭帝平陵后陵	亚字形	209.0	153.0	
西汉	汉宣帝杜陵后陵	甲字形	194.7	154.0	
西汉	汉元帝渭陵后陵	亚字形	123.5	111.7	
西汉	汉成帝延陵后陵	亚字形	104.0	112.0	
西汉	汉哀帝义陵后陵	甲字形	78.3	98.0	
西汉	汉平帝康陵后陵	亚字形	137.8	140.0	

　　根据前引两表可以看出秦汉帝王陵墓穴整体东西长与南北长的数据有一个宏观的演变轨迹：从战国晚期诸秦王陵到西汉中期的汉景帝阳陵、汉武帝茂陵，其数据比例图是东西向长方形，即东西

长远大于南北长；从西汉中期偏晚的汉昭帝平陵、汉宣帝杜陵到西汉晚期的渭、延、义、康四陵，其数据比例图变化为接近正方形，即南北长与东西长逐渐接近，最终似乎有超过的趋势。而汉成帝延陵帝陵与后陵的数据比例图已经接近和达到正方形，显示出西汉晚期的特征。

2. 封土

表四　关中地区已知秦、汉帝王陵封土规模登记表①　　　　　　　（单位：米）

时代	陵墓名称	东西长	南北长	高	备注
战国秦	咸阳司家庄陵园王陵	80.0	63.0	15.0	
战国秦	咸阳周陵镇陵园王陵	103.0	90.0 ~ 99.0	14.0	
战国秦	咸阳严家沟陵园王陵	123.0	90.0	4.0	破坏严重
战国秦	秦东陵一号陵园王陵	250.0	150.0	2.0 ~ 4.0	破坏严重
秦	秦始皇陵帝陵	345.0	350.0	51.0	
西汉	汉高祖长陵帝陵	160.0	134.0	30.0	
西汉	汉惠帝安陵帝陵	190.0	140.0	31.0	
西汉	汉文帝霸陵帝陵				无封土
西汉	汉景帝阳陵帝陵	166.0	155.0	31.0	
西汉	汉武帝茂陵帝陵	229.0	231.0	46.5	
西汉	汉昭帝平陵帝陵	160.0	160.0	29.0	
西汉	汉宣帝杜陵帝陵	172.0	172.0	29.0	
西汉	汉元帝渭陵帝陵	168.0	168.0	29.0	
西汉	汉成帝延陵帝陵	152.0	156.0	26.0 ~ 27.0	
西汉	汉哀帝义陵帝陵	161.0 ~ 166.0	172.0 ~ 173.0	29.7	
西汉	汉平帝康陵帝陵	232.0 ~ 235.0	214.0 ~ 222.0	36.0	

汉成帝延陵帝陵封土形状为覆斗形，现存封土边长 152.0 ~ 156.0、高 26.0 ~ 27.0 米。与"不封不树"的周人陵墓比较，其结果不言而喻。从战国晚期到统一，秦陵墓封土正在经过一个探索、变化、定型发展的过程，与其中的秦陵②相比，延陵帝陵封土除了远远小于"千古一帝"秦始皇帝陵封土外，比咸阳周陵镇战国秦陵园的南陵封土边长大了近 50.0 米，高了约一倍。与"现高 2.0 ~ 4.0 米，表面呈鱼脊状"的芷阳秦东陵 M1、M2 两座"亞"字形大墓残存的封土③更是不可比拟。其数据规模最接近的则是除汉武帝茂陵和汉平帝康陵帝陵之外的多座西汉帝陵。

---

① 封土相关资料现存陕西省考古研究院。
② 焦南峰：《秦陵的形制特点及其演变》，《一统天下：秦始皇帝的永恒国度》，香港历史博物馆，2012 年。
③ 陕西省考古研究所、临潼县文管会：《秦东陵第一号陵园勘查记》，《考古与文物》1987 年第 4 期。

表五 关中地区已知秦、汉帝王陵后陵封土规模登记表 （单位：米）

时代	陵墓名称	东西长	南北长	高	备注
战国秦	咸阳周陵镇陵园王后陵	55.0 ~ 57.0	65.0	17.5	
战国秦	咸阳严家沟陵园王后陵	80.0	80.0	14.3	
战国秦	秦东陵一号陵园王后陵	220.0	137.0	2.0 ~ 4.0	破坏严重
战国秦	韩森寨秦陵	73.0	75.5	19.0	
西汉	汉高祖长陵后陵	160.0	136.0	30.0	
西汉	汉惠帝安陵后陵	65.6	70.0	8.0	
西汉	汉文帝霸陵后陵	137.0	143.0	19.5	
西汉	汉景帝阳陵后陵	154.0	154.0	25.2	
西汉	汉武帝茂陵后陵	110.0	127.0	24.5	李夫人墓
西汉	汉昭帝平陵后陵	150.0	150.0	26.2	
西汉	汉宣帝杜陵后陵	148.0	148.0	24.0	
西汉	汉元帝渭陵后陵	79.0	85.0	17.5	
西汉	汉成帝延陵后陵	87.0	87.0	21.5	
西汉	汉哀帝义陵后陵	78.0	72.0	19.3	
西汉	汉平帝康陵后陵	81.0	78.0 ~ 81.0	11.0	

　　延陵后陵封土现存形状亦为覆斗形，底部略呈正方形，边长约 87.0 米，顶部平面略呈方形，边长约 23.0 ~ 25.0、高约 21.5 米。与秦东陵一号陵园后陵、咸阳周陵镇秦陵园后陵数据相比，相去甚远，又远远小于除汉惠帝安陵后陵之外的其他西汉早、中期皇后陵，而与西汉晚期的渭、义、康三陵的后陵规模最为接近，

　　此外，汉成帝延陵帝陵居中，后陵位于其西侧偏北，与周陵镇战国秦陵园"南、北陵位于内围墙之内的南北向轴线上"、"两座封土中心间距 221.5 米，边缘间距 146.0 米"[1]的布局，以及与"内陵园将南、北二陵界围其中，两陵位于一条南北轴线之上"，"北陵封土南距南陵封土 175.0 米"的严家沟战国秦陵园布局大相径庭，而与"帝陵居中"，亦即坐落于陵园的东西、南北两条轴线交汇之处，后陵位于其侧的西汉帝、后陵墓分布位置基本吻合[2]。

　　因此，从汉成帝延陵帝陵、后陵现存封土来看，显非周代遗存，亦非秦人之遗迹，极有可能是西汉之陵墓。

3. 陵园

　　勘探发现汉成帝延陵有内、外两重陵园。

---

① 陕西省考古研究院、咸阳市文物考古研究所：《咸阳"周王陵"调查钻探简报》，《考古与文物》2011 年第 1 期。

② 焦南峰、曹龙、王东：《咸阳严家沟陵园时代及墓主考辩》，《庆贺徐光冀先生八十华诞论文集》，科学出版社，2015 年。

表六　关中地区已知秦、汉帝王陵外陵园登记表　　　　　　　　　（单位：米）

时代	陵墓名称	形状	东西长	南北长	备注
战国秦	咸阳司家庄陵园	南北向长方形	1038.0	1285.0	围沟
战国秦	咸阳周陵镇陵园	南北向长方形	528.0	835.0	围墙
战国秦	咸阳严家沟陵园	南北向长方形	520.5	1039.5	围墙
战国秦	秦东陵一号陵园	东西向长方形	4000.0	1800.0	围沟
战国秦	秦东陵四号陵园				未探明
战国秦	长安神禾原秦陵	南北向长方形	310.0	550.0	围墙
战国秦	韩森寨秦陵				破坏严重
秦	秦始皇陵	南北向长方形	976.0	2185.0	围墙
西汉	汉高祖长陵	南北向长方形	810.0	960.0	围墙
西汉	汉惠帝安陵	东西向长方形	967.0	840.0	围墙
西汉	汉文帝霸陵				未探明
西汉	汉景帝阳陵	东西向长方形	1820.0	1380.0	围墙
西汉	汉武帝茂陵	东西向长方形	2080.0	1390.0	围墙
西汉	汉昭帝平陵	东西向长方形	2097.0	1396.0	围墙
西汉	汉宣帝杜陵	东西向长方形	1769.0	1420.0	围墙
西汉	汉元帝渭陵	东西向长方形	1775.7	1617.7	围墙
西汉	汉成帝延陵	东西向长方形	1820.0	1530.0	围墙
西汉	汉哀帝义陵	东西向长方形	1857.0	1540.0	围墙
西汉	汉平帝康陵	南北向长方形	1420.0	1696.5	围墙

　　汉成帝延陵陵园平面形制总体呈东西向长方形，主体部分东西长 1820.6、南北宽 1530.0 米。与"关中地区已知秦、汉帝王陵外陵园登记表"中的秦汉陵墓资料对比，延陵外陵园的形制、规模与西汉中期的汉景帝阳陵、汉武帝茂陵，特别是和西汉晚期的汉元帝渭陵、汉哀帝义陵非常接近；而与时处战国晚期的周陵镇秦陵园、严家沟秦陵园及战国晚期始建，统一秦后仓促下马的秦始皇陵的南北向长方形布局有着明显的时代差异；时代为战国晚期的秦东陵一号陵园虽为东西向，但没有夯土园墙，仅有围沟的现象显示出其较汉成帝延陵具有更早的陵园形制特征；至于汉高祖长陵、汉平帝康陵与延陵的区别则可以用汉室初定、陵制待定和王莽改制来解释。（延陵不规则的问题将另行讨论，此不赘述。）

表七　关中地区已知秦、汉帝王陵内陵园登记表　　　　　　　　　（单位：米）

时代	陵墓名称	形状	东西长	南北长	备注
战国秦	咸阳司家庄陵园	南北向长方形	536.0	560.0	围沟
战国秦	咸阳周陵镇陵园	南北向长方形	236.5	423.0	围墙
战国秦	咸阳严家沟陵园	南北向长方形	236.5	473.0	围墙

续表七

时代	陵墓名称	形状	东西长	南北长	备注
战国秦	秦东陵一号陵园				未见
战国秦	秦东陵四号陵园				未见
秦	秦始皇陵帝陵	南北向长方形	580.0	1355.0	围墙
西汉	汉高祖长陵帝陵				无
西汉	汉惠帝安陵帝陵				无
西汉	汉文帝霸陵帝陵				未探明
西汉	汉景帝阳陵帝陵	正方形	418.0	418.0	围墙
西汉	汉武帝茂陵帝陵	正方形	435.5	435.5	围墙
西汉	汉昭帝平陵帝陵	正方形	422.0	422.0	围墙
西汉	汉宣帝杜陵帝陵	正方形	433.0	433.0	围墙
西汉	汉元帝渭陵帝陵	正方形	418.0	418.0	围墙
西汉	汉成帝延陵帝陵	南北向长方形	403.0	517.0	围墙
西汉	汉哀帝义陵帝陵	正方形	418.0	418.0	围墙
西汉	汉平帝康陵帝陵	东西向长方形	367.3	325.0	围墙

汉成帝帝陵陵园为南北向长方形，南北长517.7、东西宽约403.0米。从平面形制分析，延陵帝陵陵园虽与周陵镇秦陵内陵园、严家沟秦陵内陵园及秦始皇陵内陵园均为南北向长方形，但秦陵内陵园的长宽之比约等于或大于2∶1，延陵帝陵陵园的长宽之比则为5∶4，其间有着狭长形与宽短形的显著区别。就帝陵陵园长宽之比而言，较之上述各秦陵数据，延陵帝陵陵园与帝陵陵园平面为正方形、长宽之比为1∶1的汉景帝阳陵、汉武帝茂陵、汉元帝渭陵、汉哀帝义陵更为接近，而与西汉晚期、长宽之比为9∶8的汉平帝康陵帝陵陵园差距最小。这一比较结果似乎暗示延陵的营建时代应为西汉晚期。

表八　关中地区已知秦、汉帝王陵后陵内陵园登记表　　　　　　　　　（单位：米）

时代	陵墓名称	形状	东西长	南北长	备注
战国秦	咸阳司家庄陵园				无后陵
战国秦	咸阳周陵镇陵园				王、后合一
战国秦	咸阳严家沟陵园				王、后合一
战国秦	秦东陵一号陵园王后陵				王、后合一
战国秦	秦东陵四号陵园				无后陵
战国秦	长安神禾原秦王后陵				仅1座
战国秦	韩森寨战国秦陵				仅1座
秦	秦始皇陵				无后陵
西汉	汉高祖长陵后陵				帝、后合一
西汉	汉惠帝安陵后陵				帝、后合一
西汉	汉文帝霸陵后陵				未探明

续表八

时代	陵墓名称	形状	东西长	南北长	备注
西汉	汉景帝阳陵后陵	近正方形	356.0	347.0	
西汉	汉武帝茂陵后陵	东西向长方形	127.6	110.8	李夫人墓
西汉	汉昭帝平陵后陵	正方形	376.0	376.0	
西汉	汉宣帝杜陵后陵	近正方形	331.0	328.0	
西汉	汉元帝渭陵后陵	正方形	377.0	377.0	
西汉	汉成帝延陵后陵	南北向长方形	163.2	231.2	
西汉	汉哀帝义陵后陵	南北向长方形	164.0	179.0	
西汉	汉平帝康陵后陵	南北向长方形	316.0	422.0	

有秦一代，除个别与王别葬的王后外，后陵与王陵均同处于一座陵园之内，从未见到有相对独立的后陵陵园；至少从汉景帝阳陵始，西汉帝陵的后陵都有与帝陵同处于一座外陵园之内的独立陵园。汉成帝延陵陵园内发现有独立于帝陵的后陵陵园，平面为南北向长方形，南北长231.2、东西宽163.2米。

因此，根据汉成帝延陵外陵园、帝陵陵园、后陵陵园的平面布局与战国晚期以来诸秦王陵、帝陵和西汉诸陵的形制比较可知，汉成帝延陵陵园的平面形制具有晚于秦、西汉早期和西汉中期的西汉晚期的时代特征。

4. 历史文献

《汉书·成帝纪》载："建始二年（公元前31年）春，以渭城延陵亭部为初陵。"

北魏郦道元《水经注》渭水条载："成国渠，其渎上承汧水于陈仓东，东迳郿及武功槐里县北，又东迳汉武帝茂陵南，陵之西北一里，即李夫人冢，冢形三成，世谓之英陵。故渠又东迳茂陵县故城南，故渠又东迳龙泉北，今人谓之温泉，非也。渠北坂即龙渊庙。故渠又东迳姜原北，渠北有汉昭帝陵，东南去长安七十里。又东迳平陵县故城南，故渠之南有窦氏泉，北有徘徊庙。又东迳汉大将军魏其侯窦婴冢南，又东迳成帝延陵南，陵之东北五里，即平帝康陵坂也。故迳渠又东迳渭陵南，又东迳哀帝义陵南，又东迳惠帝安陵南，陵北有安陵县故城，惠帝置，王莽之嘉平也。渠侧有杜邮亭。又东迳渭城北，又东迳长陵南，故渠又东迳汉丞相周勃冢南，冢北有亚夫冢，故渠东南谓之周氏曲，又东南迳汉景帝阳陵南，又东南注于渭，今无水。"

根据上述文献可以列出成国渠由西向东流经咸阳原西汉诸陵次序如下：

茂陵→平陵→延陵→康陵→渭陵→义陵→安陵→长陵→阳陵

西北大学教授李建超早在1977年就对成国渠进行了仔细地研究考证，并根据《水经注》勾勒出"成国渠流经咸阳原图"①，其结果与上述分析一致，与杜葆仁先生的研究成果吻合②。可见

---

① 李建超：《成国渠及沿线历史地理初探》，《西北大学学报》（哲学社会科学版）1977年第4期。

② 杜葆仁：《西汉诸陵位置考》，《考古与文物》1980年第1期。

汉成帝延陵位于汉武帝茂陵、汉昭帝平陵以西，汉平帝康陵、汉元帝渭陵、汉哀帝义陵以东应无问题。

因此，根据历史文献考证，咸阳原上由西向东的第三座陵墓，即西接汉昭帝平陵，东临汉元帝渭陵、汉哀帝义陵，东北与汉平帝康陵相望的位于今陕西省咸阳市西周陵街道办事处严家沟、马家窑村一带的这座陵墓就是西汉汉成帝延陵。

5. 叠压关系

勘探发现汉成帝延陵陵园叠压在严家沟战国秦陵园之上，两者有着明显的早晚叠压打破关系。汉成帝延陵的外陵园东墙，东围沟的北段、中段以及延陵外陵园东南突出部分的北墙、北围沟分别打破了严家沟战国秦陵园的外陵园西围墙、西围沟及南围墙、南围沟（见图 3 - 11）[1]；汉成帝延陵帝陵陵园的南园墙西段及南门阙西阙台则直接夯筑建造在大型战国晚期秦墓 M627 的墓道之上（见图 2 - 3）[2]。也就是说，我们正在讨论的这座陵墓无疑晚于战国晚期的严家沟秦陵园。

6. 陵园的特殊形制

目前已知战国晚期秦王陵、西汉帝陵外陵园的平面形制，虽然有着从南北向长方形到东西向长方形，再到南北向长方形的演变过渡[3]；但其有一个恒定不变的规律，就是均为矩形。

而勘探发现汉成帝延陵陵园平面形制虽总体为东西向长方形，但其西北角内收，东南角外凸，呈现出与前述所有秦汉帝王陵不同的特殊差异。这种差异和汉成帝时期延陵的"去而复返"、昌陵的"建而又废"这一段特殊的营陵历史应该是最终盖棺论定延陵名位的最后一枚棺钉[4]。

7. 采集文物

此次汉成帝延陵的调查、勘探工作虽然未能根据原计划进行局部的验证发掘，没有发掘出土文物，但调查、勘探过程中采集的大量遗物还可以对分析、讨论、确认其时代有所帮助。

（1）此次调查、勘探发现数量最多的是筒瓦、板瓦、瓦当等，其时代可以较为明确地分为两个时段。早期应为战国晚期，其筒瓦、板瓦多为外绳纹、内麻点纹，瓦当有葵纹和云纹；晚期时代为西汉晚期，其筒瓦、板瓦多为外绳纹、内布纹，瓦当有云纹和"长生无极""长乐未央"等。从现场调查情况来看，战国晚期的筒瓦、板瓦、瓦当等多分布在遗址的东北部，亦即严家沟战国秦陵附近，而西汉晚期的筒瓦、板瓦和瓦当则多见于遗址的西部和东南部，也就是汉成帝延陵陵园的范围附近。

（2）遗址南部，特别是 3 号建筑遗址附近发现大量"四神"空心砖残件。这些空心砖与汉景帝阳陵、汉武帝茂陵发现的空心砖具有较大的相似性和较明确的继承关系（图 13 - 2 ~ 13 - 11）。

---

① 内部资料。
② 内部资料。
③ 见前表六。
④ 详见本报告第十三章第二节"陵园形制与布局"。

图 13-2　阳陵"德阳庙"出土的青龙纹空心砖（1）

图 13-3　阳陵"德阳庙"出土的青龙纹空心砖（2）

图 13-4　阳陵"德阳庙"出土的白虎纹空心砖

图 13 - 5　阳陵"德阳庙"出土的朱雀纹空心砖（1）

图 13 - 6　阳陵"德阳庙"出土的朱雀纹空心砖（2）

图 13 - 7　阳陵"德阳庙"出土的玄武纹空心砖

图 13 – 8　茂陵出土的白虎纹空心砖

图 13 – 9　茂陵出土的玄武纹空心砖

图 13 – 10　茂陵出土的青龙纹空心砖

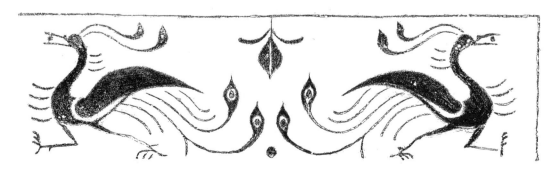

图 13 – 11　茂陵出土的朱雀纹空心砖

（3）2号建筑遗址中部探孔提取封泥残块，正面戳印二字，为隶书"□库"，时代为西汉中晚期应无异议。

因此，从以上墓葬形制、封土、陵园、历史文献、叠压打破关系、特殊的陵园布局和采集文物等七个方面分析考证，今陕西省咸阳市周陵街道办事处严家沟、马家窑村一带的这座大型陵墓无疑就是西汉晚期汉成帝的延陵。

第二节　陵园形制与布局

一、形制

目前已知秦汉帝王陵陵园的平面形制，战国晚期咸阳周陵镇秦王陵、战国晚期严家沟秦王陵、秦始皇陵均为南北向长方形，西汉高祖长陵陵园为正方形，汉景帝阳陵、汉武帝茂陵、汉元帝渭陵、汉哀帝义陵陵园均为东西向长方形，西汉晚期的汉平帝康陵演变为南北向长方形[①]。

勘探发现汉成帝延陵陵园平面形制总体为东西向长方形，主体部分东西长 1820.6、南北宽 1530.0 米，与西汉中期的汉景帝阳陵、汉武帝茂陵和西汉晚期的汉元帝渭陵、汉哀帝义陵接近，但其西北角内收，东南角外凸，呈现出与前述所有秦汉帝王陵不同的特殊差异。

根据对勘探成果的分析，我们发现这种特殊差异出现的原因在于：

1. 汉成帝延陵的东侧原有战国晚期秦王陵园一座，近三百年前的秦王陵虽已破败不堪，但遍地的瓦砾、残断的墙垣，特别是依然高耸的陵冢迫使汉成帝延陵陵园的东垣墙向西退避三舍。

2. 汉成帝延陵西北侧有时代略早的先帝——汉昭帝平陵的陪葬墓若干。陪葬墓的级别虽然和皇帝不能比拟，然在"以孝治天下"的年代，先帝陵的总体格局是绝对不能破坏的，延陵的西北角也不得不忍痛割爱。

3. 西北角切掉一块，东西 482.0、南北 139.5 米，形制有缺憾，面积减小；东南角加上一块，东西 383.6、南北 141.2 米，形成形制基本对称、面积大致相当的补救效果。

"因天性，据真土，处势高敞，旁近祖考"[②]使汉成帝最初选陵址于咸阳原西汉陵区，其父汉元帝渭陵的西南（今址）；东侧原有的战国晚期秦王陵园和西北侧原有的时代略早的先帝——汉昭帝平陵的陪葬墓制约了延陵既定的东西向长方形平面形制，造就了"西北缺，东南补"大致对称的特殊形制和汉成帝"始营初陵，其制约小，天下莫不称贤明"[③]阶段性美誉；"窦将军竹园在延陵陵庙之南"

---

①　见表六。

②　班固：《汉书·陈汤传》，卷七十，中华书局，1962 年。

③　班固：《汉书·刘向传》，卷三十六，中华书局，1962 年。

"恐犯蹈之，故言作陵不便"①的历史谎言，和"乐霸陵曲亭南"②的个人喜好成为汉成帝在长安城以东的新丰县戏乡步昌亭附近重建寿陵——昌陵的理论根据；而昌陵工程量巨大造成了"国家罢敝，府藏空虚"③，"卒徒蒙辜，死者连属，百姓罢极，天下匮竭"④，最终导致了昌陵的中途废弃和延陵的重新启用。以上就是我们对汉成帝延陵特殊平面形制形成原因的简略解读，也是我们对汉成帝帝陵营建历史轨迹的大致勾勒。

二、布局

汉成帝延陵陵区就目前考古发现而言，其布局大致可以分为延陵陵园和陪葬墓两大部分，与汉高祖长陵相比少了陵邑；与汉武帝茂陵相比缺少了陵邑和刑徒墓地；与考古工作开展最多的汉景帝阳陵相比则缺失了陵邑、刑徒墓地以及修陵人居址等。这种缺少和缺失或是因为西汉帝陵制度的变化，如陵邑的减省；或是由于考古工作开展的不足，如刑徒墓地和修陵人居址等。

延陵陵园的布局如前所述：以帝陵陵园为中心，以帝陵东南西北四条神道为轴线大致分为六个区域：帝陵陵园、皇后陵园、东南部建筑遗址区、东北部建筑遗址区、祔葬墓园、西南区。与此前已基本掌握形制布局的汉景帝阳陵、汉武帝茂陵、汉元帝渭陵、汉哀帝义陵等相比略有变化，论述如下：

1. 汉景帝帝陵位于阳陵陵园正中，汉武帝帝陵居茂陵陵园正中；汉元帝帝陵、汉哀帝帝陵则分别位于渭陵陵园、义陵陵园的中部偏南；而汉成帝帝陵向东南有较大偏移。

根据目前所掌握的资料来看，汉成帝帝陵向东南偏移的原因应该有两点。第一是对其父汉元帝渭陵帝陵南移传统的继承；第二点则可能是想弥补由于延陵陵园不得已而损西北、补东南后的布局缺陷，达到一种新的平面形制下的新的平衡格局。

2. 汉景帝王皇后陵位于阳陵帝陵的东北部；"配食"汉武帝、"追上尊号曰孝武皇后"⑤的李夫人墓居茂陵帝陵的西北部；汉昭帝上官皇后葬于平陵帝陵的西北部；汉元帝王皇后陵葬于渭陵帝陵的西北部；汉哀帝傅皇后陵位于义陵帝陵的东部偏北；而延陵皇后陵却位于汉成帝陵的西部，靠近延陵陵园的西墙。

延陵皇后陵没有继承汉景帝阳陵、汉武帝茂陵、汉元帝渭陵等后陵位于帝陵西北部的西汉帝陵中晚期定制，却安葬于远离汉成帝陵的延陵陵园西墙附近。延陵后陵布局的这一特例应与汉成帝两位皇后的生平与遭遇有关。

汉成帝原配为许皇后，是汉元帝的舅舅大司马平恩侯许嘉的女儿，后因故先是被废，后又被赐死。"自杀，葬延陵交道厩西。"⑥汉成帝第二位皇后是赵飞燕。赵飞燕先为皇后，后为皇太后，汉平

① ［汉］赵岐等（撰），［清］张澍（辑），陈晓捷（注）：《三辅决录·三辅故事·三辅旧事》，三秦出版社，2006 年。
② 班固：《汉书·陈汤传》，卷七十，中华书局，1962 年。
③ 班固：《汉书·陈汤传》，卷七十，中华书局，1962 年。
④ 班固：《汉书·成帝纪》，卷十，中华书局，1962 年。
⑤ 班固：《汉书·外戚传上》，卷九十七上，中华书局，1962 年。
⑥ 班固：《汉书·外戚传下》，卷九十七下，中华书局，1962 年。

帝即位追究其"执贼乱之谋，残灭继嗣以危宗庙"之罪，废其皇太后尊号，不久，又将其贬为庶人，令"就其园"①。目前延陵陵园内的皇后陵，无论墓主是许皇后，还是赵飞燕，都未能在皇后或皇太后位上善终，因此其陵墓按照皇后陵定制位于帝陵西北部显然是不可能的，"就其园而远离"应是当时临机处置的较为妥当的措施。

3. 汉景帝阳陵陵园除汉景帝帝陵、王皇后陵两座陵墓外，未发现祔葬墓；汉武帝茂陵陵园的东北部发现祔葬墓9座；汉元帝渭陵陵园和汉哀帝义陵的东北部均发现祔葬墓区，渭陵祔葬墓区内有32座祔葬墓，义陵祔葬墓区大部分为村庄占压，仅探出祔葬墓3座。汉成帝延陵发现的19座祔葬墓则位于延陵陵园的西北部和北部。

汉成帝延陵的东侧原有的战国晚期秦王陵园虽已经废弃，但其遍地的瓦砾、残断的墙垣，特别是依然高耸的陵冢无疑是迫使汉成帝延陵祔葬墓区西移的主要原因，这一点无可辩驳。

三、部分形制要素的分析与推定

1. 祔葬墓

在延陵陵园的西北部、皇后陵园的北部调查发现地面现存中小型封土墓11座。经勘探确认有墓园19座，东西向排列，南北分四排，规整有序，构成了延陵陵园中一个独立、重要的组成部分。墓园由南向北第一排为4座，均有封土和夯墙围成的墓园；第二排3座，均有封土，东侧两座有夯墙围成的墓园，西边的1座以围沟环绕形成墓园；第三排5座，有封土的3座。东边4座有夯墙围成墓园，西边1座以围沟环绕形成墓园；第4排墓葬分布在延陵北垣墙南侧，从陵园西北角一直延伸到帝陵北司马道附近，共7座，其中有夯墙墓园的3座，余皆有围沟环绕形成墓园。所有墓园均坐北面南，门道开设于墓园南墙中部。陪葬墓园之间有道路相连。

刘庆柱、李毓芳先生曾对西汉帝陵中除了帝陵、后陵之外的墓葬进行过研究，认为："西汉时，能够入葬诸帝陵、陪葬茔域的均属统治集团内的上层人物，但其政治身份不尽相同，有的是开国元勋、鼎柱之臣，有的是皇亲国戚、妃嫔宫人。""西汉帝陵茔域内，除了皇后与皇帝合葬墓，还有皇帝的许多'夫人'墓。""这些人根据其等级，'五官'以上的'夫人'葬于司马门之内，'五官'以下的'夫人'葬于司马门外。"②

在与汉成帝延陵陵园新发现的墓园位置、布局、规模近似的墓园或墓葬在汉武帝茂陵、汉元帝渭陵、汉哀帝义陵陵园内发现之后③，我们在历史文献记载的基础上，结合河北平山战国时期的中山

---

① 班固：《汉书·外戚传下》，卷九十七下，中华书局，1962年。
② 刘庆柱、李毓芳：《西汉十一陵》第七章"陪葬墓"，陕西人民出版社，1987年。
③ a. 陕西省考古研究院等：《汉武帝茂陵考古调查、勘探简报》，《考古与文物》2011年第2期；b. 陕西省考古研究院、咸阳市文物考古研究所：《汉元帝渭陵考古调查、勘探简报》，《考古》2013第11期；c. 陕西省考古研究院、咸阳市文物考古研究所：《汉哀帝义陵考古调查、勘探简报》，《考古与文物》2012年第5期。

王墓出土的"兆域图"①、秦始皇陵园内勘探发现的数十座小型墓葬②等考古资料进行了认真的专题研究，认为"这批陪葬墓不同于陵园外贵族、大臣等陪葬墓，只有皇帝的眷属方能入葬陵园，考虑到皇帝眷属中的皇子、公主各有自己的归宿，因此，这些墓葬的主人只应是皇帝的高级嫔妃。"③这些墓葬"与此前在西汉诸陵陵园外发现的陪葬墓不同，前者与皇帝有着更为密切的关系，前者应是除分封的皇子、出嫁的公主、五官以下的夫人之外的皇帝眷属，后者则包括开国元勋、鼎柱之臣、皇亲国戚及五官以下的皇帝夫人"④。

随着近年来江苏盱眙大云山西汉江都王陵、江西南昌建西区西汉海昏侯墓的发掘，我们对汉成帝延陵陵园内新发现的这种墓园有了更深入的认识，即："这些墓园与此前发现的大量位于陵园之外的陪葬墓不同，应是西汉帝陵中一种新形式的陪葬墓"⑤，是西汉入葬帝陵的、除了五官以下的夫人们（昭仪、婕妤、娙娥、傛华、美人、八子、充依、七子、良人、长使、少使们）的墓葬。这种墓葬、墓园和墓区在不同情况下根据历史文献应称为"祔葬墓""祔葬墓园"或"祔葬墓区"⑥。

2. 陵庙

延陵 3 号建筑遗址位于延陵陵园东南部，遗址北部叠压在严家沟村居民住房之下，南部位于村南的台地上。遗址西北角距帝陵陵园东南角直线距离 100.0 米。

延陵 3 号遗址是一座以中心正方形建筑为核心的大型院落遗址，平面呈正方形，边长 238.0 ~ 239.0 米（见图 8 - 8）。由院墙、廊道及中心建筑组成。中心建筑现为一夯土台基，位于遗址中部，平面呈正方形，边长 60.8 ~ 62.9 米。夯土台基四面中部向外凸出有长方形夯土基址，长 12.0 ~ 15.0、宽 18.0 ~ 19.0 米，似与中心建筑的四面台阶有关。在中心夯土基址的西南部，采集有草拌泥 3 块，厚约 5.0 厘米，有明显火烧痕迹。中心建筑之外为一周廊道，平面呈回字形，边长 83.0 ~ 84.0、廊道宽 2.0 ~ 2.3 米。中心夯土基址向外凸出的长方形夯土基址，将四面廊道各分为两段。廊道外围环绕院墙，院墙边长 238.0 ~ 239.0 米，夯土筑就，墙宽 3.4 ~ 5.2 米。四面院墙正中各辟一门址。在延陵 3 号建筑遗址范围内，采集有较多汉代遗物标本，其中比较重要的有：玄武纹铺地砖 1 件、白虎纹铺地砖 1 件、青龙纹铺地砖 2 件；玄武纹空心砖 6 件，朱雀纹空心砖 5 件，青龙纹空心砖 1 件、白虎纹空心砖 2 件（均残）。

延陵 3 号建筑遗址与汉景帝阳陵"罗经石"遗址（编号为 2 号建筑遗址）、汉武帝茂陵 10 号建

---

① a. 河北省文物管理处：《河北省平山县战国时期中山国墓葬发掘简报》，《文物》1979 第 1 期；b. 杨鸿勋：《战国中山王陵及兆域图研究》，《考古学报》1980 年第 1 期；c. 孙仲明：《战国中山王墓 < 兆域图 > 的初步探讨》，《地理科学》1982 年第 1 期。

② 袁仲一：《秦始皇陵考古纪要》，《考古与文物》1988 年第 5、6 期。

③ 马永赢：《汉元帝渭陵陪葬墓墓主身份推测》，《考古》2014 年第 5 期。

④ 焦南峰：《西汉帝陵"夫人"葬制初探》，《考古》2014 年第 1 期。

⑤ 焦南峰：《西汉帝陵"夫人"葬制初探》，《考古》2014 年第 1 期。

⑥ 这种陪葬墓笔者认为应称之为"祔葬墓"，属于广义陪葬墓的一种类型。见焦南峰《秦陵的形制特点及其演变》注释 15《一统天下：秦始皇帝的永恒国度》，香港历史博物馆，2012 年。

筑遗址在诸多方面具有相似性：（1）与帝陵陵园的相对位置一致。阳陵"罗经石"遗址位于阳陵帝陵陵园东南 133.0 米处；茂陵 10 号建筑遗址位于茂陵帝陵陵园东南 90.7 米处，而延陵 3 号建筑遗址西北角距延陵帝陵陵园东南角直线距离为 100.0 米。（2）平面形制及规模相近。阳陵"罗经石"遗址平面形制为方形，东西 230.5、南北 231.0 米（图 13 - 12）；茂陵"10 号建筑遗址残存部分平面为东西向的长方形，长 232.5、残宽 183.0 米，面积约 45000.0 平方米。遗址内正中保存有覆斗形夯土台，底部东西长 42.0、南北宽 27.0、残高 3.8 米。"复原形制为正方形，边长 232.0 米。延陵 3 号遗址则是一座以中心正方形建筑为核心的大型院落遗址，平面呈正方形，边长 238.0 ~ 239.0 米。（3）出土遗物雷同。在西汉帝陵中，出土有四神铺地砖、四神空心砖的遗址目前所知仅有汉阳陵"罗经石"遗址、汉茂陵"白鹤馆"遗址、汉平陵陵庙遗址、汉杜陵陵庙遗址及汉延陵 3 号建筑遗址。

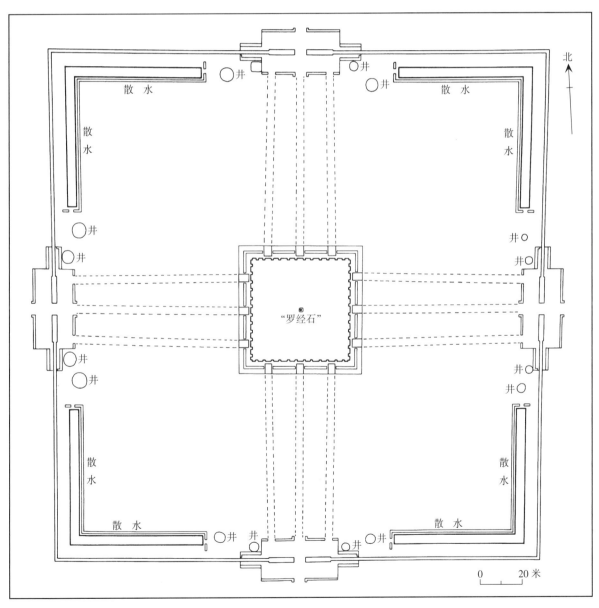

图 13 - 12　阳陵"罗经石"遗址平面图

根据上述相似性，我们初步认为：延陵 3 号建筑遗址与汉阳陵"罗经石"遗址①、汉茂陵 10 号建筑遗址②一样，具有较浓郁的祭祀色彩，其建筑性质应为"陵庙"。

3. 寝园

延陵 8 号建筑遗址位于延陵帝陵陵园北神道的西侧，依帝陵陵园北墙而建，东距 4 号建筑遗址 104.0 米。整个遗址平面呈南北向长方形，南北长 389.2 ~ 392.0、东西宽 161.8 米。

从勘探资料可知，遗址有多进院落，围墙由南向北，依次累进加筑，形成了四进院落、四重围墙的复杂结构。第一进院落为东西向长方形，东侧有一门址，第一进院落与第二进院落之间的西侧有一大型夯土台基，东西向，长 56.0、宽 36.1 米，其外北、西、东侧均发现有鹅卵石散水。第二进院落的东侧与北侧分布有夯土台基两座。第三进院落为南北向长方形，内有南北向排列的房间四组，每组间数、形制不一。第四进院落位于遗址北端，其空间亦可分为四组。从布局、功能分析，四进院落应分为两组，第一、第二进院内的三个夯土台基应为殿堂类建筑，第三、第四进院落则应具有居住、储藏等功能。

20 世纪 90 年代，刘庆柱先生带队发掘并确认了汉宣帝杜陵帝陵、后陵由寝殿和便殿组成的寝园。杜陵帝陵寝园位于帝陵陵园东南，与帝陵陵园共用其南垣墙；寝园平面呈东西向长方形，长 174.0、宽 120.0 米，四周筑有围墙，中部有夯墙将其分割为东、西两部分；西部有大型夯土台基，东西长 51.2、南北宽 29.6 米，认定为寝殿基址；东部有可供居住和储藏的居室多间，是为便殿③。

此前的考古勘探资料显示，在与延陵 8 号建筑遗址完全相同的位置，汉武帝茂陵发现有 6 号建筑遗址，平面呈南北向长方形，南北长 244.0 ~ 249.8、东西宽 153.0 米；四周有园墙围绕，南部亦有大型夯土台基，台基东西长 56.2 ~ 57.3、南北宽 40.0 ~ 40.8 米。汉元帝渭陵发现有 4 号建筑遗址，平面呈南北向长方形，长 261.0、宽 155.0 米；四周园墙围绕。汉哀帝义陵发现有 1 号建筑遗址，平面呈南北向长方形，长 332.0、宽 159.0 米；四周园墙围绕，南部有夯土基址，台基东西长 68.5、南北宽 29.7 米。汉武帝茂陵的 6 号建筑遗址、汉元帝渭陵的 4 号建筑遗址、汉哀帝义陵的 1 号建筑遗址，先后被认定为寝殿遗址，基本得到了学界的肯定④。

延陵 8 号建筑遗址不仅与汉武帝茂陵 6 号建筑遗址、汉元帝渭陵 4 号建筑遗址、汉哀帝义陵 1 号建筑遗址全面相似，与学术界广泛认可的杜陵寝园亦有多方面的相似之处，例如两者都与帝陵仅有一墙之隔，都是陵园中最靠近帝陵陵园的建筑；其建筑都分为两组，一组偏南部有大型夯土台基，可作殿堂；一组具有可供居住和储藏的多间居室。

---

① a. 内部资料；b. 焦南峰：《宗庙道、游道、衣冠道——西汉帝陵道路再探》，《文物》2010 年第 1 期。
② 陕西省考古研究院等：《汉武帝茂陵考古调查、勘探简报》，《考古与文物》2011 年第 2 期。
③ 中国社会科学院考古研究所：《汉杜陵陵园遗址》，科学出版社，1993 年。
④ a. 陕西省考古研究院等：《汉武帝茂陵考古调查、勘探简报》，《考古与文物》2011 年第 2 期；b. 陕西省考古研究院、咸阳市文物考古研究所：《汉元帝渭陵考古调查、勘探简报》，《考古》2013 年第 11 期；c. 陕西省考古研究院、咸阳市文物考古研究所：《汉哀帝义陵考古调查、勘探简报》，《考古与文物》2012 年第 5 期。

基于上述类比，我们认为延陵 8 号建筑遗址应为汉成帝延陵帝陵之寝园，其南侧相对独立的第一、第二进院落即所谓的寝殿；其北侧具有可供居住和储藏居室多间的第三、第四进院落则是所谓的便殿。

4. 园寺吏舍、夫人居址等

汉成帝延陵考古勘探发现的大型建筑遗址除前面论及的 3 号和 8 号以外，还在陵园的东南部发现建筑遗址 2 处，在东北部发现建筑遗址 2 处，在中部偏北处发现建筑遗址 2 处。

根据历史文献和研究，西汉帝陵陵园内当时还应有：园寺吏舍、夫人居址、园省和修陵人居址[①]。

位于延陵陵园东南部的 1 号、2 号两组建筑遗址均为独立院落结构，平面呈长方形，外有围墙环绕。遗址或可分组，每组内有若干院落与房间；或居室建筑呈环绕状分布，中部为庭院。在 1 号遗址中部勘探提取出残封泥 1 件，残长 2.0、宽 1.5 厘米，正面残存两字，上字残存少部，不可辨识，下字为隶书"库"。根据遗址布局和出土的封泥，蠡测 1 号建筑遗址与其相邻的 2 号建筑遗址与园寺吏舍或园省有较为密切的联系。

位于陵园东北部的 9 号建筑遗址，东临延陵陵园东墙，为大型封闭式院落，外有围墙环绕。遗址平面呈南北向长方形，长 460.0、宽 218.1～240.1 米。遗址内院落、房间大小不一，数量众多，可分为若干区、组；同区、组内房间形制相同、大小相当。洛阳朱仓 M722 东汉陵园遗址发现有位置、结构、规模与延陵 9 号建筑遗址局部非常相似的建筑遗址，他们认为"是陵园内后妃的生活居住区"[②]。甚是。我们推测：延陵 9 号建筑遗址的性质与历史文献中记载的"孝成班婕妤，帝初即位选入后宫"，"至成帝崩，婕妤充奉园陵"[③]时的居址有关，可能是所谓的"夫人居址"。

其他几处建筑遗址，或因勘探工作不足，或因发掘工作未开展，加之历史文献资料匮乏，对其性质暂时无法分析和推测，只能付之阙如，留待将来更加深入细致的考古发掘或科技手段来解析这些问题。

---

① a. 范晔：《后汉书·礼仪志下》，卷九十四，中华书局，1965 年；b. 袁仲一：《秦始皇陵兵马俑研究》，文物出版社，1990 年；c. 焦南峰：《西汉帝陵形制要素的分析与推定》，《考古与文物》，2013 年第 5 期。
② 洛阳市文物考古研究院：《洛阳朱仓东汉陵园遗址》，中州古籍出版社，2014 年。
③ 班固：《汉书·外戚传下》，卷九十七下，中华书局，1962 年。

附

表

附表一　延陵陵区建筑遗址登记表

（单位：米）

编号	位置	形制结构	长　宽	遗址内的其他遗迹	备注
1号	延陵陵园东南部	平面呈南北向长方形，为独立的院落结构，由北、中、南三部分组成，遗址周围有墙垣环绕，墙外有围沟为半包围状环绕，两者之间有道路遗迹。遗址由夯土墙基、散水石、柱石等组成	南北长175.0米，东西宽122.0～146.6米	活土坑4座，灰坑5座，瓦片堆积1处，冲沟2条	
2号	延陵陵园东南部	平面呈南北向长方形，是以居室为主的院落型结构，由庭院、南室、东室组成，居室建筑环绕四周，中部为院落。遗址由夯土墙或墙基、夯土基址、柱石等组成	残长297.6米，北部宽147.0米，南部残宽约25.0米	地表散布大量汉代板瓦、筒瓦残片以及陶水管残块、柱础石等建筑材料	保存较差，南部被砖厂取土破坏，不完整
3号	延陵陵园东南部	平面呈正方形，是一座以中心建筑为核心的大型院落遗址，由夯土墙垣、门址、廊道、中心建筑等组成	边长238.0～239.0米，墙宽3.4～5.2米	西南角墙内发现夯土基址、瓦片堆积、鹅卵石散水遗迹，南部偏东有瓦片堆积。廊道外墙东南段内外两侧分别发现外藏坑一座	
4号	帝陵北神道东侧4座遗址中最南端的一座	平面呈南北向长方形，由围墙及居室建筑组成，以夯土墙基、夯土基址组成	长87.0米，宽78.4米	遗址范围内距地表深0.6～0.7米处有丰富的瓦片堆积，厚度约0.2米，瓦片大多堆积在夯土基址周围	
5号	南距4号建筑遗址18.0米	平面略呈南北向长方形，遗址为院落结构，由围墙与居室建筑组成，由夯土墙基、夯土基址组成	长74.7米，宽56.6米		
6号	南距5号建筑遗址约10.0～11.0米	平面呈正方形，由围墙及夯土基址组成。中部有一座"T"字形居室建筑，西北部分布有一组居室建筑	边长57.7～61.4米	围墙两侧分布有带状瓦片堆积，距地表深0.7～0.8米，厚约0.2米	
7号	南距6号建筑遗址11.0～12.0米	平面呈南北向长方形，为院落型结构，北部有一道东西向的夯墙将遗址分为南、北两部分，外围有夯墙环绕	长131.6米，宽60.7米，夯墙宽1.9～2.1米	遗址范围内夯土基址、夯墙分布较为密集，建筑结构十分丰富，瓦片堆积十分丰富	

续附表一

编号	位置	形制结构	长　宽	遗址内的其他遗迹	备　注
8号	位于帝陵北神道西侧，东距4号建筑遗址104.0米	南北向长方形，整个建筑呈由南向北递进结构，北部建筑有三道建墙垣环绕，外有围墙，夯土墙或夯土墙基、夯土基址、散水石组成	长389.2（西）~392.0（东）米，宽161.8米		
9号	位于延陵陵园东北部，东距陵园东墙20.0~27.0米	平面略呈正方形，由夯土围墙、门址、巷道、居室等建筑组成，北侧、东侧墙对有围沟。遗址由7座相对独立的建筑组成，编号为Ⅰ~Ⅶ号，每座建筑有巷道连通	南北225.8米，东西218.2米	遗址围墙外侧有围沟环绕	
10号	北距9号建筑遗址约4.0米	平面略呈方形，为院落结构，由夯土围墙、巷道、居室等建筑组成。遗址由5座相对独立的建筑组成，编号为Ⅰ~Ⅴ号，建筑之间有巷道相隔。西墙南北留有宽2.4米的门道。东、南、西三侧墙外有围沟	南北219.3（东）~221.2（西）米，东西218.0米，墙宽1.8~2.0米	遗址围墙外侧有围沟环绕，并且和9号建筑遗址连通	
11号	西临柏墓葬区，北距周陵街道办西石村约300.0米	平面呈南北长方形，为院落型结构，周围有夯墙，墙外有围沟环绕，夯墙或墙基、巷道、门址等组成	长248.4米，宽140.2米，墙宽1.3~2.7米		南部、北部保存较差，仅保留夯墙残段，中部相对保存较好，建筑结构大致清楚
12号	延陵陵园西北部	平面呈南北长方形。遗址四周以夯墙环绕，仅余西北墙基，西北部遭到严重破坏，墙基无存。中部有一道东西向夯墙，将遗址分为南、北两部分	长69.0米，宽51.6米		
13号	位于延陵陵园外东侧	平面呈正方形，为一座夯土基址，由夯土基址、柱础石等组成，外围有大量红烧土和瓦片堆积	边长9.5~9.8米		
14号	位于延陵陵园东侧	平面呈南北长方形，由于瓦片堆积层较厚，影响勘探，夯土基址形制、规模不详	长11.7~12.2米，宽10.8~10.9米		

附表二　帝陵陵园外藏坑登记表

（单位：米）

编　号	方　向	坑　体			坡　道			备　注
		长	宽	深（距地表）	长	宽	深	
YDK1	264°	24.7	5.0	7.7~9.2	12.8	1.5（西）~3.5（东）	0~9.2	
YDK2	265°	22.2	5.3	4.4	13.2	2.2（西）~3.8（东）	0~4.4	
YDK3	172°	12.6	5.0	8.2~8.9	17.4	1.5（南）~3.4（北）	0~8.9	

（单位：米）

附表三　延陵陵园外藏坑登记表

编号	方向	坑体			坡道				备注
		长	宽	深（距地表）	长	宽	深（距地表）	
YWK1	南北	29.0	4.6	7.0	12.7	1.2（北）~3.2（南）	1.2~7.0	
YWK2	东西	16.5	5.2	8.0	13.0	1.3（西）~2.2（西）	1.2~8.0	
YWK3	东西	7.3	5.0	8.4	13.4	1.1（西）~3.2（西）	1.0~8.4	
YWK4	东西	7.0	4.0	8.0	12.6	1.0（东）~2.0（西）	1.2~8.0	
YWK5	东西	27.0	6.0	0.9~8.6				
YWK6	东西	5.0	2.5	8.0	9.2	1.0（东）~1.8（西）	1.0~8.0	
YWK7	东西	13.7	5.0	5.7	16.5	2.2（西）~2.8（东）	0~5.7	深度为开口以下
YWK8	东西	10.8	6.3	7.0~8.0	27.8	1.4（西）~3.8（东）	1.3~8.0	
YWK9	东西	15.2	7.0	8.0	西11.0	西2.7	西0~8.0	（西坡道）深度为开口以下
					东4.2	东2.2	东0~3.4	（东坡道）深度为开口以下
YWK10	东西	11.4	6.7	6.5	17.5	1.6（西）~2.9（东）	0~6.4	深度为开口以下
YWK11	东西	27.9	7.3	8.5	11.0	1.2（西）~3.8（东）	1.2（西）~8.2（东）	
YWK12	东西	63.5	5.6	6.0（东）~6.7（西）	19.7	1.3（西）~3.4（东）	0.8（西）~6.7（东）	
YWK13	东西	7.0	4.8	7.2	16.2	1.7（西）~2.6（东）	0（西）~7.2（东）	深度为开口以下
YWK14	东西	6.4	4.2	8.0	7.4	0.9（西）~2.3（东）	0.3（西）~6.0（东）	
YWK15	东西	3.6	3.7	8.0	11.6	2.0（西）~3.2（东）	1.2（西）~8.0（东）	
YWK16	东西	7.2	4.5	8.5	11.2	1.3（西）~3.4（东）	1.2（西）~8.2（东）	
YWK17	东西	9.4	6.2	6.5	18.8	2.3（西）~4.1（东）	0（西）~6.5（东）	深度为开口以下

附表四　延陵衬葬墓登记表

（单位：米）

墓号	方向	封土边长	封土高度	墓道长	墓道宽	墓道深（距地表）	墓室长	墓室宽	墓室深（距地表）	备注
M1	176°	9.0~12.0 / 62.0~67.0	17.9	36.0	4.0~10.5	1.0~11.2				夯墙墓园
M2	177°	10.0 / 58.0~62.0	17.5	32.8	2.3~10.3	1.0~10.3				夯墙墓园
M3	176°	17.0~17.6 / 60.0~62.0	17.2	33.0	3.3~9.5	1.1~10.5				夯墙墓园
M4	176°	11.0~11.4 / 60.0	17.2	42.5	3.2~16.4	1.0~12.8				夯墙墓园
M5	177°	23.0~25.0（残）	2.0	38.3	2.1~9.0	1.0~12.3				夯墙墓园
M6	176°	7.5 / 50.0~53.0	15.0	49.0	2.7~17.0	1.0~14.8				夯墙墓园
M7	178°	18.0~21.4	7.0	13.8	0.8~1.6	1.0~8.5				夯墙墓园
M8	173°	35.0（残）	0.4~0.6	44.2	2.3~9.5	1.0~11.3	17.3	14.6	7.7	夯墙墓园
M9	173°	5.4 / 33.0~36.0	8.0	24.1	2.6~9.0	1.0~8.5				夯墙墓园
M10	171°	8.8~10.0 / 54.0~59.0	13.5	21.2	2.0~7.2	1.0~7.5				夯墙墓园
M11	171°	31.0~50.0（残）	12.0	33.5	2.5~9.4	1.0~13.2	32.4	8.7	9.0	夯墙墓园
M12	171°			16.2	1.5~2.1	0.6~5.4	带有天井和过洞，天井南北长3.0，东西宽2.0，过洞长10.0，高1.6			围沟墓园
M13	173°	26.8~31.0	5.0	15.0	2.5~4.0	1.0~4.8				没发现墓园
M14	172°	10.0~11.0 / 21.0~24.6	5.1	18.7	1.2~2.0	1.0~7.5				没发现墓园
M15	176°	23.0	6.0	26.3	2.9~11.0	1.0~8.3				夯墙墓园
M16	172°			16.8	3.0~3.9	1.0~6.5	24.8	14.3	13.0（未到底）	东、北、西三面围沟
M17	174°			33.6	4.7~9.5	1.0~11.0	20.0	15.0~16.3	10.5	围沟墓园
M18	170°			26.0	2.3~5.4	1.2~12.6	12.9	9.5~10.0	11.4	夯墙墓园
M19	169°			22.0	1.6~4.5	1.0~11.2	11.8	7.7~8.3	11.2	夯墙墓园

* 封土栏的上、下行分别表示封土顶部、底部的边长。

附表五　延陵陪葬墓墓登记表

（单位：米）

编号	方向	封土			墓道			墓室			备注
		长	宽	高	长	宽	深（距地表）	进深	宽	深（距地表）	
M1	83°	11.8	7.4	0.3（残）	15.7	1.1～3.2	0.7～11.0	3.5	2.0	11.0	带有过洞，天井，封土残
M2	172°				20.0	1.5～1.9	0.6～6.8	5.2	4.0	6.8	
M3	168°				10.0	0.9～1.1	0.8～5.0	4.2	2.0	5.0	
M4	168°				15.0	2.6～2.0	0.6～6.5	4.5	3.0	6.5	
M5	169°				15.0	0.8～0.9	0.7～6.5	3.7	2.4	6.5	
M6	84°				19.6	1.5	0.8～6.5	3.3	2.4	6.5	
M7	172°	20.8	12.0	3.5（残）	27.6	1.3～3.3	0.5～10.5	7.2	7.8	10.5	封土残
M8	175°	22.7	22.0	5.5	18.6	1.5～4.0	0.7～9.8				封土残
M9	172°	11.3	9.4	4.2	16.6	1.3～2.0	0.4～6.0				带甬道，封土残
M10	86°	26.0	22.3	5.0	24.0	1.5～3.2	0.5～9.7				封土圆丘形，残
M11	83°	24.0	10.0	5.0	21.0	1.3～3.0	0.5～10.0				封土残
M12	174°	29.0	29.0	3.5	33.9	1.3～6.6	1.3～10.3				封土残
M13	81°	9.4 40.6～41.9	9.4 38～39	7.5	32.2	2.1～7.6	0.5～9.8				覆斗形封土，有夯墙墓园
M14	81°	9.0 53.0	7.8 52.0	9.5	33.0	2.0～10.4	4.0～13.0				覆斗形封土，有夯墙墓园
M15	81°	11.0 37.0	9.0 37.0	6.5	35.0	1.9～10.2	0.8～9.0				覆斗形封土，有夯墙墓园
M16	87°	27.0	26.0	4.5	13.5	1.0～3.3	0.8～4.5				圆丘形封土
M17	187°	18.0	14.0	4.0	10.0	4.5～5.7	3.5～6.5				圆丘形封土
M18	173°	18.0 51.0	16.0 48.0	14.0	20.0	15.5～19.0	5.3～10.5				覆斗形封土
M19	355°	15.3	4.0～5.0	3.0	25.2	2.0～5.6	1.3～8.0				封土残

续附表五

编号	方向	封土			墓道			墓室			备注
		长	宽	高	长	宽	深（距地表）	进深	宽	深（距地表）	
M20	355°	18.0	15.0	2.0	20.0	1.8~4.0	1.3~7.0				封土残
M21	355°	6.0 31.0	6.0 26.0	8.5	26.0	4.5~9.0	1.1~11.0				覆斗形封土
M22	172°	20.0		0.3~0.6	21.5	1.7~4.7	1.0~10.5	12.6	12.0	10.5	封土残
M23	86°	21.4	8.6	5.0~6.0	34.0	2.4~8.0	1.0~11.5				封土残
M24	89°	12.6 52.0	11.0 43.0	11.0	46.7	1.6~6.5	1.0~11.5				覆斗形封土
M25	81°	7.2 31.9	6.5 27.0	7.0	28.8	1.5~5.8	1.0~13.0	12.6	8.3	13.0	覆斗形封土
M26	88°	31.0		5.0	28.0	2.1~5.5	1.0~9.5				圆丘形封土，残
M27	265°	11.0 30.0	7.0 28.0	11.0	7.5	7.0~8.3	10.0~11.5				覆斗形封土
M28	267°	20.0	15.0	4.0	10.0	4.1~5.0	7.6~11.3				圆丘形封土
M29	269°	22.0	15.0	5.0	9.0	2.6~3.3	6.5~10.5				圆丘形封土
M30	86°	13.0		6.0	15.0	1.2~2.2	1.5~8.5				圆丘形封土
M31	不明	50.0	46.0	17.0							覆斗形封土
M32	不明	31.5	20.0	8.0							封土残
M33	72°	17.0	9.8	7.0	21.0	1.3~6.4	1.5~7.5				封土残
M34	81°	19.0		5.0	17.0	1.0~2.2	0.8~7.5				封土残
M35	89°	21.0	10.0	6.0	27.2	1.8~5.5	1.2~11.0	9.4	5.4~9.0	11.0	圆丘形封土，残
M36	不明	5.1		4.0							圆丘形封土

圆丘形封土的直径计入长度栏；封土栏的上、下行分别表示封土顶部、底部的边长。

附表六　延陵陵区道路踏勘登记表

（单位：米）

编号	位置范围、走向	尺寸		踏踏路面		与其他遗迹关系	备注
		长	宽	深（距地表）	厚度		
L1	帝陵陵园墙外，基本围绕陵园一周	1700.0	东南侧道路略窄，宽21.0~38.0，西、北侧道路较宽92.0~172.0	0.5~1.0	0.02~0.08	由于帝陵陵园北侧西半部与8号建筑遗址相接，因此，L1在帝陵陵园东、西两侧北端分别与8号建筑遗址东、西侧的L7（延陵北神道）和L20相连	帝陵陵道
L2	后陵陵园东侧和南侧东半部	200.0	5.0~11.0	0.6~0.9	0.03~0.1	L2皇后陵园东侧部分北部与L9相交，南端继续向前延伸与L7相交；皇后陵园南侧部分则与L10相交	后陵陵道
L3	延陵陵园墙内均有分布，其中在东、西两墙内侧北半部、北墙内侧东半部连续分布，在延陵陵园南门阙内侧有小段分布	西墙内长808.0，北墙内长817.0，东墙内长1064.0，南门阙内侧长222.0	4.0~15.0	0.5~1.0	0.02~0.1	西墙内侧L3北端与L28相交，南部与L7（延陵西神道）相交。东墙内侧L3与L5、L15相汇，北墙内侧L3与L8相汇，南门阙内侧L3与L6相汇	延陵内陵道
L4	延陵陵园内、外围沟之间，环绕延陵陵园外侧	5062.0	10.0~50.0	0.6~1.1	0.02~0.05	除陵园南侧被破坏之外，其余基本连续分布，在陵园各门址处与司马门道相交	延陵外陵道
L5	帝陵陵园东门至延陵陵园东司马门之间，东西走向	308.0	36.0~55.0	0.6~1.0	0.1~0.2	中部与L11相交	帝陵东神道
L6	帝陵陵园南门至延陵陵园南司马门之间，南北走向	220.0	18.0~48.0	0.7~1.0	0.1~0.15	中部偏南位置与L12相交	帝陵南神道

续附表六

编号	位置范围，走向	尺寸		踩踏路面		与其他遗迹关系	备注
		长	宽	深（距地表）	厚度		
L7	帝陵陵园西门延陵陵园西司马门之间，东西走向	1085.0	38.0~50.0	0.4~1.0	0.05~0.1	西部与L26相交	帝陵西神道
L8	帝陵陵园北门延陵陵园北司马门之间，南北走向	765.0	23.0~40.0	0.5~1.0	0.1~0.15	自南向北分别与L18、L24相交	帝陵北神道
L9	起于后陵陵园东门址外侧，东西走向	勘探长度90.0	14.0~42.0	0.5~0.9	0.05~0.1	因现代煤场占压，东部无法勘探，总长度不详	后陵东神道
L10	起于后陵陵园南门外侧，南北走向	38.0	11.0~12.5	0.4~1.0	0.05~0.1	向南延伸与L7相交	后陵南神道
L11	帝陵陵园与延陵陵园东墙之间，起于3号建筑遗址北门址外侧，北至10号建筑遗址南侧，南北走向	勘探长度285.0米，复原长度387.0米	10.0~21.0	0.7~1.3	0.05~0.15	自南向北分别与L5、L15相交	
L12	帝陵陵园与延陵陵园南墙之间，东西走向		7.0~17.0	0.5~0.7	0.1	L12中部偏西位置与L6相交	
L13	延陵陵园东南部，1号建筑遗址西南角外侧。呈曲尺形	207.0	3.0~30.0	1.0~1.5	0.1~0.15	道路在1号建筑遗址西南角继续向南延伸，但因遭破坏，情况不详	
L14	帝陵陵园和L11之间，距L11约84.0~96.0米，南北走向	224.0	14.0~16.0	0.8~1.0	0.1~0.15	南起L5，北至L15	

续附表六

编号	位置范围、走向	尺寸		踩踏路面		与其他遗迹关系	备注
		长	宽	深（距地表）	厚度		
L15	帝陵陵园与延陵陵园东墙之间，东西走向	310.0	23.0~32.0	0.7~1.0	0.1~0.2	西起L1东北部，东与延陵陵园东墙内道路L3相接	
L16	10号建筑遗址南侧偏西部，东距L11约42.0米，南北走向	129.0	8.0~23.0	0.7~1.0	0.05~0.1	南起L15，北至10号建筑遗址南侧围沟	
L17	帝陵陵园东北侧，4、5、6、7号建筑遗址东侧，南北走向	402.0	北段较窄14.0~15.0，中段、南段较宽，约30.0~51.0	1.0	0.05~0.1	南起L1帝陵陵园北侧东段，北与L18汇合	
L18	延陵陵园东北部，9号建筑遗址西侧，东西走向	807.0	6.0~28.0	0.7~1.0	0.05~0.15	东起9号建筑遗址西侧，向西延伸至8号建筑遗址北侧南折约63米，然后又西折，自东向西分别与L19、L8、L20、L21、L22相交	
L19	延陵陵园东北部，L18与9号建筑遗址之间，呈曲尺形	南北段140.0 东西95.0~110.0	16.0~23.0 23.0~42.0	1.0	0.1~0.2	北起L18，向南延伸约90米后西折与L17相接	
L20	位于8号建筑遗址西侧，南北走向	512.0	28.0~37.0	1.0	0.1	北起衬葬墓M15南侧，南接L25，中部偏北位置与L18相交	
L21	位于L20西侧，间距95.0~100.0米。南北走向	520.0	6.0~36.0	1.0	0.1	南接L25，北与L23相汇，中部偏北与L18相交	
L22	位于L21西侧，间距78.0~94.0米，南北走向	564.0	19.0~33.0	1.0	0.1	南接L25，北与L23相汇，中部偏北与L18相交	

续附表六

编号	位置范围、走向	尺寸		踩踏路面		与其他遗迹关系	备注
		长	宽	深（距地表）	厚度		
L23	位于延陵陵园北部，祔葬墓M15与M16之间。东西走向	285.0	11.0~18.0	1.0	0.1	东起L20，西与L22相汇	
L24	位于延陵陵园北部，祔葬墓M13~M15的北、西两侧，道路平面呈曲尺形	东西段长325.0米，南北段长89.0米	13.0~20.0	1.0	0.1	东起L8北端西侧，向西延伸至祔葬墓M15西北角南折，最后与L23相汇	
L25	位于延陵陵园中部，祔葬墓M1与8号建筑遗址之间，道路平面呈曲尺形	486.0	18.0（西）~98.0（东）	0.6~0.8	0.1~0.15	东起L20南端，向西延伸约486米后南折	
L26	位于延陵陵园中部偏西，南北走向	1300.0	7.0~48.0	0.6~0.8	0.1~0.15	北起12号建筑遗址东侧，向南延伸至11号建筑遗址北侧东折，沿该遗址东北角又南折，沿11号建筑遗址东侧一直向南延伸，中间分别与L25、L7相交	
L27	位于延陵陵园中部偏西，东距L26约82.0米，南北走向	194.0	5.0~9.0	0.5~0.8	0.03~0.05	北起11号建筑遗址南门址外侧，南接L26	
L28	位于延陵陵园西北部，总体走向为东西向	620.0	6.0~9.0	1.0	0.1	东起12号建筑遗址西侧，向西延伸至祔葬墓M10东北角北折46米，再西折延伸	
L29	位于延陵陵园西北部，道路平面呈曲尺形	520.0	2.0~8.0	1.0	0.1	北端起于L28，沿11号建筑遗址西侧向南延伸140米，然后西折，沿祔葬墓M8~M11墓园南侧一直向西，至M11墓园西南角	

续附表六

编号	位置范围、走向	尺　寸		踩踏路面			与其他遗迹关系	备注
		长	宽	深（距地表）	厚度			
L30	位于延陵陵园东门址外侧，东西走向	823.0	100.0~108.0	0.5~1.0	0.05~0.1		其南侧为夯墙，北侧为围沟，两者之间有并行道路三条，即延陵东司马门道的主道与辅道	东司马门道
L31	位于延陵陵园西门址外侧，东西走向	残长约489.0	93.0	0.8~1.0	0.01~0.03		其北侧为夯墙，南侧为围沟，两者之间发现少量踩踏路面，应为延陵西司马门道	西司马门道
L32	位于延陵陵园北门址外侧，南北走向	勘探长度1044.0	97.0	0.5~1.1	0.05~0.2		东、西围沟之间，有三条南北延伸的踩踏路面，应为延陵北司马门道的主道、西辅道和东辅道	北司马门道

附表七　延陵采集遗物信息登记表

遗物名称		型式	数量（件）	编号	备注
云纹瓦当		A 型	3	袝葬墓 M14：6	残
				袝葬墓 M14：7	残
				袝葬墓 M14：8—1	残
		B 型 I 式	1	袝葬墓 M10 北侧：4	残
		B 型 II 式	1	袝葬墓 M5 北侧：5	残
		C 型	2	袝葬墓 M5：1	残
				袝葬墓 M9：3	残
		D 型	1	袝葬墓 M5：2	残
		E 型	2	1 号遗址：16	残
				1 号遗址：19	残
文字瓦当	"长生无极"	A 型	4	1 号遗址：4	残
				1 号遗址：6	残
				1 号遗址：26	残
				1 号遗址：37	残
		B 型	4	1 号遗址：7	残
				1 号遗址：10	残
				1 号遗址：14	残
				1 号遗址：39	残
		C 型	2	1 号遗址中部：32	残
				1 号遗址：35	残
		D 型	4	1 号遗址：12	残
				1 号遗址：28	残
				1 号遗址：29	残
				1 号遗址中部：33	残
		E 型	5	1 号遗址：5	残
				1 号遗址：27	残
				1 号遗址：36	残
				2 号遗址：3	残
				2 号遗址中部：5	残
		F 型	2	1 号遗址：13	残
				1 号遗址：38	残
		G 型	2	1 号遗址：15	残
				1 号遗址：34	残

续附表七

遗物名称		型式	数量（件）	编号	备注
文字瓦当	"长生无极"	不易分类者	10	1 号遗址：8	残
				1 号遗址：9	残
				1 号遗址：11	残
				1 号遗址：17	残
				1 号遗址：18	残
				1 号遗址：30	残
				1 号遗址：31	残
				2 号遗址本：9	残
				3 号遗址：33	残
				8 号遗址西北部：3	残
	"长乐未央"	A 型	1	1 号遗址：40	残
		B 型	2	2 号遗址中部：6	残
				10 号遗址中部：1	残
筒瓦		A 型	3	1 号遗址：1	残
				1 号遗址：2	残
				1 号遗址北部：3	残
		B 型	2	1 号遗址北部：24	残
				2 号遗址中部：1	残
		C 型 I 式	1	2 号遗址中部：2	残
		C 型 II 式	1	10 号遗址：2	残
板瓦		A 型	1	2 号遗址中部：11	残
		B 型	1	8 号遗址北部西侧：2	残
		C 型	1	早期汉墓 M2 北侧：14	残
铺地砖		A 型	3	3 号遗址南部：2	残
				3 号遗址南部：4 – 1	残
				3 号遗址中部：29	残
		B 型	3	2 号遗址中部：10	残
				南门阙遗址南侧：1	残
				早期汉墓 2 北侧：12	残
		C 型	1	1 号遗址北部：23	残
白虎纹空心砖		A 型	3	3 号遗址西南部：3	残
				3 号遗址西南部：19、30	残
				3 号遗址西南部：20	残

续附表七

遗物名称	型式	数量（件）	编号	备注
白虎纹空心砖	B 型	5	3 号遗址：7	残
			3 号遗址西南部：17	残
			3 号遗址西南部：24	残
			3 号遗址西南部：26	残
			南门阙遗址南侧：4	残
玄武纹空心砖	A 型	4	3 号遗址南部：1	残
			3 号遗址中心夯土基址西部：5	残
			3 号遗址西南部：10	残
			南门阙遗址南侧：3	残
	B 型	3	3 号遗址中部：14	残
			3 号遗址：16	残
			3 号遗址中心夯土基址西部：27	残
朱雀纹空心砖	A 型	2	3 号遗址南部采集：8	残
			3 号遗址中部：15	残
	B 型	5	3 号遗址西南部：12	残
			3 号遗址西南部：13	残
			3 号遗址西南部：18	残
			3 号遗址西南部：23	残
			3 号遗址西南部：25	残
青龙纹空心砖		1	3 号遗址西南部：22	残
素面空心砖		3	3 号遗址中心夯土基址西侧：7	残
			3 号遗址西南部：21	残
			3 号遗址中部：28	残
回字纹空心砖		1	3 号遗址中心夯土基址南部：6	残
方格纹空心砖	A 型	1	西部早期汉墓 M2 北侧：11	残
	B 型	1	10 号遗址西北部：3	残
	C 型 I 式	1	祔葬墓 M5 东侧：8	残
	C 型 II 式	2	3 号遗址：11	残
			3 号遗址：32	残
	D 型	1	早期汉墓 M8 南侧：9	残
	E 型	1	早期汉墓 M2 北侧：10	残

续附表七

遗物名称	型式	数量（件）	编号	备注
陶灯		3	1 号遗址中部：20	残
			1 号遗址中部：21	残
			2 号遗址中部：7	残
陶甋		1	1 号遗址西北部：22	残片
陶盆		1	2 号遗址中部：4	残片
陶瓮		1	早期汉墓 M2：13	残片
五棱水管		1	2 号遗址中部：8	残片
封泥		1	1 号遗址中部灰土瓦片堆积：25	印文"□库"
陶门臼		1	8 号遗址北部：1	
草拌泥		1	3 号遗址中心夯土基址西南部：31	
铁臿		1	3 号遗址南部：4	

编后记

作为西汉帝陵大遗址考古系列报告之一——《汉成帝延陵考古调查勘探报告》终于完稿了。

本报告的编写，得到了各级主管部门领导的大力支持。在本报告付梓之际，我们要特别感谢国家文物局对本报告编写、出版的支持；感谢国家文物局考古处历任处长的督促和鞭策；感谢陕西省文物局为本报告的出版提供资金资助；感谢陕西省考古研究院、咸阳市文物考古研究所、咸阳市渭城区文物局领导的长期支持；感谢文物出版社为报告编辑、出版所付出的心血与努力。

参与本报告前期资料整理工作的有焦南峰、马永嬴、谭青枝、杨武站、赵旭阳、王东、曹龙、李岗、李云河、朱晨露、马明哲、孟永岐、刘军幸、李亚娥、马敏、杨智毅、李钦宇、任岁芳、丁皓宇。

本报告分为十四部分，其中正文十三章，外加附表。第一章概况，分八节，其中1~7节由马永嬴执笔，第八节由焦南峰、李岗执笔。第二章陵区布局、第三章延陵陵园，由杨武站执笔。第四章帝陵陵园，由马永嬴执笔。第五章皇后陵园，由王东执笔。第六章为祔葬墓，由马永嬴、谭青枝执笔。第七章为外藏坑，由马永嬴执笔。第八章建筑遗址，由赵旭阳、李岗执笔。第九章陪葬墓，由王东执笔。第十章为陵区道路，由谭青枝、王东执笔。第十一章为其他墓葬，由王东、曹龙执笔。第十二章采集遗物，由杨武站、曹龙执笔。第十三章几点认识，由焦南峰执笔。附表由曹龙、李岗编制。马永嬴负责报告一稿的合成与校改，谭青枝完成报告二稿的审阅、校订与部分线图的处理，焦南峰负责报告文稿的最后审定。

最后，向所有支持、协助、关注西汉帝陵考古研究工作、《汉成帝延陵考古调查勘探报告》编写的单位与个人致以衷心感谢！

本报告封面中的"汉成帝延陵"由北京大学徐天进教授题写，在此表示感谢！

本报告的英文摘要翻译者为英国伦敦大学教授庄奕杰先生，日文摘要翻译者为日本早稻田大学名誉教授、南京大学文学院客座教授稻畑耕一郎先生，在此表示感谢！

恳请专家、学者们批评指正！

西汉帝陵考古队

2019年8月14日

Archaeological Survey of the Yanling Mausoleum of Western Han Emperor Cheng

(Abstract)

The Ministry of Finance and the National Cultural Heritage Administration of the People's Republic of China published the *Comprehensive Mega – site Protection Plan for the Eleventh Five-year Plan Period* in 2005. A special fund was set up for the implementation of mega-site protection projects. Under the guidance of this comprehensive plan, the Shaanxi Academy of Archaeology issued the *Working Plan for the Archaeology of Western Han Mausoleums* in June 2006. Under this plan, systematic archaeological reconnaissance, coring and surface surveys, and excavations of Western Han mausoleums were to be carried out.

From September 2006 to March 2019, the Shaanxi Academy of Archaeology, in collaboration with Institute of Archaeology of the Chinese Academy of Social Sciences, the Xianyang Municipal Institute of Cultural Relics and Archaeology and the Xi'an Municipal Academy of Cultural Relics Conservation and Archaeology, formed a joint archaeological team of Western Han mausoleums. The team conducted surface and coring surveys and test excavations of most of the Western Han mausoleums in the Guanzhong Plain regions. The mausoleums under investigation included the Changling Mausoleum, the Maoling Mausoluem, the Pingling Mausoleum, the Weiling Mausoleum, the Yanling Mausoleum, the Yiling Mausoleum and the Kangling Mausoleum situated on the Xianyangyuan loess plateau to the north of the Han Chang'an city, the Baling Mausoleum located on the Bailuyuan loess plateau and the Duling mausoleum situated on the Shaolingyuan loess plateau (both to the southeast of the Han Chang'an city), as well as the Wannianling Mausoleum, the Nanling Mausoleum, the Yunling Mausoleum, the Shaoling Mausoleum, and the Changling Mausoleum. The total surface surveyed region reached 243 sq km, whilst the size of the coring surveyed region was more than 48 500 000 sqm. In addition, an overall size of around 500 sqm was excavated. This extensive archaeological campaign illustrated the scale, layout, structure and components of the entire 15 Western Han mausoleums, except for the Changling mausoleum. It also corroborated, with the collection of supplementary data during the investigation, the shape of the two Qin-state mausoleums (late Warring States period) located in Zhouling Town and at Yanjiagou of Xianyang City, respectively. A new late Warring States Qin-state mausoleum was discovered during the investigation.

From March 2011 to July 2012, the Shaanxi Academy of Archaeology and the Xianyang Municipal Institute of Cultural Relics and Archaeology jointly conducted a large-scale surface and coring survey around the mausoleum district of the Yanling Mausoleum. The survey data demonstrated that the mausoleum district was composed of the enclosed mausoleum compound and the grouped subordinate tombs. Distributed inside the enclosed mausoleum compound were the enclosed emperor's mausoleum, the enclosed empress's mausoleum, 19 attendants' tombs, 12 architectural ruins and 20 outer storage pits. Outside these were 36 subordinate tombs and 2 architectural ruins.

The report contains 14 parts, including 13 chapters in the main text and one appendix. The first chapter provides a general introduction of the geographic environment and hydrological and geological history of the region around the Yanling Mausoleum, historical evolution of the Yanling Mausoleum, biography of Emperor Cheng and biographies of the empresses and consorts and officials buried in the mausoleum compound, and histories of the construction of the Yanling Mausoleum and the abandonment of the Changling Mausoleum. Other aspects on the research history, origin of the research project and members of the research team, working ideas and methods, and academic research objectives are also introduced. Chapters 2 to 12 present the full results from the archaeological surface and coring survey. The contents of these 11 chapters are as follows: layout and structure of the entire mausoleum district, the enclosed mausoleum compound, the enclosed emperor's mausoleum, the enclosed empress's mausoleum, the attendants' tombs inside the enclosed mausoleum compound, outer storage pits, architectural ruins, subordinate tombs outside the enclosed mausoleum compound, roads in the mausoleum district, other associated tombs, and collected artefacts. Chapter 13 is the conclusion chapter. We analyse relevant historical documents, shape and layout of the mausoleum, shape and size of the burial mounds, shape of the burial chambers, and collected artefacts. Based on this information, we conclude the chronology, rank, naming and location, and key components of the Yanling Mausoleum. The appendix includes table of the architectural ruins in the Yanling Mausoleum district, table of the outer storage pits inside the enclosed emperor's mausoleum, table of outer storage pits inside the enclosed mausoleum compound, table of the attendants' tombs inside the enclosed mausoleum compound, table of subordinate tombs outside the enclosed mausoleum compound, table of roads inside the enclosed mausoleum compound, and table of collected artefacts in the Yanling Mausoleum district.

『漢成帝延陵考古調査勘探報告』概要

2005 年、国家財政部と国家文物局は「十一五（第十一期五年計画）期間の大遺跡保護全体計画」を公布し、大規模遺跡保護専用特別基金を設立し、大規模遺跡保護のプロジェクトを実施することを決定した。この「全体計画」の指導に従って、2006 年 6 月、陝西省考古研究院は「前漢帝陵考古活動方案」を作定し、前漢の帝陵について全面的で系統的な考古学調査、勘探、発掘の計画を立案した。

2006 年 9 月から2019 年 3 月まで、陝西省考古研究院は中国社会科学院考古研究所、咸陽市文物考古研究所、西安市文物保護考古研究院と連合して漢陵考古チームを組織し、漢の長安城以北の長陵、茂陵、平陵、渭陵、延陵、義陵、康陵および漢の長安城東南の白鹿原の覇陵、少陵原の杜陵さらに万年陵、南陵、雲陵、少陵、昌陵について全面的、かつ系統的な調査、勘探、試掘を相前後して行った。調査面積は243 平方キロメートル、勘探面積は4850 万平方メートル余、試掘面積は500 平方メートルである。昌陵以外の十五基の前漢の陵墓について、その規模、配置、構造、内容を基本的に解明できた。咸陽の周陵鎮と厳家溝では二基の戦国後期の秦王陵の形状、構造と資料を検証して補充した。また咸陽の司家荘では戦国後期の秦王陵を発見した。

2011 年 3 月から2012 年 7 月には、陝西省考古研究院と咸陽市文物考古研究所とが共同で延陵陵区について考古学調査と勘探を行った。そのボーリング探査の資料からは、延陵陵区は延陵陵園と陪葬墓群の二つの部分からなっていることが判明した。陵園内には帝陵陵園、后陵陵園、祔葬墓19 基、建築遺構12 基、外蔵坑20 基が分布しており、陵園の外では陪葬墓36 基と建築遺構 2 基を発見した。

『漢成帝延陵考古調査勘探報告』は十四の部分からなり、そのうち本文は十三章、これに附録を加えた。第一章「概況」では、「地理的環境と水文地質」、「歴史的沿革」、「墓主の生涯」、「延陵に祔葬（または陪葬）された后妃と大臣」、「延陵の造営と昌陵の廃棄」、「従来の考古調査活動」、「本プロジェクトの縁起と参加者」、「調査活動の理念、方法と学術上の目標」などを紹介した。第二章から第十二章は、「陵区の配置状況」、「延陵陵園」、「帝陵陵園」、「皇后の陵園」、「祔葬墓」、「外蔵坑」、「建築遺構」、「陪葬墓」、「陵区の道路」、「その他の墓葬」、「採集遺物」などの考古学調査と勘探の成果を全面的に記述した。第十三章「結語」は、文献資料、陵園の形状と配置、墳丘の形状と規模、墓坑の形状、採集遺物などに基づき、延陵の時代、等級、名称官位、および陵園を構成している諸々の形態的要素と性質について分析し推定を行った。附表として「延陵陵区の建築遺構統計表」、「帝陵陵園外蔵坑統計表」、「延陵陵園外蔵坑統計表」、「延陵祔葬墓統計表」、「延陵陪葬墓統計表」、「延陵陵区道路統計表」、「延陵採集遺物情報統計表」などを加えた。

图

版

图版一　延陵陵区老航片

图版二　延陵陵区 2003 年卫星照片

1. 严家沟秦陵远景

2. 延陵陵区远景

图版三　陵区远景

图版四　皇后陵及祔葬墓群（右起：皇后陵，祔葬墓 M1、M2、M3、M4、M6、M11）

1. 昌陵遗址

2. 王子云先生拍摄的延陵封土照片

图版五　昌陵遗址、延陵封土

1.严家沟战国秦王陵封土

2.严家沟战国秦王夫人陵封土

图版六　严家沟秦陵封土

图版七　延陵帝陵正名碑（清代）

1. 延陵保护碑（1）

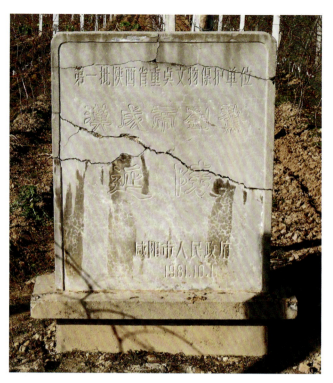

2. 延陵保护碑（2）

3. 延陵保护碑（3）

图版八　延陵保护碑

1.帝陵南门阙东阙台

2.帝陵西门阙南阙台

图版九　帝陵门阙阙台

1. 帝陵西门阙北阙台

2. 帝陵西门阙北阙台夯土

图版一〇　帝陵门阙阙台

1. 延陵帝陵封土（北—南）

2. 延陵帝陵封土（西北—东南）

图版一一　汉成帝陵封土

1. 皇后陵封土（南—北）

2. 皇后陵封土（西南—东北）

图版一二　皇后陵封土

图版一三　皇后陵及祔葬墓（右起：皇后陵，祔葬墓 M4、M3、M2、M7、M1、M6）

图版一四　祔葬墓 M1（右一）、M2（右二）、M3（左二）、M4（左一）（西南—东北）

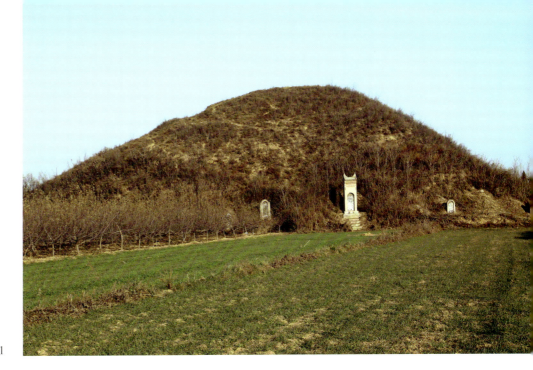

1. 祔葬墓 M1

2. 祔葬墓 M2

3. 祔葬墓 M3

图版一五　祔葬墓

1. 祔葬墓 M4

2. 祔葬墓 M5

图版一六　祔葬墓

1. 祔葬墓 M6

2. 祔葬墓 M7

图版一七　祔葬墓

图版一八　祔葬墓 M9（右）、M10（中）、M11（左）

1. 袝葬墓 M9

2. 袝葬墓 M10

3. 袝葬墓 M11

图版一九　袝葬墓

图版二〇　祔葬墓 M13（右）、M14（中）、M15（左）（西南—东北）

1. 祔葬墓 M13

2. 祔葬墓 M14

3. 祔葬墓 M15

图版二一　祔葬墓

1. 陪葬墓 M12

2. 陪葬墓 M13（右）、M14（左）

图版二二　陪葬墓

1. 陪葬墓 M13

2. 陪葬墓 M14

图版二三　陪葬墓

图版二四　陪葬墓 M14（右）、M15（中）、M16（左）

1. 陪葬墓 M15

2. 陪葬墓 M16

3. 陪葬墓 M23

图版二五　陪葬墓

1. A 型（陵园祔葬墓 M14：6）

2. A 型（陵园祔葬墓 M14：7）

3. A 型（陵园祔葬墓 M14：8-1）

4. B 型Ⅰ式（陵园祔葬墓 M10 北侧：4）

5. B 型Ⅱ式（陵园祔葬墓 M5 北侧：5）

图版二六　延陵陵区采集的云纹瓦当

1. C 型（陵园祔葬墓 M5∶1）

2. C 型（陵园祔葬墓 M9∶3）

3. D 型（陵园祔葬墓 M5∶2）

4. E 型（1 号遗址∶16）

5. E 型（1 号遗址∶19）

图版二七　延陵陵区采集的云纹瓦当

1. A 型（1 号遗址：4）

2. A 型（1 号遗址：6）

3. A 型（1 号遗址：26）

4. A 型（1 号遗址：37）

5. B 型（1 号遗址：7）

6. B 型（1 号遗址：10）

图版二八　延陵陵区采集的"长生无极"瓦当

1. B 型（1 号遗址：14）

2. B 型（1 号遗址：39）

3. C 型（1 号遗址中部：32）

4. C 型（1 号遗址：35）

5. D 型（1 号遗址：12）

6. D 型（1 号遗址：28）

图版二九　延陵陵区采集的"长生无极"瓦当

1. D 型（1 号遗址：29）

2. D 型（1 号遗址中部：33）

3. E 型（1 号遗址：5）

4. E 型（1 号遗址：27）

5. E 型（1 号遗址：36）

6. E 型（2 号遗址中部：3）

图版三〇　延陵陵区采集的"长生无极"瓦当

1. E 型（2 号遗址中部：5）

2. F 型（1 号遗址：13）

3. F 型（1 号遗址：38）

4. G 型（1 号遗址：15）

5. G 型（1 号遗址：34）

6. 1 号遗址：8

图版三一　延陵陵区采集的"长生无极"瓦当

1. 1 号遗址：9

2. 1 号遗址：11

3. 1 号遗址：17

4. 1 号遗址：18

5. 1 号遗址：30

6. 1 号遗址：31

图版三二　延陵陵区采集的"长生无极"瓦当

1. "长生无极"瓦当（2号遗址：9）

2. "长生无极"瓦当（3号遗址：33）

3. "长生无极"瓦当（8号遗址西北部：3）

4. "长乐未央"瓦当A型（1号遗址：40）

5. "长乐未央"瓦当B型（2号遗址中部：6）

6. "长乐未央"瓦当B型（10号遗址中部：1）

图版三三　延陵陵区采集的"长生无极""长乐未央"瓦当

1. A 型（1 号遗址：1）

2. A 型（1 号遗址：2）

图版三四　延陵陵区采集的筒瓦

1. A 型（1 号遗址北部：3）

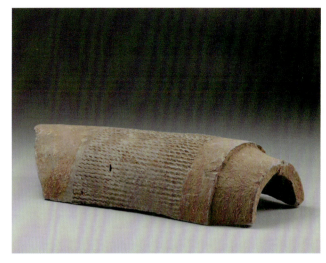

2. B 型（1 号遗址北部：24）

3. B 型（2 号遗址中部：1）

4. C 型 I 式（2 号遗址中部：2）

5. C 型 II 式（10 号遗址：2）

图版三五　延陵陵区采集的筒瓦

1. A 型（2 号遗址中部：11）

2. B 型（8 号遗址中部西侧：2）

3. C 型（早期汉墓 M2 北侧：14）

图版三六　延陵陵区采集的板瓦

1. A 型（3 号遗址南部：4-1）

2. B 型（2 号遗址中部：10）

3. C 型（1 号遗址北部：23）

图版三七　延陵陵区采集的铺地砖

1. A 型（3 号遗址南部：2）

2. A 型（3 号遗址中部：29）

3. B 型（南门阙遗址南侧：1）

4. B 型（早期汉墓 M2 北侧：12）

图版三八　延陵陵区采集的铺地砖

1. A 型（3 号遗址西南部：3）

2. A 型（3 号遗址西南部：19、30）

3. A 型（3 号遗址西南部：20）

4. B 型（3 号遗址：7）

5. B 型（3 号遗址西南部：17　正面）

6. B 型（3 号遗址西南部：17　侧面）

图版三九　延陵陵区采集的白虎纹空心砖

1. 白虎纹 B 型（3 号遗址西南部：24）

2. 白虎纹 B 型（3 号遗址西南部：26）

3. 白虎纹 B 型（南门阙遗址南侧：4）

4. 玄武纹 A 型（3 号遗址南部：1）

5. 玄武纹 A 型（3 号遗址中心夯土基址西部：5）

6. 玄武纹 A 型（3 号遗址西南部：10）

图版四〇　延陵陵区采集的白虎纹、玄武纹空心砖

1. 玄武纹 A 型（南门阙遗址南侧：3）

2. 玄武纹 B 型（3 号遗址中心夯土基址西部：27）

3. 玄武纹 B 型（3 号遗址中部：14）

4. 玄武纹 B 型（3 号遗址：16）

5. 朱雀纹 A 型（3 号遗址南部：8）

6. 朱雀纹 A 型（3 号遗址中部：15）

7. 朱雀纹 B 型（3 号遗址西南部：13　正面）

8. 朱雀纹 B 型（3 号遗址西南部：13　侧面）

图版四一　延陵陵区采集的玄武纹、朱雀纹空心砖

1. 朱雀纹 B 型（3 号遗址西南部：12）

2. 朱雀纹 B 型（3 号遗址西南部：18）

3. 朱雀纹 B 型（3 号遗址西南部：25　正面）

4. 朱雀纹 B 型（3 号遗址西南部：25　侧面）

5. 朱雀纹 B 型（3 号遗址西南部：23）

6. 青龙纹（3 号遗址西南部：22）

图版四二　延陵陵区采集的朱雀纹、青龙纹空心砖

1. 素面（3号遗址中心夯土基址西侧∶7）

2. 素面（3号遗址西南部∶21）

3. 素面（3号遗址中部∶28）

4. 回字纹（3号遗址中心夯土基址南部∶6）

5. 方格纹 A 型
（早期汉墓 M2 北侧∶11　正面）

6. 方格纹 A 型
（早期汉墓 M2 北侧∶11　侧面）

7. 方格纹 B 型
（10号遗址西北部∶3）

图版四三　延陵陵区采集的素面、回字纹、方格纹空心砖

1. C 型 I 式（祔葬墓 M5 东侧：8）

2. C 型 II 式（3 号遗址：11）

3. C 型 II 式（3 号遗址：32）

4. D 型（早期汉墓 M8 南侧：9）

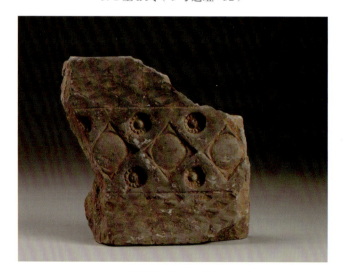

5. E 型（早期汉墓 M2 北侧：10）

图版四四　延陵陵区采集的方格纹空心砖

1. 陶灯（1号遗址中部：20）

2. 陶灯（1号遗址中部：21）

3. 陶甑（1号遗址西部：22）

4. 陶盆（2号遗址中部：4）

5. 陶瓮（早期汉墓 M2：13）

图版四五　延陵陵区采集的陶器

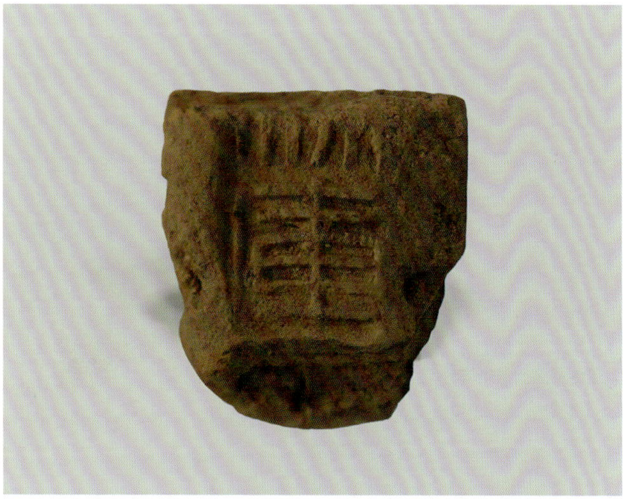

1. “□库”封泥（1号遗址中部瓦片堆积：25）

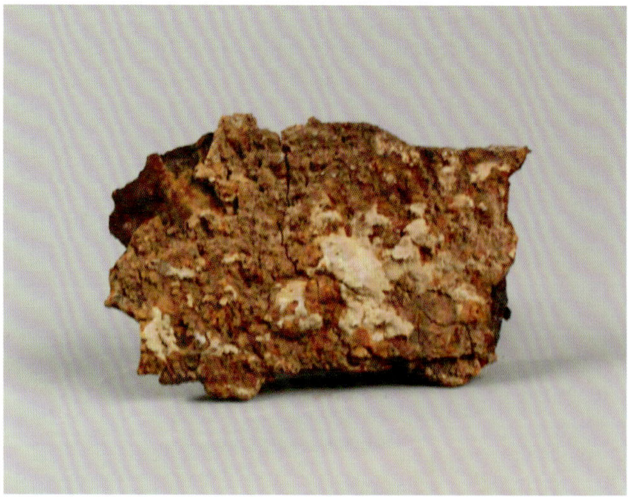

2. 铁臿（3号遗址南部：4）

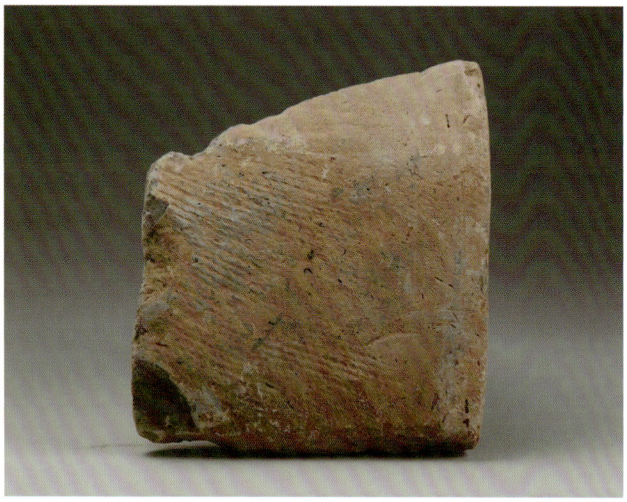

3. 陶五棱水管（2号遗址中部：8）

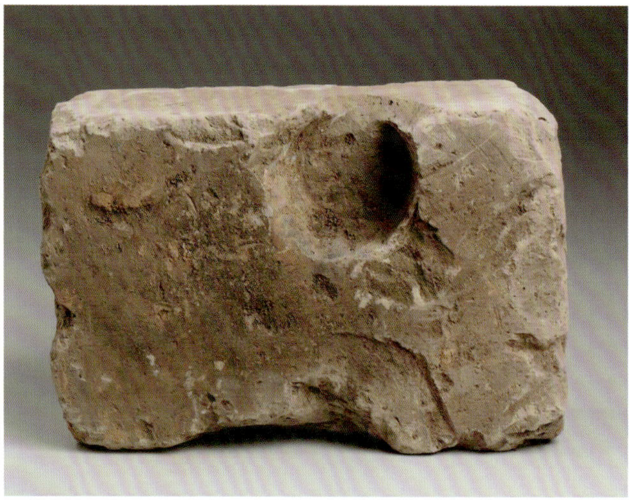

4. 陶门臼（8号遗址北部：1）

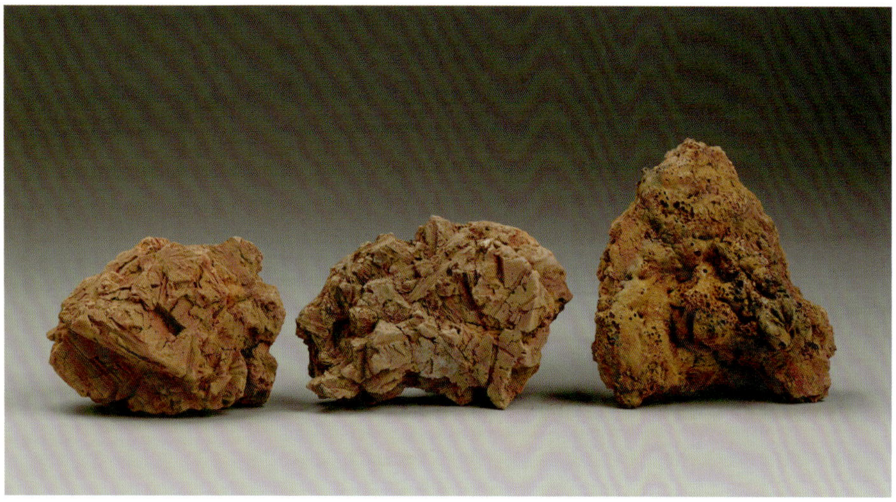

5. 草拌泥（3号遗址中心夯土基址西南部：31）

图版四六　延陵陵区采集的封泥、铁臿、陶五棱水管、门臼、草拌泥